고전, 국가를 상상하다

고전, 국가를 상상하다

리바이어던에서 시민권까지

전주희 이종현 문화 정우준 박임당 지음

나름북스

그 겨울의 끝,
국가를 생각하다

그 여름, 강남역 10번 출구를 에워싼 수천 장의 포스트잇. 그리고 구의역 스크린 도어 앞의 국화꽃과 함께 다시 나타난 포스트잇들. 마치 스크럼을 짜듯이 우리는 포스트잇을 방패 삼아 그 겨울로 나아갔습니다. 수백만 개의 촛불은 "이게 나라인가"라고 물었고, 그 질문은 이후 우리들의 삶을 이전으로 되돌려놓지도, 또 우리를 하나로 만들지도 않았습니다.

이성복 시인은 오래전, 여름을 보내며 시를 지었습니다. "그 여름 나무 백일홍은 무사하였습니다 한차례 폭풍에도 그 다음 폭풍에도 쓰러지지 않아 쏟아지는 우박처럼 붉은 꽃들을 매달았습니다."(이성복, 『그 여름의 끝』, 문학과지성사, 1990.)

다시 이 시를 보건대, 그해 겨울의 백일홍은 무엇이었을까요? 누군가에게는 '국가'였을 것이었고, 또 누군가에게는 '민주주의'였을 테고, 다른 누군가에게는 '안전하지만 가둬지지 않는 삶'이었을 터입니다.(아, '정권교체'라는 백일홍을 뺄놓을 뻔했군요.)

촛불의 빛깔은 찬란했으나 잔인하게도 모든 색을 무색하게 했고, 그 빛에 열광하는 사람들 그리고 그 빛에 여전히 그늘 지워진 삶들이 겨울밤의 차가움과 뜨거움을 통과했습니다. 우리 중 누구는 광장에서 일상으로 돌아오며 촛불을 꺼버렸고, 또 누군가는 촛불이 모든 삶을 따뜻하게 해주지 않음에 실망했으며, 다시 누군가는 촛불과는 다른 더 뜨겁고 붉은 삶을 만드는 중입니다.

그 겨울의 백일홍이 단지 이전보다 나은 삶이 아니라 새로운 정치를 원하는 것이었다면, 새로운 통치자 선출에 그치지 않고 새로운 정치를 둘러싼 복잡한 갈등을 마주할 수 있어야 합니다. 그러기 위해 우리는 무엇보다 피해갈 수 없는 질문인 '국가'를 다시 사유하기 시작했습니다. 국가는 우리의 정치가 가능하기 위한 보편적이고 절대적인 토대가 아닙니다. 국가적 정당성이 우리의 정치를 승인하는 것이어서는 곤란합니다. 반대로 우리는 우리의 요구들-촛불 이후에 나타나는 여성 혐오와 폭력을 둘러싼 갈등, 난민을 비롯한 다양한 인종 혐오 양상, 청년 실업과 노인 학대 문제들 자체가 매우 중요한 정치임을 말하기 위해 '국가'라는 추상적이고도 현실적인 정의를 심문할 필요가 있습니다. 그래서 기존의 국가와는 완전히 다른 새로운 국가 창설의 원리를 사유한 근대 정치철학을 살펴보려고 합니다. 근대 이후 정치철학은 고대 이후 내려오던 국가의 정당성을 의심하며, 국가를 논쟁의 장으로 불러냈기 때문입니다.

플라톤부터 시작하는 고대 국가가 아니라, 근대의 소용돌이 속에서 탄생한 국가로부터 시작한 것은 이런 이유입니다. 근대는 새로운 국가 창설을 위해 지배의 합리성을 발명해야 했을 뿐만 아니라, 대중의 자유와 해방을 전제로 그것을 자발적으로 종속시켜야 하는 위험천만한 통치술의 시대입니다. 대중의 출현은 근대 정치의 획기적인 발명품이자 아포리아입니다.

따라서 새로운 정치의 조건을 사유하기 위해 근대 국가가 대중을 어떻게 통치하고자 했으며, 대중을 어떻게 이해했는지를 다시금 살펴보는 것이 중요하겠습니다. 이것이 오늘날의 정치를 사유하고 실천하는 데 있어 우회할 수 없는 '국가'라는 문제에 중요한 통찰을 제공해줄 것입니다. 근대의 태동기야말로 '국가'에 관한 근본적인 탐구가 이뤄진 시기였기 때문입니다.

이 책의 내용을 스케치하자면 이렇습니다.

'대중은 왜 스스로 억압하기를 욕망하는가?' 스피노자와 홉스, 그리고 루소는 그 질문을 때로는 직접, 때로는 우회하며 근대 정치이론의 새벽을 열었습니다. 밀은 선한 독재자의 통치가 아닌 민주주의에 기반한 정치를 사유하며 대의제 민주주의라는 현대 정치제도에서 매우 중요한 답변을 제출했습니다. 하지만 스피노자가 제기한 민주주의에 관한 발본적 질문과 후에 마르크스가 행한 자본주의와 국가의 문제에 대한 비판을 통해 밀의 한계 역시 드러납니다. 스피노자는 밀과 달리 선한 독재자의 지배가 곧 민주주의적 이념에 부합하는 통치일 수 있으며 반대로 대중에 의한 민주주의적 정치가 독재자의 통치보다 더 나을 것이라는 보증이 존재하지 않는다는 점을 포착합니다. 밀이 살던 시대는 부르주아와 프롤레타리아로 분할된 시대였지만, 밀에게 그들은 모두 지배대상인 '대중'과 지배자가 될 수 있는 '엘리트'로 재분할되었고 밀은 경제적 갈등을 정치적 차원에서 해결하고자 한 것으로 보입니다.

홉스, 스피노자, 루소가 '사회계약론'이라는 아이디어로 새로운 국가의 창설 이념을 제시했다면, 밀은 민주주의적 이념을 국가라는 틀 안에서 어떻게 실현할지 고민했습니다. 반면, 마르크스는 질문을 전위轉位해 혁명의 문제에서 국가를 어떻게 사유할 것인가를 묻습니다. 이는 마르크스가 국가 무용

론자이거나 국가 파괴를 목적으로 삼는다는 것을 의미하지 않습니다. 마르크스에게 '국가'는 자본주의사회의 '국가'였으므로 이 국가가 가지는 중립성이라는 허구를 폭로하고 혁명의 문제에서 국가를 근본적으로 사유하도록 촉구한 겁니다. 그리고 마르크스와는 또 다른 시도로 영국에서 꽃피운 '복지국가'가 있습니다. 마셜은 '시민권'이라는 개념을 역사화해 공민권이나 참정권으로 권리를 제한하지 않고 새로운 권리로서 '사회권'을 정의합니다. 이는 권리의 차원에서 국가의 문제, 국가의 역할이라는 문제뿐만 아니라 국가를 넘어서는 권리의 문제를 사유할 길을 열어줍니다.

다른 면에서 보자면 이 사상가들의 국가를 둘러싼 이론은 모두 프랑스 혁명 이후 작성된 '인권 선언'의 의미를 국가와 국가를 둘러싸고 벌어지는 정치의 맥락에서 사유하기 위한 재료라고 말할 수 있습니다. 우리에게 '선언'은 항상 이미 먼저 당도한 정치이자 국가나 법, 제도 등으로 한계지어지지 않은 봉기의 정신이기도 합니다.

우리 필자들은 '인권 선언'에 관한 글을 이 책의 마지막에 싣기로 결정하며 기뻐했습니다. 왜냐하면, 우리의 시작이 '그해 겨울'의 끄트머리였고 국가는 봉기와 함께, 대중의 봉기라는 사건을 기각하지 않은 채 사유해야 한다는 것이 시작점이었기 때문입니다.

우리는 그해 겨울, 그리고 그 전 여름, 그리고 또 4월의 어느 날에 일어난 저항들, 실천들이 오늘날 한국 사회에서 이전의 삶으로 되돌아가지 않으려는 우리의 정치적 실천들을 어떻게 만들어내고 있는지 바로 보기 위해, 다시금 고전이 된 당대의 치열한 논의들을 풀어내려 했습니다. 그리고 이렇게 쓴 글이 모여 한 권의 책이 되었습니다.

이 책은 7개의 글로 구성되었습니다. 글의 분량이나 목차를 봐도 알 수 있듯이 근대 정치사상 개괄이나 종합과는 거리가 멉니다. 다만 우리가 처한 현실에서 나름의 유의미한 질문을 다시 던져줄 사상가들과 저서들을 꼽았습니다.

1장에서 토마스 홉스는 '인간은 정치적 동물이다'라고 주장한 아리스토텔레스의 정치철학을 비판하며 새로운 정치 질서는 자연적인 것이 아니라 인공적인 것으로 규정합니다. 이를 위해 '만인은 만인에 대해 늑대'라는 정식으로 유명한 '자연상태' 개념을 도입해 새로운 정치 질서 창설의 조건을 사유합니다. 그리고 그 조건의 핵심에 인간에 대한 탐구가 본격적으로 등장합니다. '리바이어던'이라는 신화 속 괴물로 국가를 형상화하지만, 이는 신화적인 것으로 국가를 사유하려는 것이 아니라 오히려 근대적인 합리성을 창출하기 위한 시도였습니다.

이에 반해 2장 스피노자는 홉스와 대결하며 홉스가 관념론에 빠지는 지점을 매우 날카롭게 포착합니다. 대중의 정서와 미신으로 설명되는 이데올로기의 문제를 복잡화하면서 그

안에서 국가의 구성과 유지가 어떻게 가능하며 반대로 국가의 쇠퇴는 또 어떤 정치 아래 일어나는지 분석합니다. 본 글에서는 개인의 자유를 억압하거나 제한하는 국가가 아니라, 어떻게 하면 대중의 정서와 욕망을 국가가 증진할 수 있는지 이야기합니다.

3장에서 다루는 장 자크 루소 역시 홉스와 대결하며 사회계약론에서 제시하는 계약의 의미를 근본적으로 다시 생각합니다. 국가를 구성하기 위한 계약, 그리고 권리의 양도는 홉스의 주장처럼 주권자에게 넘겨주는 것이 아니라 만인에 의한 만인의 양도라는 것입니다. 이로부터 모든 사람은 권리를 폐기하지 않은 채 집단적인 권리를 구성하게 됩니다. '일반의지'라는 개념은 이렇게 탄생하게 됩니다. 루소의 사상은 매우 문제적입니다. 전체주의로도 민주주의로도 해석할 수 있기 때문입니다. 하지만 이는 전체주의와 민주주의, 독재와 민주주의의 문제를 둘러싼 매우 복잡하고 정치적인 논의 촉발 지점으로 루소가 여전히 다뤄지는 이유이기도 합니다.

4장은 존 스튜어트 밀을 다룹니다. 밀이 보기에 민주주의는 단순히 절대 권력에서 해방되는 것이 아니었지요. 그는 민주주의가 한 사회에 뿌리내리기 위해서는 시민적 자유를 충분히 보장할 수 있도록 구체적인 절차와 제도가 갖춰져야 한다고 보았습니다. 특히 그는 『대의정부론』에서 민주주의에 관한 몇 가지 오해를 교정합니다. 대표적으로 다수결 투표가 민주주의의 전부로 혼동되는 현상입니다. 그는 대의제가 직접민주주의의 차선책이 아니라 다양한 시민이 모여 사는 현대 사회에서 소수의 의견이 배제되지 않을 가장 좋은 방법이라고 생각했습니다. 밀의 주장은 대의제가 직접민주주의보다 열등하다는 통념에 맞서는 것으로, 대의제 민주주의의 부작용 극복에 중요한 참고가 됩니다.

5장은 마르크스의 국가이론을 다룹니다. 마르크스는 국가에 관한 종합적인 이론을 제시하지 않았기에, 레닌이 마르크스를 재독해하며 발전시킨 국가와 혁명의 문제 설정과 함께 이야기해야 합니다. 이전 철학자들이 국가를 어떻게 구성할 것인가, 혹은 유지할 것인가를 중심으로 사유했다면, 마르크스는 혁명과 국가의 관계를 문제 삼았습니다. 마르크스에게 국가에 대한 일반적인 정의는 존재하지 않습니다. 국가는 부르주아지의 국가거나 자본주의적 국가라는 구체적인 형태로 등장합니다. 따라서 국가는 전체 시민의 일반의지 표현으로 등장하는 것이 아니라 특정 지배계급의 이익에 봉사하는 것으로 나타납니다. 이로부터 혁명과 국가의 관계 문제가 제기됩니다.

6장은 평등한 국가는 무엇이며, 국가는 시민의 평등을 위해 어떤 역할을 해야 하는지 질문합니다. 토마스 험프리 마셜은 근대 국가 탄생 이후 300년 동안 사람들이 보장받고자 한 권리가 무엇인지 관찰하고 긴 역사 속에 등장한 권리들을 묶어 '시민권'이라 이름 붙입니다. 마셜이 보기에 전쟁 후 등장한 '평등한 국가'에 대한 요구는 일시적인 것이 아니었습니다. 우리는 마셜의 『시민권』을 읽으며 시민권의 발전으로 국가가 변화하는 모습을 살펴볼 것입니다. 또 20세기에 새롭게 주장되는 권리는 무엇이며, 그 권리를 통해 국가는 어떻게 변화했는지를 알아볼 것입니다. 마지막으로 21세기에 이른 지금, 시민권을 통해 어떤 평등한 국가를 만들 수 있을지 고민하고자 합니다.

7장에서 다룰 「인간과 시민의 권리 선언」은 프랑스 혁명에 담긴 시민들의 열망이 압축된 선언문입니다. 선언에는 18세기 당시 구체제의 정치·경제적 모순에 대한 비판뿐만 아니라 이를 타개하기 위해 새로운 사회가 추구해야 할 가치가 담겨 있습니다. 인간으로서 마땅히 누려야 할 자유롭고 평등할 권리, 즉 인권입니다. 프랑스 혁명과 선언은 처음으로 '권리'를 국가의 원칙으로 선포했다는 점에서 중요합니다. 하지만 무엇보다 중요한 가치는 인권을 외치는 목소리가 정치 체제에서 배제되던 시민에서 비롯되었다는 점입니다. 이 글에서는 국가를 넘어서는 시민의 능동적인 힘에 초점을 맞춰 선언을 읽으려 합니다. 인권 선언을 통해 정초된 시민의 역할은 무엇이었는지, 인권 선언을 계기로 국가는 어떠한 역할을 수행하게 되었는지 살펴봅니다. 그리고 선언을 넘어 지속적인 실천을 담보하는 데 필요한 것은 무엇인지도 알아보겠습니다.

마지막으로 이 글들이 세상에 나올 수 있도록 도움을 준 나름북스의 최인희 편집자에게 감사를 전합니다. 그리고 서교인문사회연구실의 모든 벗들에게 이 책을 선물할 수 있어서 무한히 기쁩니다. 서교동 모퉁이에서 함께 공부하고, 술 마시며 웃고 떠들 수 있어서 고마웠고, 고맙습니다.

2018년 10월

필자들을 대신해

전주희

1장

국가는 어떻게 국가가 되는가

토마스 홉스, 『리바이어던』

전주희

1. 중세, 하늘이 무너지다

토마스 홉스Thomas Hobbes는 1588년에 영국에서 태어났습니다. 당시 유럽은 마르틴 루터가 일으킨 종교개혁(1517)의 여파를 겪고 있었습니다. 루터가 이끄는 신교를 믿는 국가, 교황이 이끄는 구교를 믿는 국가가 충돌해 거대한 종교전쟁(1562~1598)이 100년 이상 계속된 것입니다. 홉스의 어머니는 스페인의 무적함대가 쳐들어온다는 말에 놀란 나머지 임신 7개월 만에 홉스를 낳게 됩니다. 무적함대의 침략은 결국 소문에 그쳤지만, 홉스의 어머니를 통해 알 수 있듯이 유럽은 끊임없는 전쟁과 분열로 인해 공포심이 전 사회를 휘감고 있었습니다. 종교전쟁의 후유증이 채 가시기도 전에 영국은 또다시 왕당파와 의회파가 충돌하는 내전(1642~1651)을 겪습니다.

내전 중에 영국 왕 찰스 1세가 처형되자 영국 국민은 두려움에 떨었습니다. 찰스 2세를 중심으로 한 왕당파와 왕권에 반대해 의회 중심의 공화정을 수립하려 한 의회파 간의 전쟁은 내일을 기약할 수 없는 불안을 더했습니다. 홉스의 어머니만 하더라도 전쟁으로 인한 불안과 공포가 얼마나 극심했으면 소문만으로 충격을 받아 조산했을까요. 그러니 훗날 홉스가 자서전에서 "나는 공포와 쌍생아"라고 한 것은 과장이 아닙니다.

공포는 홉스 시대의 사회적 분위기였지만 더 중요한 것은 홉스에게 공포란 사회 형성에 필요한 가장 중요한 감정이라는 점입니다. 뒤에 더 자세히 이야기하겠지만 인간은 서로에 대해 공포심을 갖기 때문에 국가를 만드는 데 동의하게 된다는 주장이죠. 어찌 보면 홉스는 공포의 한 가운데서 태어났고, 평생 전쟁에 대한 공포를 안고 살았으며, 인간의 공포심과 그것으로부터 벗어나는 방법을 사유한 철학자라고 볼 수 있습니다. 그러니 홉스에게 공포는 아주 중요한 철학적 영감의 원천이기도 합니다.

어쨌든 『리바이어던』은 1651년 전쟁의 한 가운데서 쓰였습니다. 홉스가 중요하게 생각한 것은 왕당파와 의회파 중 하나를 선택하는 문제가 아니라, 무너진 사회의 질서를 다시 세우는 것이었습니다.

홉스의 저작을 살펴보기 전에, 유럽에서 왜 이렇게 오랜 시간에 걸쳐 극심한 혼란이 초래되었는지 알아봅시다. 근본적인 이유는 신에 대한 절대적인 믿음이 흔들리기 시작한 것과 관련 있습니다. 중세시대에 신은 인간 세계를 포함한 자연 전체에 질서를 부여하는 존재로 절대적인 믿음의 대상이었습니다. 왕이 가진 권력은 인민people에게서 나온 것이 아니라 신에게서 그 정당성을 구한 것이었습니다. 왕이 복종할 대상은 오로지 신이며, 백성들은 그러한 왕에게 복종해야 하는 것이 됩니다. 이러한 사상을 '왕권신수설王權神授說, Divine Right of Kings'이라 하고 이에 따라 절대 권력을 지닌 왕이 지배하는 국가를 절대주의 국가라고 합니다. 왕권신수설을 주장한 사람은 대표적으로 장 보댕Jean Bodin, 프랑스의 루이 14세, 잉글랜드의 제임스 1세 등이 있습니다.

이렇게 왕의 절대 권력을 내세운 곳에선 인민이 폭압적인 왕권에 맞서 저항했으며, 저항이 커질수록 그리고 왕권이 위태로워질수록 왕권에 대한 정당화는 더욱 강해졌다는 점을 알아둘 필요가 있습니다. 찰스 1세의 아버지인 제임스 1세는 "군주제는 신이 명령하는 것이며 왕은 신에게만 책임이 있다. 따라서 왕이 사악邪惡할지라도 국민이 이것을 비판할 권리는 갖지 못한다. 즉 왕의 법에 따라서 심판을 받게 되어 있는 국민은 왕의 심판관이 될 수 없다"[1]라고 주장합니다. 이 주장에서도 알 수 있듯이 왕권신수설은 왕을 심판하려는 인민의 저

---

1   위키백과 '왕권신수설' 항목에서 참조.

항을 정당하지 못한 것, 신적 질서에 어긋나는 것으로 보는 논리입니다.

당시의 지배체제를 정당화하는 이 논리는 왕권을 강화하는 이데올로기이자, 인민의 본성과 역할을 위계화하고 고정된 것으로 간주합니다. 그 시대의 사람들은 우주 혹은 자연이 신에 의해 엄격하게 질서 지어진 세계라는 생각을 당연하게 받아들였습니다. 왕이 있다면 그 아래 성직자와 전사, 농부가 제각각 서열을 이루어 하나의 거대한 사슬로 연결된 엄격한 신분 세계가 바로 자연의 질서에 들어맞는 세계라는 것이죠. 지금으로서는 쉽게 납득할 수 없지만, 이런 생각은 왕이나 귀족뿐만 아니라 당시 사람들이 대체로 공유하던 세계관이었습니다.

그런데 종교전쟁과 내전을 겪으며 신에 대한 믿음이 흔들리게 됩니다. 한 시대를 지배했던 견고한 세계관에 작은 균열이 생긴 것이죠. 그리고 이 미세한 균열은 곧 중세 전체를 뒤흔듭니다. 새로운 시대, 근대사회가 막 태동하기 위해 이전 사회의 모든 단단하고 견고한 것들이 녹아내리기 시작한 것입니다. 신에 대한 믿음의 균열로 종교뿐만 아니라 사람들이 당연하다고 믿었던 모든 가치관과 사회질서의 정당성이 의심의 대상이 되었습니다.

사람들은 왕의 지배를 받아들이는 데 주저하고 의심하기 시작했습니다. 천 년 넘게 지탱해오던 절대적인 믿음이 깨지고 있었던 거죠. 유럽을 뒤흔든 전쟁은 단지 교회 권력과 영토를 둘러싼 전쟁이 아니라 유럽인을 지배하던 오랜 습관과 사고방식을 뒤흔드는 문제였습니다. 신이 왕을 통해 국가를 내려준 것이 아니라면 대체 국가는, 인간의 삶은 어떻게 되는 것일까요? 아마도 하늘이 무너지는 기분이라는 것이 당시 유럽 사람들을 지배하는 불안과 공포의 근원이 아니었을까 합니다.

이러한 시대의 한 가운데에 홉스의 질문을 놓아봅시다. "국가는 어떻게 창설되는가?" 신이 내려준 것이 아니라면, 국가는 인간이 만들어야 하죠. 그런데 이때 인간은 왕과 귀족과 노예로 구별되지 않습니다. 모든 인간은 평등하고 자유롭게 태어납니다. 홉스가 생각하기에 인간의 권리는 자연적으로 주어집니다. 이를 '자연권'이라고 합니다.

우선 '자연'이라는 개념을 간략하게나마 이해할 필요가 있습니다. '자연'은 라틴어로 나투라natura입니다. 나투라는 '생기다', '이루어지다'라는 의미의 동사 나시nasci에서 유래된 말로 외부로부터 힘의 작용 없이 자체에 내재한 힘으로 발생하는 것을 가리킵니다. 이로부터 여러 의미가 파생되는데 우선 우주 전체로서 '자연'이라는 의미가 있고, 존재할 때부터 주어졌으므로 '본성'이라는 뜻이 있습니다. 그리고 자연을 무법천지가 아니라 법칙이 작동하는 완전한 질서로 파악하기 때문에 자연법칙의 의미도 있습니다. 그래서 '본성'으로서의 자연은 무절제한 본능이나 욕망과는 다르며 인간이 추구해야 할 이상성idealita을 의미할 수도 있습니다. 또 신학에서 '자연' 은 신의 섭리 혹은 창조질서로 이해하기도 합니다. 즉 자연적인 것은 절대적으로 정당하며 불변하는 것입니다. 그래서 그것은 법칙이자 본성이기도 합니다.

중세 철학자이자 신학자인 토마스 아퀴나스는 아리스토텔레스와 아우구스티누스의 학설을 절충해 '자연법사상'을 체계화했습니다. 그는 인간을 비롯한 모든 존재의 내부에 위계질서를 포함한 질서가 있다고 정의했습니다. 인간 사회에 적용되는 질서는 '자연법'에 입각해 위계화되어 있고, 이는 정당한 법이기 때문에 개개인에게 의무가 됩니다.[2] 다시 말해 중세까지 이어져 온 '자연'에는 오늘날의 평등한 '권리' 개념이 존재하지 않습니다. 이러한 '자연'의 의미는 홉스에 이르러 '법'의 정당화 이전에 '권리'의 차원에서 재설정됩니다. 이때 권리의 정당성을 부여하기 위해 '자연권'은 고대로부터의 자연법사상에 연원을 두는 동시에 이와는 다른 것이 됩니다. 홉스는 『시민론De Cive』(1642) 서문에서 "자연법에 대한 인식은 더 이상 성장하지 않고 고대의 상태를 전혀 벗어나지 못했다"[3]라고 말합니다. 이는 곧 자신이 전투를 벌여야 할 사

---

2   자연권과 자연법에 대한 보다 자세한 설명은 한동일, 『법으로 읽는 유럽사: 세계의 기원, 서양 법의 근저에는 무엇이 있는가』, 글항아리, 2018 참조.

3   토마스 홉스, 『시민론』, 이준호 역, 서광사, 2013.

유의 격전지가 자연법임을 선언한 것입니다. 그는 플라톤과 아리스토텔레스, 키케로 이후 '자연적 사회성'에 기초해 인간 사회의 질서를 자연적인 것, 절대 바꿀 수 없는 것, 정당한 것으로 간주했던 정치철학과의 단절을 시도합니다. 봉건적 이론가들이 자연과 인간의 자연적 사회성으로 귀속시키려 한 정치 질서의 정당성을 무효화하기 위해 기존의 자연법과 단절하는 것, 이는 홉스 자신이 자연법으로 '다시' 돌아가 사회 구성의 발생적 조건을 재구축하기 위한 사전작업이었습니다.

2. 국가 창설의 조건을 물었던 철학자

근대 정치에 관한 사유는 고대부터 중세까지 국가를 감쌌던 오래된 사유와 거칠게 단절하며 시작됩니다. 사유의 단절은 이전 사유가 낡았다거나 잘못되었다는 식의 비판만으로는 성립하지 않습니다. 오히려 비판이 이전 사유의 갱신과 계승을 염두에 둔 것이라면 오랜 사유는 낡은 외피를 벗고 새로운 옷을 갈아입으며 지속될 수 있습니다. 따라서 이전 사유와의 단절은 비판에 앞서 새로운 질문으로 시작합니다. 그리고 이 새로운 질문은 이전까지 자명하다고 생각되어 왔던 것에 대한 근본적인 비판을 포함합니다.

17세기의 문제적 인물 홉스가 이전과는 다른 정치를 사유했다면, 그리고 그 질문이 혁명적인 질문이라면 절대적으로 전례가 없는, 완전히 새로운 것일 수는 없습니다. 철학의 출발부터, 인간이 국가와 같은 정치공동체 안에서 살아갈 때부터 우리는 '국가'와 '정치'에 대해 질문해 왔습니다. 그리고 우리는 플라톤의 『국가』와 아리스토텔레스의 『정치학』의 독자이자, 홉스의 『리바이어던』의 독자이기도 합니다. 눈 밝은 독자라면 홉스의 저작이 어떻게 플라톤과 아리스토텔레스 이후의 정치에 관한 질문을 반복하며 동시에 이 질문들을 둘러싼 정치철학의 지형을 어떻게 전복시키는지 발견할 수 있을 것입니다.

홉스의 사유는 두 방향으로 나아갔습니다. 하나는 국가를 둘러싼 철학 안에서 사유들을 '비판'하는 한편 그 지형에 독창적인 사유를 기입한 것이며, 동시에 국가에 대한 질문을 전혀 다르게 던져 사유의 지형을 완전히 새롭게 재편한 것입니다.

홉스가 행한 비판의 핵심은 '반反 아리스토텔레스'입니다. 그리고 비판을 위해 홉스가 던진 질문은 '국가는 어떻게 국가가 되는가?' 다시 말해 국가가 어떻게 창설될 수 있는가에 관한 것입니다. 『리바이어던』은 이러한 질문을 포함한 홉스 나름의 답변이었습니다. 그리고 그 질문은 매우 정세적인 질문이기도 합니다. 중세의 끝, 교회의 타락과 왕정의 폭압적이고 무능력한 정치의 한 가운데서 『리바이어던』의 독자들이 있었다는 것을 기억할 필요가 있습니다. 이는 낡은 정치에 대한 환멸과 새로운 정치에 대한 갈증, 그리고 새 정치공동체 창설의 열망이 격렬하고 두서없이 펼쳐지던 시대, 그 시대가 던진 질문이기도 했다는 것을 보여줍니다.

앞서 말했듯이 근대는 아리스토텔레스의 정치적 테제에 대한 비판으로부터 시작합니다. 아리스토텔레스는 인간이 왜 국가와 같은 정치공동체 안에서 자신의 삶을 살게 되는가에 관해 인간의 자연적 본성상 공동체를 형성하기 때문이라고 주장합니다. 이를 '자연적 사회성'이라고 정의하기도 합니다.

> 국가는 자연의 산물이며, 인간은 본성적으로 국가 공동체를 구성하는 동물(zoion politikon)임이 분명하다.[4]

아리스토텔레스에게 국가와 같은 정치공동체는 지극히 자연스러운 질서입니다. 국가가 자연의 산물이라는 생각은 인간에 관한 정의에서 나왔습니다. '국가 공동체를 구성하는 동물'이란 우리가 흔히 "인간은 사회적 동물"로 알고 있는 것으로 아리스토텔레스가 인간에 대해 정의한 것입니다. 그리스어 '폴리티콘politikon'은 도시국가 혹은 통치를 의미하는 폴

---

4 아리스토텔레스, 『정치학』, 천병희 옮김, 도서출판숲, 2009, 20쪽.

리스polis로부터 파생된 단어입니다. 따라서 '인간은 정치적 동물'이라고도 번역할 수 있습니다. 어떻게 번역하든 인간이란 태어날 때부터 국가라는 공동체 안에서 살아가는 동물이라는 정의를 갖습니다. 그래서 아리스토텔레스에게는 국가의 창설이라는 질문이 없습니다. 다만 좋은 정치 혹은 나쁜 정치의 구별이 중요해지죠.

이들에게 국가는 자연스럽게 만들어지는 것이지만, 문제는 '좋음'의 실현 여부에 있습니다. 플라톤이나 아리스토텔레스나 고대인들이 관심을 가졌던 것은 '좋은 정치' 혹은 '좋은 정체政體'는 무엇이고 어떻게 가능한가의 문제였습니다.

플라톤은 『국가』에서 가장 좋은 국가, 건강하게 오래 지속될 수 있는 국가는 철학자들이 공동으로 통치하는 국가라고 말합니다. 이를 '철인哲人통치'라고 부릅니다. 국가를 운영하고 책임지는 일을 철학자들이 맡아 수행할 때 이상적인 국가가 될 수 있다고 믿은 겁니다. 철학자들이 대통령이나 행정부 수반이 된다고 생각하면 낯설기도 하고 좀 엉뚱한 주장 같습니다만, 플라톤이 말하는 철학자는 성품이 훌륭하고 능력이 탁월한 자, 곧 '지혜로운 자'를 의미합니다. 그래서 『국가』는 통치자의 자격과 그들이 수행할 통치의 이념과 목록들을 빼곡하게 제안하고 있습니다.

요컨대 고대 그리스에서 국가의 문제는 좋은 정치와 나쁜 정치의 구별로부터 출발합니다. 그 구별이 가장 핵심입니다.

그러니까 고대 사람들이 국가에 대해 갖는 질문은 '좋은 정치란 무엇인가?'였습니다.

하지만 근대의 태동기라 할 17세기에 이르면 국가를 둘러싼 질문이 달라집니다. 앞서 말했듯이 홉스는 국가의 구성 혹은 국가의 발생에 관해 질문합니다. 이러한 사유의 변화는 '인간'을 어떻게 이해할 것인가의 문제와 연결됩니다. 아리스토텔레스가 살았던 시대는 신의 눈으로 우주 혹은 자연의 질서를 바라보던 시대입니다. 자연은 신–인간–'인간 이하의 인간'–동물이라는 위계로 정당화되며, 오직 귀족, 부자, 자유민 demos만이 인간에 속합니다. 신보다는 낮지만 '인간 이하의 인간'보다 높은 인간이 곧 정치의 주체로서 '시민'이 됩니다. 인간 이하의 인간에는 노예, 여자, 어린아이가 포함되고 이들은 정치에서 배제됩니다. 곧 인간이되 시민이 아닌 존재들은 통치의 대상이되 정치의 주체는 될 수 없는 자들입니다. 그래서 고대의 민주주의는 노예제와 양립 가능합니다. 아리스토텔레스가 '인간은 정치적 동물'이라고 정의했을 때 인간이란 자유인에 한정되며, 이로부터 정치는 현존하는 사회질서가 정당화되는 한에서 지배계급에 의한 피지배계급의 통치 혹은 지배의 문제로 간주됩니다. 이것이 홉스가 단절하고자 한 지점입니다.

'자연적 사회성'은 노예제와 신분에 따른 위계를 자연 질서로 정당화할 뿐만 아니라 정치철학을 이상주의적으로 정초한 것이었습니다. 하지만 홉스는 '인간은 본질적으로 정치적 동물'이라는 긍정적이고 이상주의적인 입장을 거부하고 인간은 애초에 탈정치적이고 심지어 탈사회적인 동물이라는 에피쿠로스의 견해를 수용합니다.[5] 홉스의 정치는 여기서부터 시작합니다. 홉스는 "카드를 다시 뒤섞지 않고서는 불리한 게임을 유리하게 이끌 희망이 없기 때문"[6]에 인간에 관한 탐구로 나아갑니다. 홉스의 전략은 '신에 의한 통치'에서 '인간에 의한 정치', '인간에 대한 정치'로의 전환입니다.

홉스에게 인간은 더 이상 신에게 예속된 신민(臣民, subject)이 아닌 인식의 대상(object)이 됩니다. 인간의 본성으로부터 필연적으로 따라 나오는 정치가 아니라 인간이야말로 정치의 조건이라는 사유가 시작된 것입니다. 새로운 정치는 인간에 의한 정치일 뿐만 아니라 바로 인간에 대한 정치여야 하며, 이는 인간을 정치의 출발점으로 삼기 이전에 탐구와 지식의 대상으로 삼기 시작한 것입니다. 위에서 인간을 탈사회적이고 탈정치적인 존재로 인식한다는 것은 인간에게 정치는 불가능한 것이라는 비관적 인식을 의미하는 것이 아닙니다. 오히려 낙관적 이상주의에 맞서 정치의 가능성이라는 객관적 조건을 탐구하려는 시도입니다. 그 조건이란 바로 '인간'입니다. 즉 인간으로 인해 가장 비극적인 정치의 파괴가 가능한 만큼, 새로

---

5 레오 스트라우스, 『자연권과 역사』, 홍원표 옮김, 인간사랑, 2001, 210쪽.
6 토마스 홉스, 『시민론』, 이준호 옮김, 서광사, 2013, 139쪽.

운 정치 구성의 가능성을 동시에 사유하려는 태도는 이전의
관념론적 사유로부터 가장 멀리 달아난 유물론자 홉스의 면
모를 잘 보여줍니다.

3. 리바이어던, 새로운 국가의 이미지

홉스의 저작 『리바이어던』은 내용뿐만 아니라 표지와 제목
도 매우 흥미롭습니다. 리바이어던Leviathan은 성경에 나오는
바다 괴물입니다. 욥기 41장은 "아무도 그것을 격동시킬 만큼
담대하지 못하거든 누가 내게 감히 대항할 수 있겠느냐"라는
문구로 리바이어던의 강력함을 묘사하고 있습니다. 홉스는
이 리바이어던의 강력한 힘, 지상에서는 겨룰 자가 없는 절대
적인 힘을 통해 새로운 국가를 묘사했습니다. 홉스는 자신의
사유를 글로만 써 내려간 것이 아니라 책의 표지를 직접 구
상하기도 했죠.

홉스가 구상한 책의 표지 정면에는 도시 위의 거인이 보입
니다. 홉스 이전에도 상상의 동물로 묘사되곤 했던 리바이어
던은 동양의 용과 비슷하기도 하고, 날개가 달려있기도 하며,
악어, 고래, 큰 물고기 등 바다의 생물을 괴수의 형상으로 이
미지화한 것에 가까웠습니다.

반면 홉스가 도안한 리바이어던은 괴물이라기보다는 거인

† 『리바이어던』 표지

의 모습을 하고 있습니다. 가장 특이한 것은 리바이어던의 몸입니다. 이 거인의 몸은 수많은 인간으로 채워져 있습니다. 자세히 보면 인간의 얼굴들, 표정도 그려져 있죠. 홉스의 리바이어던은 여러 인간이 모여 하나의 거대한 신체를 이룹니다. 이것은 곧 근대적인 새로운 국가를 상징합니다.

정치철학자인 칼 슈미트는 홉스의 리바이어던이 가진 강력한 상징을 분석했는데, 이에 따르면 "정치적 공동체의 통일성이 거인이라든가 거체magnum corpus라고 표현된 적이 한 번도 없었다"[7]라고 지적하며 이 혁신적인 이미지의 중요성을 말합니다. 이전까지의 리바이어던이 하나의 단일한 유기체였다면, 홉스의 것은 단순한 육체Corpus도 짐승도 아닙니다. 더욱 놀라운 것은 홉스가 이를 '기계장치' 혹은 '인공인간'으로 묘사하고 있다는 점입니다. 리바이어던은 질서로 묶인 정치적 공동체를 상징한다는 점에서 하나의 '신체'이지만 복합적인 신체들의 결합이며, 다양한 부품, 기계들의 체계인 한에서 '인공적인 신체'입니다.

자연은 하느님이 이 세계를 창조하여 다스리는 기예art이다. 다른 많은 일들에서 〔우리가〕 그렇게 하듯이 이 자연을 인간의 '기예'로 모방하면, 여기에서 보는 바와 같이 하나의 인공

7   칼 슈미트, 『로마 가톨릭주의와 정치형태 홉스 국가론에서의 리바이어던』, 김효전 옮김, 교육과학사, 1992, 265쪽.

동물을 만들어 낼 수도 있다. 생명은 신체나 사지의 운동을 말하고, 이 운동은 내부의 중심부분에서 시작된다는 것을 안다면, 모든 '자동장치들'(시계처럼 태엽이나 톱니바퀴로 움직이는 기계장치들)은 하나의 인공적 생명을 가지고 있다고 말하지 못할 이유가 무엇인가? ··· '기예'는 한 걸음 더 나아가 자연의 가장 합리적이고 가장 탁월한 작품인 '인간'을 모방하기에까지 이른다. 즉 기예에 의해 코먼웰스Commonwealth, 혹은 국가State, 라틴어로는 키비타스Civitas라고 불리는 저 위대한 리바이어던Leviathan이 창조되는데, 이것이 바로 인공인간이다. 자연인을 보고하고 방어할 목적으로 만들어졌기 때문에 자연인보다 몸집이 더 크고 힘이 더 세다. 이 인공인간에게 있는 '주권'은 인공 '혼'으로서 전신에 생명과 운동을 부여한다.[8]

위의 글은 『리바이어던』의 서설 처음 부분입니다. 매우 상징적이면서도 압축적으로 전개된 글에서 우리는 홉스가 구상하는 새로운 국가의 의미를 이야기할 수 있습니다. 첫 번째 주목할 것은 오늘날 통용되는 'state'가 기존의 단어들을 물리치고 국가를 지칭하게 되었다는 점입니다. 그다음으로 살펴볼 것은 '거대한 힘이 센 국가'의 의미이며, 마지막으로는

---

8 토마스 홉스, 『리바이어던』, 진석용 옮김, 나남, 2008, 21~22쪽.

'인공적인 것'의 의미입니다.

　우선 인용문에서 나타나듯이 국가를 지칭하는 다수의 개념이 등장합니다. 위에 언급된 단어들을 포함해 이미 오랫동안 사용되던 정치공동체 혹은 국가를 지칭하는 단어들에는 폴리스polis, 키비타스civitas, 레스 푸블리카res publica, 코먼웰스commonwealth 등이 있으며, 오늘날 국가로 통용되는 단어 state가 있습니다.[9] 대부분 단어가 라틴어에서 유래했음을 감안하면 이전부터 내려온 정치 질서 혹은 국가를 지칭하는 단어로는 충분히 의미를 전달할 수 없는 새로운 국가에 대한 사유가 출현했다는 것을 의미합니다. 물론 state 역시 라틴어의 스타투스status가 기원입니다. status는 스테레stare, 즉 '서다'라는 동사에서 파생된 명사로 사람이나 지역이 차지하는 지위와 위치의 의미에서 나아가 제도, 정치조직의 기본 양상이나 국가의 상태를 의미하게 됩니다. 토머스 모어의 『유토피아』(1516)의 원제목이 '최선의 국가 상태De optimo reipublicae statu'였다는 것도 기억해 둘 필요가 있습니다. 아무튼 state/status는 17세기 이전까지는 수식어와 함께 쓰이다가 점차 독립하면서 당시까지 국가를 지칭하던 단어 레스 푸블리카, 코먼웰스와 나란히 사용하게 됩니다. 이 시기에 국가에 대한 새로운 개념이 필요해진 이유는 국가를 정치체政治體와는 다

9　17세기 국가 개념의 경합과 역사적, 사상사적 맥락에 대해서는 박상섭, 『국가·주권』, 소화, 2008, 27~65쪽을 참조하였다.

른, 추상적이지만 별개의 독립된 범주로 사유하게 되었기 때문입니다.

더불어 중요한 지점은 근대에서 주권/주권권력이라는 국가 귀속 권력을 사유하게 된 것입니다. 앞서 말했듯이 플라톤이나 아리스토텔레스는 국가라는 추상적인 실체가 아닌 왕정, 과두정, 민주정과 같은 정치체의 문제에 몰두해 있었습니다. 홉스의 시대는 누구에게도 귀속되지 않은 국가가 그 자체로 탐구 대상이자 문제였고, 왕이나 귀족 심지어 시민의 권력으로 환원되지 않는 주권의 개념이 발명되던 시대였습니다. 이를 위해서는 국가의 의미가 탈인격화되어야 했는데, 먼저 왕이나 통치자와 분리된 독자적인 기관으로 국가가 사유되어야 했고, 다른 한편으로는 통치자의 성격에 따라 이해되던 아리스토텔레스적 국가 관념이 아닌, 즉 정체의 성격과 무관한 국가 그 자체의 정의가 필요했습니다.[10]

홉스는 『리바이어던』에서 역사상 가장 명료하고 체계적으로 특정 정체와 구별되는 별개의 독립적 실체로서 국가의 개념을 제시합니다. 다만 스테이트state라는 말을 바로 사용하지 않고 키비타스civitas, 코먼웰스commonwealth와 함께 사용한 점, 그리고 본문에서는 일관되게 스테이트state 대신 코먼웰스commonwealth를 사용했다는 것은 기존의 언어 관습을 따른 것

---

10 위의 책, 55쪽.

이면서도 동시에 국가를 둘러싼 역사적, 철학적 논쟁에 자신의 이론을 개입시키려 한 것으로 이해할 수 있습니다.

두 번째는 '거대한 힘이 센 국가'라는 언급을 어떻게 볼 것인가입니다. 이는 얼핏 홉스가 왕권 강화를 통한 절대주의로의 회귀 혹은 절대주의와 근대적 국가 사이에서 동요한 것으로 이해할 수도 있습니다. 홉스에 대한 통상적인 이해도 이와 무관하지 않습니다. 하지만 과거의 사유와 난폭하게 단절한다는 것은 A–B 사이의 단절, 그러니까 A가 아닌 완전히 새로운 B로의 대체를 말하는 것이 아닙니다. 이 단절의 도식은 A–A'/A'–B입니다. 이전의 언어, 사유와 새로운 것들이 무질서하게 뒤엉킨 것처럼 보이지만, 단절한다는 것은 단절의 이쪽 면(A–A'. A의 연속으로서 A')과 저쪽 면(A'–B, B를 예고하는 A')을 동시에 보여준다고 말할 수 있습니다. 마치 빵을 칼로 절단했을 때 드러나는 절단면의 양쪽을 상상하시면 쉽게 이해할 수 있을 듯합니다.

따라서 홉스의 거대하고 강력한 국가는 기존의 가치와 규범의 원천인 기독교 권위의 붕괴, 그리고 혁명과 내란이라는 정치적 불안정성을 극복할 강력한 정치 질서의 확립을 의미할 뿐만 아니라, 현세에만 존재하는 '지상의 신'으로서 국가, 오직 인간의 정치적 실천으로서만 강력한 힘을 발휘하는 국가를 의미합니다. 한편, 새로운 국가의 발생 조건을 사유하기 위해 도입된 사회계약 이전의 상태, 즉 자연상태는 국가가 설립된 이후엔 국가의 유지를 위협하는 내란, 혁명의 위협으로 지속합니다. 이에 따라 강력한 국가의 힘이란 이중적인 의미를 가집니다. 자연상태에서의 혼란과 내란의 위협을 제압할 절대적인 국가권력의 의미와 더불어 혁명의 위험에 영원히 속박된, '지속해서 억지된 내란상태'로서의 국가라는 의미가 그것입니다.

세 번째는 '인공적인 것'의 의미입니다. 이는 매우 명확하게도 반反아리스토텔레스적 테제입니다. '자연적 사회성'을 대체할 인공적 사회성을 이야기하는 것의 의미는 무엇일까요? 앞의 인용에서 나타나듯이 국가는 더 이상 자연적으로 주어지는 것이 아닌 인공적인 것입니다. 홉스는 인간이 창조한 인위적인 것이라는 의미와 더불어 하나의 거대한 기계와 같은 것으로 국가의 작동원리를 생각했습니다.

국가를 하나의 기계처럼 생각한다는 것은 왕 개인의 의지에 따라 국가를 운영하는 기존의 국가관에 명백한 반대를 표명하는 것입니다. 시계의 태엽이 오늘은 빠르게 내일은 느리게 작동한다면 그것은 고장 난 시계에 불과할 뿐입니다. 근대 국가는 왕의 자의적 권력에서 벗어나 '법'이라는 합리적 원리에 의해 운영되는 것입니다. 곧 '법'이라는 객관적인 규칙에 따라 국가라는 거대한 체계가 작동하는 것이 홉스가 생각하는 새로운 국가의 핵심 원리입니다.

법을 제정하고 운영하는 권리, 국가의 의사를 결정하는 절대적인 권리를 우리는 통상 '주권'이라고 합니다. 홉스를 비롯한 17세기 정치철학자들의 문제의식은 이 '주권'이라는 최고의 권력을 어떻게 새로 세울 것인가에 있었습니다. 주권은 신에게 부여받은 것이 아니라 인간 스스로 행사해야 하는 것입니다. 그래서 독립적이어야 하죠. 동시에 주권보다 더 위에 있는 권력이 있거나 주권에 대당하는 권력이 있어서는 안 됩니다. 만일 그런 권력이 있다면 국가의 존립은 늘 위태롭겠죠. 이 때문에 주권은 독립적이면서 절대적이어야 합니다.

4. 대중을 발견하고 대중을 해체하다

리바이어던의 몸을 구성한 것은 수백의 인간이었습니다. 근대 국가를 구성하는 '재료'는 인간이며, '제조자' 역시 인간입니다. 홉스는 '사회계약론'의 핵심으로 곧장 나아가지 않고 먼저 인간 탐구를 시작합니다. 『리바이어던』의 1부는 '인간에 대하여'라는 주제의 총 16장입니다. 여기서 홉스는 인간의 여러 능력인 감각, 상상, 언어, 추론과 과학적 지식, 정념, 담화, 미덕, 힘, 명예 등을 포함해 생활 태도, 종교, 자연상태에서의 인간의 상태, 그리고 자연법과 계약, 인격의 문제에 이르는 부분을 나누어 분석합니다. 그리고 2부가 코먼웰스, 곧 국가에 관한 내용입니다.

여기에 인간을 통치의 대상으로 간주하지 않고 과학의 대상으로 바라보는 홉스의 혁신적 사유가 있습니다. 홉스는 정치의 조건으로 인간을 다룰 때 이성뿐만 아니라 정념passion, 곧 감정의 차원을 함께 다룹니다. 이는 데카르트의 영향을 받은 것입니다. 이러한 인간에 대한 탐구는 이전과는 매우 다른 사회성을 발견할 수 있게 해줍니다. 아리스토텔레스가 '인간은 정치적 동물'이라고 정의하며 인간이 정치적이라고 단언한 이유는 언어와 관련이 있습니다. 아리스토텔레스에게 정치는 말하기의 문제이며 이는 곧 로고스logos의 영역입니다. 로고스는 '말'을 뜻하면서 '이성'의 의미도 갖고 있습니다. 즉 말하는 존재인 인간은 이성적 존재이고, 이것이 곧 정치를 행할 수 있는 필연성을 보증해줍니다. 아리스토텔레스에게 정치란 이성에 의한 감성적인 것의 억압, 제어가 가능한 상태를 뜻하기도 합니다. 그런데 홉스는 인간을 탐구하면서 인간의 정념을 근본적으로 생각합니다. 다시 말해 국가의 토대는 개인들의 정념이 됩니다. 이때 인간을 마치 해부대 위에 올려놓은 상태로 분석하는 것이 아니라 '자연상태'에서, 일종의 국가가 성립하기 이전의 집단적 삶을 가정하며 분석합니다. 이는 곧 국가 설립의 조건으로서 인간을 사유하려는 시도와 연결됩니다.

인간에겐 코나투스conatus라는 자기보존 경향이 있으므로 생존 욕구가 모든 인간에게 공통된 것이자 근본적인 것이 되며, 이로부터 이기심이라는 감정이 생깁니다. 여기서 '인간은 만인에 대한 만인의 늑대'라는 유명한 정식이 도출됩니다.

> 인간에 대해 인간은 일종의 신이며, 또한 악명 높은 늑대다.[11]

자연상태에서 인간은 상호 평등하므로 서로에 대해 '신'입니다. 지배와 복종의 관계가 성립되지 않습니다. 그러므로 인간은 다른 인간에 대하여 늑대가 됩니다. 자연상태의 인간은 만인에 대해 항시적인 전쟁상태에 놓입니다.

홉스가 사회계약론의 발명가라면 '자연상태'라는 개념은 사회계약론 중에서도 매우 중요하고 독창적인 개념입니다. 홉스의 자연상태는 두 가지 차원에서 중요합니다. 하나는 새로운 국가, 새로운 정치의 조건을 발생의 차원에서 생각하는 것입니다. 이것은 국가를 신이나 자연, 혹은 정치적 동물로서 인간이라는 허구적 기원으로부터 사고하는 것이 아니라 사회를 인공적인 발명품으로 만들기 위해 가능한 조건을 사유하려는 것입니다. 따라서 국가의 기원은 무엇인가라는 질문은 국가는 어떻게 발명되는가라는 질문으로 변화하게 됩니다.

11 　토마스 홉스, 『시민론』, 이준호 옮김, 서광사, 2013, 10쪽.

자연상태는 정념적인 반反사회입니다. 그런데 정념만으로는 사회가 성립되지 않습니다. 인간은 다른 인간에게 늑대이며 공포심을 갖기 때문에 모이거나 연합할 수 없습니다. 자연상태는 반사회적인 사회성이라는 역설적인 상태에 놓이게 됩니다. 따라서 사회상태로의 자연스러운 이행이 불가능합니다. 자기보존 욕구와 이기심의 추구 때문에 생기는 전쟁의 위험에서 벗어나려면 국가가 설립되어야 하고 인간의 이기심이 크면 클수록 국가가 더욱 필요하지만, 이기심이 극대화된다고 해서 자연스럽게 국가가 설립되지는 않습니다. 자연상태와 사회상태 사이에는 단절이 존재하며, 이는 어떤 도약이 필요하다는 것을 의미합니다.

다른 하나는 자연상태의 특징이 갈등의 사회성이라는 점입니다. 아리스토텔레스의 사회성이 긍정적인 사회성, 이성에 기반한 사회성이라고 한다면 홉스가 그려내는 사회성은 갈등적인 사회성, 항상 이미 갈등을 일으키고 있는 사회성이라는 면에서 부정적인 사회성입니다. 지금에서 보자면 홉스가 날카롭게 빛나는 지점이기도 합니다. 자연상태를 곧 국가 성립 이전의 대중의 상태라고 볼 수 있는데, 대중은 이성에 의해 인도되는 존재가 아니며, 늘 서로 갈등을 일으키며 공존하고 있습니다. 이는 서로 연결되어 있으면서도 그 안에 적대와 갈등이 해소되지 않은 복잡하고 모순적인 사회에 관한 은유라고 볼 수 있습니다. 하지만 갈등에 관한 사고는 홉스에게

견딜 수 없는 것이기도 합니다. 홉스는 혁명과 혼란이 야기한 새로운 사회의 역동성을 긍정한 것이 아니라 대중이 야기한 공포에 고통받았던 이론가입니다. 그리고 그 공포의 제거를 누구보다 희망했습니다. 이 지점에서 '사회계약'이 등장합니다.

스피노자의 『정치론』에서 중요한 개념으로 등장할 '대중'(멀티튜드multitude, 라틴어로는 물티투도multudo)은 스피노자 이전 홉스가 사용한 개념이기도 합니다. 대중을 정념에 따라 움직이는 갈등적이고 역동적인 존재로 사유하는 것은 곧 정치의 조건을 사유한다는 것, 정치를 유물론적으로 사유한다는 것입니다.

> 무엇보다도 우리는 자신의 자유의지로 공동체를 구성한 사람들의 집단multitude이 무엇인지 살펴보아야 한다. 즉 집단은 단일 인격이 아니라 각자 고유의 의지가 있고 또 제안될 수 있는 모든 일을 각자 판단하는 무수한 사람들이다.[12]

갈등적이라는 것은 각자의 고유 의지가 있고 각자 고유한 판단을 하되, 개별화하지 않고 집단적인 관계를 맺고 있다는 것을 포함합니다. 이것은 개인 아니면 전체라는 이분법이 아

---

12   위의 책, 115~116쪽.

닌 새로운 사회성을 생각할 수 있게 해주는 아주 중요한 통찰입니다. 하지만 홉스는 멀티튜드로서의 대중을 자연상태로 한정합니다. 즉 사회계약에 의해 해체되어야 하는 출발점으로만 남습니다. 계약은 멀티튜드로서 집단적 대중으로 참여하는 것이 아니라 이 대중들이 분해되어 개인으로서 참여하게 됩니다. 홉스는 계약을 통해 집단적 인민인 대중의 힘과 대중의 공포를 무력화하고 일대일의 계약을 맺어 국가를 창설하고자 했습니다. 계약을 맺는 주체는 원자와 같은 개인들이 되고 계약 후의 주체 역시 개인들로 남습니다. 이제 이들은 개별화하여 '국민'이 됩니다. 비로소 세상은 전쟁의 공포, 아니 대중의 공포로부터 안전해졌습니다!

5. 사회계약이 수립되다

홉스는 새로운 국가의 구성 원리를 파악하기 위해 '자연상태'에 놓인 인간을 사유합니다. 국가의 테두리 혹은 시민사회를 벗어난 상태가 자연상태입니다. 이러한 자연상태에서 인간은 '만인에 대한 만인의 전쟁상태'에 돌입합니다. 자연상태에서 인간은 만인에 대한 늑대입니다.

홉스의 이런 생각은 인간은 평등하다는 인식에 근거합니다. 왜 그런지 살펴봅시다. 홉스는 국가의 재료가 될 인간을 마치 기계를 분해하듯이 분해해서 관찰합니다. 가족이나 사회적 관계들을 다 제거하고 난 후의 인간의 본성이 무엇인지 알아내려 한 거죠. 홉스가 발견한 인간의 본성은 자신의 생명을 유지하려는 운동, 즉 자기보존의 운동을 한다는 것입니다. 이것은 자연이 인간에게 '평등하게' 부여한 권리죠. 자연은 누구에게나 자기보존의 권리를 부여했습니다.

자연상태에서 모든 인간은 평등합니다. 인간은 제한 없는 자유와 평등을 갖고 태어납니다. 인간의 타고난 권리를 자연적 권리라는 뜻에서 '자연권'이라고 합니다. 자연권을 가진 인간은 자신의 생명을 유지하고 보존하기 위한 욕망을 갖습니다. 그런데 문제는 모든 인간이 다 자기보존의 욕망을 갖는데 반해 인간을 둘러싼 자연은 인간의 욕망을 다 충족시킬 만큼 풍족하지 않다는 데 있습니다. 그래서 홉스는 자연상태에서 자신의 보존을 위해서라면 남을 해치는 것이 정당화될 뿐만 아니라 불가피하다고 주장합니다. 그런데 자신의 생존을 위해 서로 이기적인 싸움을 지속한다면 결국 자기보존의 욕망을 실현하기 매우 어려워집니다. 평등은 주어졌지만, 보다 안전한 생존을 위해 자연상태를 벗어나야 할 필요가 생기는 것이죠.

그래서 홉스는 무제한의 평등과 자유를 포기하고 새로운 국가를 설립하자고 설득합니다. 새로운 국가는 시민의 동의 없이는 불가능하죠. 그래서 이 국가는 안전하게 자기보존의 욕망을 실현해줄 절대 권력으로 등장하고 동시에 시민의 동의를 기초로 한 공통의 권력으로 나타납니다. 홉스는 이를 위해 사회계약을 맺자고 제안합니다. 이것이 17세기 새로운 국가 설립의 아이디어로 각광받은 '사회계약론'입니다. 사회계약론은 자유롭고 평등한 개인들이 모여 계약을 맺고 자신의 권리(자연권)를 양도해 국가를 설립하는 것에 관한 이론입니다. 홉스 이래 루소와 로크가 대표적인 사회계약론을 주장했습니다.

사회계약론의 근본 전제는 모든 인간이 자유롭고 평등한 개인이라는 것입니다. 이러한 생각 자체만으로도 굉장히 혁명적이죠. 그런데 자유롭고 평등한 개인은 정념적일 뿐만 아니라 이성적인 인간이어야 합니다. 자연상태를 벗어나 국가를 설립하겠다는 이성적인 의지와 판단력이 있어야 하죠. 이성적인 인간이 계약을 통해 자신의 권리 양도에 동의하는 것이 국가 창설의 가장 강력한 정당성입니다. 이로부터 법은 인간이 스스로 만들어 채운 쇠고랑이 됩니다. 법이란 개인들이 권리를 포기해야만 가능한 것이기 때문입니다.

사회계약론을 통해 홉스가 주목한 것은 개인들의 자유와 평등이 아닙니다. 그에게 중요한 것은 "공통의 권력"인 국가입니다. 새로운 국가원리를 세우기 위해 자유와 평등은 권리로서 개인들에게 주어집니다. 강압적 지배에 따른 지배의 종속이 아니라 자유로운 개인들의 권리의 양도를 통한 국가 설립을 주장했습니다. 자발적 동의를 새로운 국가 설립의 가장 중요한 원리로 파악했으니까요. 하지만 권리의 양도란 실은 권리의 폐기와 다르지 않습니다. 그럼에도 권리의 폐기는 자발적으로 이뤄진 것입니다. 그 때문에 권리를 양도한 국가에 저항하거나 반하는 것은 허용되지 않습니다. 심지어 개인들은 자신에게 주어진 자연권을 포기했기 때문에 '권리가 없는 상태'로 전락합니다. 그럼에도 불구하고 개인들이 국가를 형성해야 하는 이유는 지긋지긋하고 비참한 전쟁상태에서 벗어날 유일한 방법이기 때문입니다.

홉스가 태어난 이후 『리바이어던』을 집필하기까지 유럽과 영국이 내내 전쟁의 한가운데에 있었다는 점을 떠올리기 바랍니다. 홉스는 국가라는 절대 권력을 다시 세울 필요가 있다고 생각했습니다. 신과 왕이 통치하는 절대주의 국가가 그 힘을 잃었기 때문이죠. 전쟁을 일으키는 장본인은 다름 아닌 인간이었고, 그 전쟁 때문에 고통받는 이도 인간 자신이었습니다.

그래서 국가는 무엇보다 시민의 안전을 책임져야 합니다. 이는 곧 국가 자신의 안전이기도 합니다. 국가가 안전하다는 것은 내전의 공포에서 벗어나 국가 상태를 유지하고 보존하는 것입니다. 국가라는 거대한 인공동물은 이제 국가 자신의 생명을 유지하고 보존하기 위해 무엇이든 할 수 있는 권리를 획득하고, 국가의 안전을 위해 개인들의 권리는 포기됩니다.

권리를 포기하는 대신 개인들은 국가 안에서 안전과 평화를 보장받게 됩니다. 이것이 '사회계약'의 핵심 내용입니다. 자, 앞서 이야기했듯이 시민의 안전이란 홉스가 생각하기에 시민이 자신의 의지와 판단으로 뭉치지 않는다는 것입니다. 시민의 안전이란 역설적이게도 시민의 집단적 힘으로부터의 안전, 즉 정치적인 역량으로서 시민들의 해체인 셈이 됩니다.

6. 안전한 국가의 비밀

개인들이 계약에 서명했으니 새로운 국가는 설립되었을까요? 그렇게 단순할 리 없습니다. 권리의 양도 혹은 포기만으로 사회계약이 완성된 것은 아닙니다. 더 중요한 것은 단 하나의 절대적인 권력으로 결집하는 것입니다. 어떻게 보면 동의와 계약은 절차에 불과합니다. 만인에 대해 전쟁을 수행하는 개인을 제압할 단 하나의 실질적인 권력, 그것이 세워져야 하죠. 국가 안에 단 하나의 권력이 있다면 그것은 주권이고, 주권을 행사하는 자를 '주권자'라고 합니다.

> (단 하나의 권력을) 확립하는 유일한 길은 모든 사람의 의지를 다수결에 의해 하나의 의지로 결집하는 것, 즉 그들이 지닌 모든 권력과 힘을 '한 사람' 혹은 '하나의 합의체'에 양도

하는 것이다. … 만인이 만인과 상호 계약을 체결함으로써 모든 인간이 단 하나의 동일 인격으로 결합되는 것이다. 이 것은 마치 만인이 만인을 향해 다음과 같이 선언한 것과 같 다. '나는 스스로를 다스리는 권리를 이 사람 혹은 이 합의 체에 완전히 양도할 것을 승인한다. 단 그대도 그대의 권리 를 양도하여 그의 활동을 승인한다는 조건 아래.'[13]

그리고는 단 하나의 인격인 주권자가 등장합니다. 홉스의 말을 계속 따라가 보죠.

바로 여기에 코먼웰스의 본질이 있다. 코먼웰스의 정의는 다 음과 같다. '다수 사람들이 상호 신의계약을 체결하여 세운 하나의 인격으로서, 그들 각자가 그 인격이 한 행위의 본인 이 됨으로써, 그들의 평화와 공동방위를 위해 모든 사람의 힘과 수단을 그가 임의로 사용할 수 있도록 한 것'이다. 그리 고 이 인격을 지닌 자가 주권자sovereign라 불리며, '주권적 권 력sovereign power'을 지니고 있다고 말한다. 그 외의 모든 사람 은 그의 백성subject이다.[14]

이제 국가를 통한 공통의 권력은 주권자가 행사하는 단 하

---

13 토마스 홉스, 『리바이어던』, 진석용 옮김, 나남, 2008, 232쪽.
14 위의 책, 233쪽.

나의 권력이 됩니다. '평화와 공동방위' 즉 국가의 안전을 위해 주권자는 모든 힘과 수단을 임의로 행사할 수 있습니다. 계약이 목표로 하는 것은 코먼웰스라는 국가의 강력하고 절대적인 권력의 정당성을 새롭게 기초하는 것입니다. 국가가 휘두를 수 있는 모든 힘과 수단은 단지 문서상의 '계약'이 아니라 물리적인 힘의 사용까지 보장됩니다.

> 칼 없는 계약은 빈 말에 불과하며, 인간을 보호할 힘이 전혀 없다.15

법이 존재한다고 하더라도 법을 집행할 권력이 존재하지 않는다면, 특히 사람들의 안전을 보장할 수 있을 만큼 강력한 권력이 확립되지 않는다면 사람들은 또다시 타인에게 경계심을 품게 될 것이고 국가가 아닌 자기 자신의 힘에 의지하려 들 것입니다. 그러면 다시 전쟁이 시작되겠죠. 그래서 홉스는 또 다른 공포를 이야기합니다. 자연상태에서는 만인이 만인에 대한 공포의 원인이었습니다. 반면 국가가 설립된 후에는 주권권력에 대한 공포가 등장합니다. 법에 대한 자발적 복종은 공권력에 대한 공포 없이는 불가능하다는 것입니다. 그래서 홉스에게 평화와 안전은 공포의 완전한 제거가 아닙

---

15 위의 책, 228쪽.

니다. 모두에 대한 공포가 아니라 단 하나의 특권적이고 절대적인 권위에 대한 공포가 곧 평화와 안전을 보장합니다.

개인들의 동의에 근거한다는 것은 모든 인간이 자신의 의지대로 선택할 수 있다는 것이고, 개인들은 저마다가 인격 혹은 자격을 갖고 계약에 임합니다. 하지만 사회계약이 실행되자마자 개인들의 인격들은 단 하나의 인격으로 전환됩니다. 바로 주권자의 인격으로 말이죠. 그래서 처음 『리바이어던』의 인용문처럼 국가라는 "인공인간에게 있는 '주권'은 인공 '혼'으로서 전신에 생명과 운동을 부여한다"라는 것이 가능하게 됩니다.

여기서 인격이라는 개념이 등장합니다. 인격person이란 무엇일까요? 인격이란 말이나 행위가 그 자신의 것으로 간주되는 사람을 의미합니다. 따라서 인격이란 인간이 이성적이고 자유의지에 기반해 스스로 행동하고 사유한다는 의미를 포함합니다.

홉스는 인격이 라틴어의 페르소나persona에서 유래한다는 점에 주목합니다. 페르소나는 연극에서 등장인물이나 역할을 의미하는 말이고 가면이라는 뜻도 가지고 있습니다. 즉 인격은 자연적인 것이 아니라 인위적인 것입니다.

이로부터 홉스는 인위적 인격을 자연적 인격과 구별해 이야기합니다. 인위적 인격은 무대에서 어떤 인물을 연기하는 것과 같습니다. 가면을 쓰고 연기하는 배우를 생각해봅시다.

배우는 그 가면의 인격에 따라 말과 행위를 합니다. 광인의 가면을 쓰면 마치 자신이 광인인 것처럼 연기하죠. 자연적 인격은 배우 자신일지라도 무대 위에서의 인위적 인격은 광인입니다. 그리고 무대 위에서는 광인이라는 인격이 유일한 인격입니다. 배우가 혼신의 연기를 펼칠 때 우리가 어느 특정한 배우가 아닌 극 중 역할에 빠져드는 것처럼요.

마찬가지로 극장의 무대를 정치 무대로 옮겨봅시다. 주권자는 개인들의 인격을 대표해 말하고 행사하는 자입니다. 이때 개개인의 인격은 사라집니다. 오로지 주권자의 말과 의지로 대표되는 인격만이 존재하게 됩니다.

우리는 뉴스에서 종종 "국민의 이름으로" 혹은 "국익의 차원에서"로 시작하는 정치인의 말을 접합니다. 이때 정치인의 인격은 그 사람의 자연적 인격이 아닌 국가 혹은 국민의 인격을 자처합니다. 우리가 매번 국회의원이나 대통령이라는 대표자를 선출하는 것은 홉스에 따른다면, 투표를 통해 우리의 가면을 바꾸는 것이면서 동시에 우리는 대표자라는 인격을 통해서만 정치적인 의사를 표현할 수 있다는 것이 됩니다.

아무튼, 국가가 설립되면 주권자라는 인위적인 인격이 만들어진다는 것이 중요합니다. 주권자는 사회계약의 당사자가 아닙니다. 사회계약의 결과로서 등장한 새로운 인격이자 인공신체의 '혼'입니다. 그래서 자연상태와 사회상태는 바로 주권자라는 새로운 인격의 여부로 구별할 수 있습니다. 홉스는 주권자의 단일하고 강력한 힘을 강조합니다. 더 나아가 주권자와 관계 맺는 대중에 관해 이야기합니다. 대중의 상태! 이것이 중요합니다.

> 군중은 한 사람 또는 하나의 인격에 의해 대표될 때, 만약 그것이 그 군중 개개인 전부의 동의에 의해 그렇게 된 경우, 하나의 인격이 된다. 왜냐하면 '하나의' 인격을 이루는 것은 대표자의 '단일성'이지, 대표되는 자의 단일성은 아니기 때문이다. 인격을, 그것도 유일한 인격을 지니는 것은 대표자이다. 그렇지 않으면 군중의 '단일성'은 이해될 수 없다.[16]

대중은 서로 적입니다. 이를 '만인에 의한 만인의 전쟁'이라고 말합니다. 이는 대중이 단일하지 않다는 매우 중요한 통찰을 은연중에 포함하고 있습니다. 동시에 대중이 자신의 의지와 판단으로 단결하기도 하고 서로 갈등을 일으키는 집합적인 존재들이라는 것을 의미하기도 합니다. 이제 단일한 하나로 환원되지 않은 다수의 대중, 아니 "대중들"[17]은 단일한 인격을 가진 존재가 되어야 합니다. 이들이 각각의 인격을 가지고 있는 이상 전쟁의 공포는 사라지지 않습니다. 계약을 하고 법을 창설하고 법에 따른 공권력을 행사한다고 해도 홉스

---

16 위의 책, 221쪽.
17 에티엔 발리바르, 『대중들의 공포』, 서관모·최원 옮김, 도서출판b, 2007.

의 불안은 끝나지 않습니다. 앞서 말했듯이 홉스는 자서전에서 "나는 공포와 쌍생아"라고 했습니다. 홉스의 공포는 매우 근원적인 것입니다. 그로 인해 새로운 사회의 원리를 사유했지만, 그의 공포심이 해소되지는 않은 것 같습니다. 홉스의 공포는 무엇일까요? 바로 무리 지어 다니는 인간들인 대중에 대한 공포입니다.

자연상태에서 인간은 연합하거나 무리를 이루고 있지 않습니다. 최소한의 결합인 가족조차 존재하지 않습니다. 그래서 만인에 대해 전쟁을 일으키죠. 자신의 생명이 누군가에 의해 위협받는다는 공포 때문에요. 그런데 국가는 인간들의 결합 산물입니다. 인간들이 모여든다는 것, 무리를 짓는다는 것은 사실 또 다른 공포를 야기합니다. 크고 작은 무리로 모인 인간들은 그만큼 힘이 세지고 이해관계에 따라 다툼이나 분쟁을 일으킬 가능성이 커지니까요. 홉스가 경험했던 비참한 전쟁상태는 바로 무리 지은 인간들의 파괴적 결과이기도 하죠. 그래서 홉스는 최종적으로 개인들의 인격을 하나의 인격으로 대체하길 원했습니다. 대중의 단일성. 좀 더 생각해보면 이 말은 참으로 모순적입니다. 대중은 그 자체로 단일하지 않은 인간들의 무리라는 의미가 있기 때문입니다. 그런데 홉스는 대중의 단일성을 이야기합니다. 단일한 군중, 단일한 대중이란 서로 갈등을 일으키지 않으면서 다른 한편으로 주권자에게 저항하지 않는 주체를 의미합니다. 수많은 대중이 하나의 의견을 가진다는 것은 실상 불가능합니다. 그런데도 단일한 대중이 가능하다면 그것은 곧 주권자의 명령이 다양한 대중의 의견을 대체한다는 것입니다.

요컨대 주권자의 등장은 홉스의 말대로 시민을 제압할 칼의 힘만을 의미하지 않습니다. 그것은 무엇보다 '인격에 대한 지배'를 의미합니다. 단지 힘만으로는 시민의 완전한 자발적 복종을 끌어낼 수 없습니다. 인격에 대한 지배가 최종적으로 필요하죠. 홉스는 이처럼 스스로 자유를 포기하고 국가에 예속되는 주체를 원했습니다.

그렇다면 홉스의 리바이어던은 또다시 절대주의 국가로 되돌아간 것일까요? 리바이어던을 구성하는 수많은 인간의 형상은 자유로운 시민이 아니라 왕의 신하에 불과한 예속적인 백성일까요?

7. 공포와 자유는 양립한다

우리의 걱정을 직감한 듯이 홉스는 단언합니다. "공포와 자유는 양립한다."

홉스에게 자유는 저항의 부재를 의미합니다. 저항이란 외부적 장애를 말합니다. 내가 어떤 행동을 할 때 혹은 물체가 운동할 때, 외부 장애에 의해 중단되거나 방해받지 않는 이상 운동은 지속되며 이것이 자유의 정의입니다.

앞서 인간의 자연권은 생명을 유지하고 보존할 수 있는 권리이면서 또한 원초적인 욕망이라고 말했습니다. 자기보존 욕망은 국가와 같은 인공동물에도 똑같이 적용됩니다. 이러한 정의를 놓고 자유를 생각한다면 자기보존의 운동을 지속하는데 외부적 장애가 없는 상태를 자유롭다고 말할 수 있습니다. 국가의 존속을 해치는 내란이 없는 상태가 국가의 자유인 거죠.

국가 안에서 공포는 법에 대한 공포로 존재합니다. 가령 감옥에 갈 것이 두려워 빚을 갚는 경우, 아무도 억지로 빚을 갚도록 강제하지 않았기 때문에 '자유'를 지닌 인간의 행위가 됩니다. 법은 빚을 갚으라고 직접적으로 명령하지 않습니다. 다만 빚을 갚지 않으면 감옥에 간다는 처벌을 규정할 뿐입니다. 빚을 갚아야 한다거나 착하게 살아야 한다는 것은 도덕이지 법이 아닙니다. 빚은 갚아도 되고 갚지 않아도 됩니다. 그것은 개인의 자유죠. 그런데 사람들은 형벌에 대한 공포 때문에 자발적으로 빚을 갚게 됩니다.

홉스가 말하는 자유는 '주권자가 시민들의 행위를 규제하면서 불문에 부친 일들에 대하여만 존재'합니다. 법이 침묵하는 곳에 자유가 있습니다. 가령 물건을 사고파는 매매의 자유, 혹은 소유권 이전을 위한 계약의 자유, 주거의 자유, 직업을 택할 자유, 자녀를 자기 뜻에 따라 교육할 자유 등이 홉스가 말하는 자유의 범위입니다. 법이라는 강제력이 없는 곳에 자유가 존재한다는 의미에서 홉스식의 자유를 '소극적 자유'라고 하고 이를 루소나 스피노자처럼 인간의 자유를 적극적으로 옹호하는 '적극적 자유'와 구별합니다.

홉스가 말한 대로라면 공포와 자유가 양립하지 못할 이유가 없겠습니다. 법에 대한 공포가 있고 법이 침묵하는 곳에 자유가 있을 뿐이니까요.

사람들은 홉스가 제안하는 소극적 자유에 만족할까요? 그 정도의 자유를 제안받고도 국가 창설에 동의하는 계약을 하게 될까요? 홉스는 호언장담합니다.

> 인간은 평화를 획득하고 생명을 보전하기 위해 코먼웰스라는 인공 인간을 만들었으며, 또한 '시민법'이라는 인공적 사슬도 만들었다.[18]

홉스는 우리가 만든 법이 우리의 자유와 평등을 추구하는 것이라는 청사진을 그리지 않습니다. 당황스럽게도 사회계약에 의해 만들어진 시민법은 우리의 발목에 스스로 채우는 사슬일 뿐이라고 말합니다.

---

18 토마스 홉스, 『리바이어던』, 진석용 옮김, 나남, 2008, 282쪽.

그들 자신의 계약에 의해 사슬의 한쪽 끝은 주권을 지니게
된 한 사람 혹은 합의체의 입에 연결하고, 또 한쪽 끝은 그
들 자신의 귀에 연결하였다.[19]

주권자는 우리에게 명령하는 '입'이고 우리는 주권자의 명
령을 듣는 '귀'가 됩니다. 말하는 입과 듣는 귀. 이로써 국가
라는 거대한 신체가 유지되는 데 필요한 역할이 고정됩니다.
인격의 지배란 이런 것입니다. 입은 능동적이지만 귀는 수동
적인 역할을 상징적으로 보여줍니다. 입이 어떠한 장애 없이
거침없이 말하는 것이 자유입니다. 귀가 잘 알아듣는 것이 또
한 자유죠. 홉스에게 자유란 개인들이 한평생 추구해야 할
고귀한 것이 아닙니다. 그에게 자유는 '코먼웰스의 자유'만 존
재합니다. 이렇게까지 이야기했음에도 불구하고 홉스의 공포
심은 사라지지 않습니다. 인공적 사슬에 의한 족쇄 역시 너무
나 약하다고 우려합니다. 하지만 뒤이어, "그럼에도 불구하고
국가가 유지되는 이유는 끊기가 어려워서가 아니라 [사슬을
끊었을 때 생기는] 위험 때문이다"라고 다시금 강조합니다.

우리에게 주어진 자유가 너무 좁다고 불평하는 이들을 향
해 홉스는 반문합니다. 애초에 국가를 설립한 목적이 무엇
이었느냐고. 전쟁과 같은 위험으로부터 개인의 삶을 안전하

19 위의 책, 282쪽.

게 보호해줄 힘이 필요한 것이 아니었느냐고 되묻습니다. 조금 억울하긴 하지만 홉스의 주장을 손쉽게 물리치기는 쉽지 않습니다. 그리고 국가라는 공통의 삶을 위해서는 이기적으로 자신의 자유만 요구할 수도 없는 일입니다. 그래서 홉스는 "백성의 자유와 의무는 주권설립의 목적(백성들 상호 간의 평화와 공동의 적에 대한 방위)에서 찾아내야 한다"라고 말합니다.

하지만 이로부터 국가는 애초의 동기와 목적에서 멀어져 국가 그 자체가 정당화되는 길을 피하기 어려워 보입니다. 국가는 곧 자유로운 개인이 자신의 자유를 부정하면서 설립한 것이고, 주권자의 입은 곧 시민의 의지를 대체하는 것이 되니까요.

국가가 정의롭지 못할 때, 주권자가 국민의 의지에 반하는 입으로 말할 때 국민은 저항할 수 있을까요? 홉스는 "코먼웰스의 칼에 저항할 자유는 어느 누구에게도 없다"라고 잘라 말합니다. 물론 국가를 설립한 이후에도 자기보존이라는 인간의 원초적 자연권은 양도할 수 없는 권리로 존속한다고 말하고 있습니다만, 글쎄요. 국가의 존립을 위태롭게 하는 저항이나 혁명에 대해 홉스가 과연 손을 들어줄지는 모르겠습니다.

그렇다고 해서 홉스의 사상이 완고하고 낡은 것은 아닙니다. 교회와 국왕 그리고 당대의 지식인들에게 "맘스베리(홉스의 고향)의 악마"가 쓴 이 책은 국가의 존립을 위태롭게 할 불온한 서적이었습니다. 책이 나오자마자 분노한 목사들과 귀족들에 의해 실제로 불태워지기도 했지요.

오늘날 국가의 설립기초나 정당성을 사회계약론으로 설득하는 사람은 없습니다. 자연상태의 늑대와 같은 인간이 계약을 맺고 새로운 사회를 설립했다는 것은 일종의 우화에 가깝습니다. 그럼에도 불구하고 사회계약론이 가지는 정치적 의미는 매우 중요합니다. 중세와의 단절을 선언하고 새로운 사회의 구성 원리를 제안했기 때문입니다. 나아가 근대 이후 국가와 주권, 시민의 자유와 국가의 정당성은 지금 시대에도 반복적으로 등장하는 중요한 주제입니다. 홉스는 새로운 질문을 근대의 여명기에 던졌습니다. 흩어진 개인들을 다시 묶을 수 있는 새로운 사회의 원리는 무엇인가에 관해서요. 이 새로운 질문에 후대의 수많은 정치철학자가 나름의 답변으로 홉스와 대결하고 홉스를 넘어섰습니다.

2장

민주주의라는 영원한 숙제

스피노자, 『신학정치론』

이종현

1. 칼에 찢긴 외투

1665년[20] 네덜란드의 작은 시골 마을 포르스뷔르흐. 어두운 단칸방에서 한 남자가 벽에 걸린 찢어진 외투를 바라보고 있습니다. 그는 왜 입을 수도 없는 낡고 찢어진 외투를 벽에 걸어두었을까요?

그는 바로 1632년 네덜란드 공화국의 수도 암스테르담의 유복한 유대인 상인 집안에서 태어난 바뤼흐 스피노자 (Baruch Spinoza, 1632~1677)입니다. 어린 시절부터 착실하게 유대교 교육을 받은 그는 미래의 훌륭한 유대교 종교지도자로 촉망받았습니다. 그런데 스물셋이 되던 해, 그는 유대교의

---

20 스피노자는 1663년 암스테르담에서 포르스뷔르흐Voorburg로 이주했다. 들뢰즈에 따르면, 스피노자는 1665년 『에티카』의 집필을 멈추고 『신학정치론』을 쓰기 시작했다. 이때, 그는 "왜 사람들은 자신의 예속이 자유인마냥 예속을 위해 싸우는 것일까?"라는 문제에 매달렸다. *G. Deleuze, Spinoza: Practical Philosphy*, tr. R. Hurely, City Lights Books, 1988, pp.9-10.

주요 교리를 부정했다는 이유로 별안간 파문당합니다. 유대교 지도자들은 그에게 다음과 같은 무시무시한 저주를 내렸습니다.

> 율법 책에 쓰여 있는 모든 징벌로 저주한다. 낮에도 저주받을 것이며, 밤에도 저주받을 것이다. 누울 때 저주받을 것이며, 일어날 때 저주받을 것이다. 나갈 때 저주받을 것이며, 들어올 때 저주받을 것이다. 주가 그를 용서하지 않을 것이며, 주의 분노와 질투가 그를 불태울 것이다.[21]

어느 날 스피노자는 집을 나서다 괴한의 습격을 받았습니다. 유대교의 배신자를 처단하겠다며 광신도가 그를 칼로 찔러 죽이려 한 것입니다. 다행히 외투만 칼에 찢어졌을 뿐 생명은 지킬 수 있었지만, 그날 이후로 스피노자는 찢어진 외투를 평생 집에 걸어두었다고 합니다.

스피노자는 괴한의 칼에 찢긴 외투를 바라보며 무슨 생각을 했을까요? 죽지 않은 것에 대한 안도, 또는 암살자에 대한 복수심을 새기려 외투를 벽에 걸어둘 수도 있습니다. 그러나 스피노자는 도대체 무엇 때문에 광신도가 자신을 해치려 했는지 이해하고 싶었습니다. 유대교의 교리를 부정했다는

---

21 스티븐 내들러, 『스피노자와 근대의 탄생: 지옥에서 꾸며진 책 「신학정치론」』, 김호경 옮김, 글항아리, 2014, 31쪽.

것이 사람을 죽일만한 이유가 될 수 있을까? 왜 자신과 다른 생각을 가졌다는 이유로 남을 해치려 할까? 무언가 그를 부추겨 폭력을 저지르게 만든 것은 아니었을까? 사람들은 행복한 삶을 위해 종교를 믿으면서도 왜 증오와 폭력에 휩쓸리는 것일까?

17세기 초반 무역으로 엄청난 부를 쌓은 암스테르담은 어떤 유럽 국가보다 개인의 자유를 훨씬 잘 보장하는 '자유도시Eleutheropolis'로 명성을 떨쳤습니다. 암스테르담이 자유도시가 된 까닭은 네덜란드 공화국의 건국 원칙에서 찾을 수 있습니다. 16세기 네덜란드 공화국은 가톨릭을 믿었던 스페인으로부터 독립해 개혁교회를 믿을 자유를 쟁취했습니다. 공화국 건국의 바탕이 된 위트레흐트 동맹(1579)의 제 13조에는 "모든 개인은 종교의 자유를 누려야 한다"[22]라고 명시되어 있었습니다. 국가는 종교와 분리되어 하나의 종교를 강요하지 않았고 사람들은 자유롭게 생각하고 말할 수 있었습니다.

그러나 17세기 후반의 암스테르담은 더는 '자유도시'가 아니었습니다. 1672년, 암스테르담에서 내란이 일어났습니다. 종교와 사상의 자유를 지지하며 정치와 교회의 분리를 주장하던 진보적 정치지도자 얀 더 빗(Johan de Witt, 1625~1672)은 폭도들에게 잔인하게 살해되었습니다. 사회 전체가 엄격

---

22   위의 책, 64쪽.

한 칼뱅주의에 따라야 한다며 중앙집권적 총독제를 지지하던 폭도들은 더 빗 형제의 발가락과 손가락을 자르고 나무에 매달아 배를 가른 다음 그들의 내장을 파먹었습니다. 폭도들을 부추겨 잔인한 짓을 시킨 세력은 바로 네덜란드의 총독이 되어 나라를 지배하려 한 오라녜Oranje 공작 가문이었습니다. 오라녜파 사람들은 개혁교회의 교리만이 국가에서 허용되는 유일한 믿음이 되기를 원했고 교회 세력은 그들과 결탁해 오라녜 가문에서 다시 총독이 나와야 한다고 외쳤습니다.[23] 국가와 종교를 일치시키려던 연합세력은 자신들의 주장에 반대하는 자들을 모두 적으로 돌려 대중이 자기들끼리 공격하게 했습니다.

스피노자는 내란이 일어나기 2년 전 비극의 조짐을 간파하고 앞으로 생겨날 문제들과 그에 대한 해결책을 제안했습니다. 그는 사회를 뒤덮고 있던 증오와 폭력이 어디서 비롯되는지, 그것들이 국가에 얼마나 해로운지, 또 어떻게 하면 사람들이 증오와 폭력에서 벗어나 자유롭고 행복한 삶을 사는 국가를 만들 수 있는지 탐구했고 그 결실이 바로 1670년에 출간된 책 『신학정치론Tractatus Theologico-Politicus』입니다. 그러나 슬프게도 사람들은 이미 증오와 폭력에 전염되어 스스로 자유를 내던져버리고 말았습니다.

23　위의 책, 31쪽.

당시 네덜란드의 정치적 격변에 이론적으로 개입한 저작인 『신학정치론』은 인간의 본성, 국가의 목적, 좋은 국가의 조건을 사고하는 데 여전히 유효한 문제들과 그 분석을 제공합니다. 스피노자의 이야기를 따라가며 어떻게 증오의 굴레에서 벗어나 타인과의 연합 속에서 자유를 누릴 수 있을지 살펴봅시다.

2. 공동체를 파괴하는 미신의 힘

종교적 믿음과 사상 때문에 17세기 후반의 네덜란드 사회에 피바람이 몰아쳤다는 것을 염두에 둔다면 스피노자의 책 제목 '신학정치론'은 매우 적절해 보입니다. 정치가 사람들이 공동체를 이루어 살아가는 문제를 다루는 것이라고 할 때, 이 책은 종교로 대표되는 사람들의 생각과 믿음이 정치에 어떤 영향을 미치는지 고찰했기 때문입니다.

그렇다고 해서 스피노자가 종교는 무조건 나쁜 것이며 정치에 파괴적인 영향만 끼친다고 생각했던 것은 아닙니다. 그는 종교가 신과 이웃에 대한 사랑을 가르치고 사람들이 그 가르침에 복종하게 만든다면, 종교야말로 훌륭한 공동체를 만드는 데 도움이 된다고 생각했습니다. 문제는 바로 사람들에게 증오와 폭력을 불러일으키는 '잘못된 종교'였습니다. 이 문제를 분석하기 위해 스피노자는 먼저 '잘못된 종교'가 사람들의 믿음과 행동을 어떤 식으로 조종해 그들을 자유롭지 못하게 만드는지 탐구합니다. 이와 더불어 인간이란 어떤 존재이기에 잘못된 종교의 영향을 쉽게 받는지 그 메커니즘을 밝힙니다.

스피노자는 잘못된 종교가 사람들에게 '미신'을 가르친다고 보았습니다. 즉, 잘못된 종교는 망상, 꿈, 그리고 터무니없는 것들을 사람들이 진짜라고 믿게끔 만듭니다. 당시 네덜란드 개혁교회 역시 '인간들의 죄악이 너무 커서 신께서 곧 벌을 내리실 것이다'라고 부르짖었고 그 근거는 성경에 적혀 있다고 주장했습니다. 하지만 스피노자는 성경을 문자 그대로 현실에 적용하는 것은 터무니없다고 보았습니다. 왜냐하면, 그가 보기에 성경은 오랫동안 여러 사람이 함께 쓴 소설과 같은 문학작품이었기 때문입니다. 그의 주장은 당시 사람들에게 매우 파격적이었지만, 사실 스피노자는 성경 구절의 문자 그대로가 아니라 행간의 진짜 뜻인 '신과 이웃에 대한 사랑'을 읽어내고 실천해야 한다는 지극히 상식적인 제안을 했을 뿐이었습니다. 누구나 성경을 읽으면 자연스럽게 이러한 보편적인 메시지를 읽어낼 수 있다는 것입니다.

성경에서 예언자들은 "보다 더 생생한 표상의 재능"[24]으로 이러한 메시지를 사람들에게 전달했을 뿐이며 예언을 확실한 것으로 믿도록 만드는 기적은 "인간의 지성을 능가하거나, 또는 능가한다고 믿어지는 자연적 사건"(114)일 뿐이었습니다. 성경에 적힌 예언과 기적은 '신과 이웃에 대한 사랑'을 사람들에게 더욱 효과적으로 전달하기 위한 도구일 뿐이지 그 자체로 신의 본질에 대한 인식은 아닙니다. 따라서 스피노자가 보기에 성경의 구절들을 현실에서 문자 그대로 실천해야 한다는 당시 교회의 교리는 미신과 다름없었습니다. 그는 "신이 〔…〕 인간의 정신이 아닌 짐승들의 내장 속에 자신의 명령들을 새겨 넣었다"(15)고 믿는 것이나 성경에서 한 문장만 떼어내 미래에 일어날 일이라고 외치는 것이나 마찬가지라고 보았습니다.

그렇다면 미신은 어떤 식으로 사람들의 삶을 타락시킬까요? 스피노자는 미신 때문에 사람들이 편견에 빠져 증오와 폭력을 일삼는 것을 가장 큰 문제로 보았습니다. 당시 교회는 사람들에게 세상의 파멸로부터 구원해 주겠다며 교회가 가르치는 믿음에 절대적으로 복종할 것을 요구했고, 사람들은 성직자들을 숭배하면서 구원받기를 바랐습니다. 그런데 스피노자가 보기에 사람들은 "마치 구원을 위해서 싸우는 것처럼 노예 상태를 위해 싸우며"(16) 종교가 전파하는 편견에 홀려 자신이 노예와 같은 예속적 삶을 산다는 것조차 알지 못했습니다. 또, 그들은 자신의 구원을 책임져줄 교회의 성직

---

24   B. 스피노자, 『신학정치론』, 황태연 옮김, 비홍, 2014, 33쪽. 이후 특별한 언급이 없는 경우, 『신학정치론』의 인용문은 이 번역본에서 가져오며 인용문 끝에 쪽만 적는다.

자들을 보호하려고 교회에 반대하는 사람들을 악의 세력으로 몰아 제거하려 했습니다.

스피노자는 인간의 본성을 탐구한 저서 『에티카Ethica』(1677) 1부 부록에서 사람들의 편견을 가리켜 원인의 자리에 목적을 갖다 놓는다고 비판합니다. 본래 "자연은 아무런 정해진 목적을 갖고 있지 않는데도"[25] "사람들은 흔히 모든 자연물이 자신들처럼 어떤 목적을 가지고 움직인다고 생각"[26] 합니다. 왜냐하면, 첫째, "인간은 자신의 의욕과 욕망을 의식하고는 있으나 자신들로 하여금 원하고 욕구하도록 결정한 원인들을 알지 못하고", 둘째, "인간은 항상 목적을 위해, 즉 자신들이 추구하는 이익을 위해서 행동하기"[27] 때문입니다. 그래서 사람들은 자신이 원하는 것을 모든 것의 목적이라 생각하여 "신이 자기를 다른 사람들 이상으로 총애하고, 자기의 맹목적 욕망과 한없는 탐욕을 충족시키기 위해 전체 자연을 지휘하도록, 여러 가지의 신을 숭배하는 방식을 자신의 성정에 근거하여 생각"[28]해냈습니다. 이러한 스피노자의 비판에 따르자면, 사람들은 비참한 삶의 진짜 원인은 모르면서 자신의 욕망을 투사한 신을 목적으로 설정해

---

25 B. 스피노자, 『에티카』, 황태연 옮김, 비홍, 2015, 95쪽.

26 위의 책, 93쪽.

27 위의 책, 93~94쪽.

28 위의 책, 94~95쪽.

거기에 비춰 자기와 타인의 삶을 해석했던 것입니다. 자신과 뜻이 맞지 않는 사람이 있으면 '그는 신을 섬기지 않는 자이다', '그 때문에 신이 우리에게 이러한 벌을 내리신 것이다'라는 식으로 말입니다.

사람들은 어쩌다 이런 편견에 빠져 교회가 퍼뜨리는 미신을 믿게 되었을까요? 다음은 『신학정치론』의 서론 첫 구절입니다.

> 사람들이 자기 주위의 모든 상황을 완전히 통제할 수 있거나, 혹은 운 좋게도 항상 행운만을 누리게 된다면, 그들은 결코 미신의 제물이 되지 않을 것이다. 그러나 사람들은 자주 곤경에 빠져 속수무책이 되며, 운명의 변덕스러운 호의를 바라는 그들의 과도한 탐욕은 그들을 번갈아 생기는 희망과 공포의 비참한 희생물로 만들기 때문에, 그 결과는 대개 그들의 어수룩함이 끝이 없다는 것이다. 위기 속에서 그들은 지극히 사소한 자극에 의해서도 이리저리 동요되며 특히 희망과 공포의 정서29 사이에서 흔들릴 때 그러하다. 하지만 다른 때에는 자만심에 차 있고 허풍을 떨고 오만하다.(14)

스피노자는 바로 '공포'라는 인간의 정서에서 그 까닭을

---

29 인용문의 역자 황태연은 라틴어 'affectus'를 '감정'이라고 옮기지만, 이 글에서는 김은주(2013: 2016) 및 진태원(2004) 등 학계에서 통용되는 '정서'로 바꾼다.

찾습니다. 공포는 나와는 다른 사람들, 그리고 외부의 환경에 대해 두려운 감정을 갖는 것입니다. 나 이외의 모든 것이 두려우니 다른 사람들과 관계를 제대로 맺지 못할 수밖에 없습니다. 그런데 동시에 인간은 공포를 불러일으키는 괴로운 상황을 모면하고 싶어 합니다. 그 결과, 공포가 생긴 원인을 알지 못하면서 이 상황을 빨리 벗어나게 해줄 절대적 힘을 찾습니다. 그래서 기도하면 원하는 바를 들어줄 것이라 여겨지는 신과 같은 절대 권력을 믿게 되고 전적으로 그에 의존하게 됩니다. 네덜란드 개혁교회 역시 '세상의 파멸'이라는 공포 분위기를 조성하고 절대적인 신의 명령을 내놓아 사람들이 쉽게 믿도록 만들었습니다. 불행에서 벗어나고자, 삶의 공포를 극복하고자 사람들은 미신을 곧이곧대로 믿고 심지어 목숨도 기꺼이 내놓았습니다.

당시 네덜란드 사람들이 다른 나라 사람들보다 우매해서 미신에 몸과 머리를 맡긴 것이 아닙니다. 그들은 얼마 전까지만 해도 종교와 사상의 자유를 누리던 '자유도시'의 시민이었습니다. 스피노자는 인간이라면 누구나 공포와 미신의 영향을 받을 수 있다고 보았습니다. 바로 모든 인간이 겪는 삶의 조건인 '정서' 때문입니다.

모든 사람은 천성적으로 미신에 빠져들기 쉽다는 결론이 명확하게 내려진다. 또한 미신은 다른 모든 환각과 광란의 경우들처럼 매우 잡다하고 불안정한 모습을 띠도록 속박되어 있고, 마지막으로 그것은 오직 희망, 증오, 분노, 기만에 의해서만 유지된다는 결론도 내려진다. 왜냐하면 그것은 이성이 아닌 정서로부터, 또한 가장 유력한 성질의 정서로부터 생겨나기 때문이다.(16)

스피노자가 미신의 원인으로 꼽는 '정서'는 외부에서 자극이 들어왔을 때 신체에 생기는 변화를 말합니다. 사랑을 예로 들어보지요. 사랑에 빠지면 우리 몸에는 변화가 생깁니다. 그의 목소리만 들어도 심장이 빨리 뜁니다. 반대로 그를 잃으면 슬퍼 눈물이 흐르고 입맛도 없어집니다. 이처럼 정서는 신체에 표면적 변화를 가져올 뿐 아니라 인간의 능력 전체에도 영향을 미칩니다. 좋은 상황에 놓인 신체는 자신감을 갖고 이전에 갖고 있던 능력보다 더 많은 것을 할 수 있습니다. 반대로 공포에 부닥친 인간은 마음이 졸아들어 자신의 능력을 발휘하지 못하고 자신보다 더 큰 힘에 의존하고 싶어 합니다. 그 힘이 아무리 허무맹랑한 것이라 하더라도 사람들은 그 힘을 믿으려 합니다.

미신은 "매우 다양하고 변하기 쉬운 형태를 띠기" 때문에 평소에 미신을 믿지 않던 사람에게까지 영향을 미칠 수 있습니다. 그뿐만 아니라 정서는 전염되기 때문에 특정한 정서를 느끼지 않았던 사람들까지 그 정서에 빠져들게 만듭니다. 이러한 정서 전염의 메커니즘을 스피노자는 『에티카』 3부 정리 27에서 "정서들의 모방affectuum imitatio"이라고 부릅니다. 예를 들어, 내가 좋아하는 A가 B를 좋아한다면, B에게 아무런 정서가 없었다고 하더라도 나 역시 B를 좋아하게 됩니다. 반대로, A가 B를 싫어한다면, B가 딱히 나에게 해를 끼치지 않아도 B를 싫어하게 될 수 있습니다. 만약 내가 원래 B를 좋아하거나 싫어했기 때문에 B에 대한 A의 정서를 공유할 수 없게 된다면 내 안에서는 A의 정서를 공유하고 싶은 마음과 그것을 따를 수 없는 마음이 갈등을 일으키게 됩니다. 스피노자는 이처럼 상반되는 정서들이 갈등하는 상태를 영혼의 분열, 곧 "마음의 동요fluctuatio animi"(『에티카』 3부 정리17)라고 부릅니다. 이러한 동요에서 벗어나기 위해 자신과 동일시하고 싶은 다른 사람들의 정서를 쉽게 모방하게 됩니다. 이때, 그가 나와 하등 관계가 없더라도 나와 유사하다고 상상하기만 하면 나는 그의 정서에 쉽게 동일시됩니다.[30]

정서 모방은 다른 사람들과 함께 살아간다면 누구나 겪는 일입니다. 따라서 정서 모방은 사교성 및 도덕성의 자생적 토대입니다.[31] 기쁨의 정서가 모방되어 사람들의 힘을 한데 모을 수도 있지만 슬픔과 증오의 정서가 사람들 사이에 퍼지면

---

30 김은주, 「스피노자의 관점에서 본 폭력과 대중 정념의 문제」, 『동서사상』, Vol.15, 2013, 30~31쪽 참고.

31 김은주, 「스피노자, 대중의 불관용과 관용의 정치」, 『哲學』, Vol.123, 2016, 95쪽.

그 사람들은 슬픔을 가져온 것으로 보이는 대상을 공격할 수도 있습니다. 특히 선동가들이 개입해 미신을 퍼뜨리면 "대중들의 헌신을 쉽게 격분으로 바꿀 수"(330) 있습니다. 그러면 사교성의 바탕이었던 정서 모방은 공동체 간의 갈등과 폭력으로 이어져 오히려 사회를 파괴하는 데 악용됩니다.

역사적인 예를 들어봅시다. 20세기 초반 독일의 나치는 제2차 세계대전을 일으켰습니다. 나치의 지도자 히틀러는 세계를 상대로 전쟁을 수행하기 위해 독일인의 힘을 모아야 했고 그러기 위해 세계에서 가장 위대한 민족이라고 독일인을 치켜세우는 동시에 당시 부를 장악하고 있던 유대인을 열등한 민족으로 깎아내렸습니다. 히틀러는 독일 국민에게 유대인을 제거하지 않으면 독일인들이 오염될 것이라며 공포를 불어넣었습니다. 동시에 유대인을 제거하면 위대한 독일 민족이 세상을 구원할 수 있으리라는 거짓 희망도 퍼뜨렸습니다. 사실 이 주장은 근거 없는 것이지만 독일 국민은 그의 선동 때문에 공포에 빠져 유대인들을 증오했고 결국 나치는 유대인들을 대량 학살하기에 이르렀습니다.

스피노자는 사람이라면 누구나 가질 수밖에 없는 정서, 사람들 사이의 정서 모방의 메커니즘을 밝혀내 정치적인 문제를 사고하는 데 필수적인 도구로 삼았습니다. 기존의 철학자들이나 성직자들은 인간의 정서를 무능력 혹은 사악함으로 여겨 억압되어야 할 것으로 보았습니다. 한편, 스피노자는 바로 인간의 정서를 이해해야만 공동체를 더 나은 방향으로 이끌 방법을 찾거나 공동체 파괴의 원인을 진단할 수 있다고 보았습니다. 이때, 자연스럽게 다양한 정서를 지닌 사람들이 모여 사는 공동체, 즉 국가란 무엇이며 무엇을 위해 존재하는지에 대한 질문이 생겨납니다. 다음에서는 스피노자가 말하는 국가, 그리고 그 기원과 목적을 살펴보겠습니다.

3. 국가의 목적은 자유다

국가의 궁극적 목적은 지배하는 것이 아니며, 두려움에 의해 사람들을 억제하여 사람들로부터 자주성을 빼앗는 것이 아니고, 반대로 각자가 가능한 한 안전하게 살아갈 수 있도록, 즉 자신과 남들을 해치지 않으며, 존재하고 행동하기 위한 자기의 자연권을 가장 잘 보존할 수 있도록 두려움으로부터 모든 사람을 자유롭게 하는 것이라는 결론이 아주 명확하게 내려진다. 사람들을 이성적 존재에서 짐승 또는 꼭두각시로 변질시키는 것이, 반복하건대, 국가의 목적이 아니라, 오히려 그들의 정신적, 신체적 재능을 안전하게 발전시킬 수 있도록 하는 것, 억제 없이 그들의 이성을 사용하고 미움과 분노와 기만에 의해 촉발된 악의적인 상호 비방과 싸움을 삼가도록 하는 것이 국가의 목적이다. 따라서 국가의 목

적은 실제로 자유이다.(325)

『신학정치론』 20장에서 스피노자는 단도직입적으로 "국가의 목적은 자유다"라고 말합니다. 언뜻 생각해보면 '자유'만큼 국가를 옹호하거나 비판하는 진영에서 자주 사용하는 말도 없을 듯합니다. 국가의 현 상태를 옹호하는 쪽에서는 국가가 사라지면 자유민주주의 역시 사라질 것이라 말하고, 국가를 비판하는 쪽에서는 국가가 개인의 자유를 억압하는 장치라고 말합니다. 이처럼 국가와 자유의 관계를 두고 갑론을박하는 가운데 우리는 스피노자의 주장을 어떻게 받아들여야 할까요?

흔히 '자유로운 삶'을 떠올리면 아무것에도 얽매이지 않고 바람 가는 대로 사는 것을 떠올립니다. 국가와 그 영토에 속하지 않고 유랑하는 집시의 삶은 매우 자유로워 보입니다. 그런데 스피노자가 보기에 자유는 전혀 다른 것입니다. 스피노자는 마지막 저작인 『정치론Tractatus Politicus』(1677)에서 자유를 다음과 같이 정의합니다.

우리가 인간을 더욱 자유로운 존재로 파악하면 할수록 우리는 인간이 필연적으로 자기 자신을 보존해야만 하며 건전한 정신을 가지고 있어야만 한다고 주장하도록 더욱더 강요당한다. 이것을 자유와 우연성을 혼동하지 않는 사람은 누구라도 쉽사리 인정할 것이다. 자유는 실제로 덕 또는 완전성이다. 따라서 인간의 무력함을 의미하는 것은 무엇이든지 인간의 자유로 간주될 수 없다. [⋯] 인간은 인간 본성의 법칙들에 따라서 존재하고 활동하는 능력을 가지고 있는 한에 있어서만 자유롭다고 일컬어질 수 있다. 따라서 우리가 인간을 더욱 자유로운 존재로 생각하면 할수록 우리는 인간이 이성을 쓰지 않을 수도 있고 선보다 먼저 악을 선택할 수도 있다고 말할 수 없게 된다.[32]

우선 스피노자는 자유와 우연을 구분합니다. 스피노자는 여기서 '우연'을 따로 정의하지는 않지만, 우리말 국어사전에 따르면 '우연'은 "아무런 인과 관계가 없이 뜻하지 아니하게 일어난 일"입니다. 사실 인과 관계가 분명히 존재하더라도 우리가 그것을 알지 못할 때 '우연하다'라고 하지요. 가령 바람이 불지 않았는데 나뭇잎이 특정한 곳에 날아가는 것이 그렇습니다. 이때 우리는 바람 이외에 나뭇잎을 날아가게 한 다른 원인을 알지 못하기 때문에 '나뭇잎이 우연히 그곳에 날아갔다'라고 말합니다. 아무것에도 얽매여 있지 않다는 점에서 나뭇잎은 자유로워 보이기도 하지만 사실 스피노자가 보기에 나뭇잎은 전혀 자유롭지 않습니다. 왜냐하면, 나뭇잎은

---

32 B. 스피노자, 『정치론』, 황태연 옮김, 비홍, 2013, 22~23쪽.

자기 힘으로 그곳에 날아간 것이 아니기 때문입니다. 우리가 지금 알지 못하는 다른 물리적 원인이 틀림없이 있을 것입니다. 가령 우리가 보지 못한 사이에 나뭇가지에서 새가 날았을 수도 있습니다.

스피노자는 '자유'를 '힘'(혹은 능력, 역량)과 연결 지어 생각합니다. 그에게 자유는 인간이 자기의 존재와 정신을 지배할 힘을 지닌 상태를 가리킵니다. 자유로운 인간은 이성과 정서를 활용할 수 있는 힘을 갖추고 있습니다. 그래서 스피노자는 자유를 '덕'의 힘이라고 말합니다. '덕'은 라틴어로 '좋음'을 뜻하는 '비르투스virtus'입니다. '선', '덕성', '장점'을 뜻하는 영어 'virtue'도 여기에서 나온 말이지요. 이러한 어원도 고려한다면, 자유로운 인간은 다른 사람의 강요로 악을 선택하는 것이 아니라 자신의 능력과 힘을 발휘해 선을 선택합니다. 자유로운 인간은 좋은 것을 가질 힘이 있습니다.

따라서 스피노자가 말하는 자유는 무언가에 얽매여있지 않은 '~으로부터의 자유'만을 뜻하지 않습니다. 이와 더불어 '~을 할 자유', '~을 만들 자유', '~이 될 자유' 등 적극적인 의미를 지닙니다. 자유는 누군가가 주는 것이 아니라, 내가 하고 싶은 것을 알고 그것을 할 힘을 갖는 것입니다. 내가 지금보다 더 나은 내가 되기 위해 능력을 키울 수 있다면 나는 예전보다 더 자유롭다고 말할 수 있습니다. 반면, 하고 싶은 것, 되고 싶은 것은 있지만 어떤 상황 때문에, 또는 다른 사람의 강요 때문에 그것을 하지 못한다면 나의 능력은 감소하게 됩니다. 그렇다면 나는 이전보다 덜 자유로워진 것입니다. 그래서 스피노자는 자유의 반대말은 '무력함'이라고 말합니다.

더 나아가 스피노자는 모든 사람이 자유에 대한 '권리'를 지닌다고 주장합니다. 세상에 태어난 이상 모든 사람은 욕망이 있고 그 욕망을 실현하기 위해 힘을 키우려고 합니다. 설사 그가 이성의 능력을 덜 갖추고 있다 하더라도 그는 욕망을 위해 자신이 현재 가진 다른 힘들을 활용할 것입니다. 그것이 아무리 속임수나 아첨이라 할지라도 말입니다. 아무도 이러한 욕망과 노력을 방해할 수 없다는 점에서 누구나 자유에 대한 정당한 권리를 지니고 있습니다. 그리고 힘을 키운다면 그만큼 더 많은 것을 할 수 있으므로 그 많은 것에 대한 권리도 지니게 됩니다. 따라서 스피노자에게 '능력', '권리', '자유'는 같은 것입니다. 스피노자는 자연상태에서 인간이 지닌 이러한 권리를 '자연권'이라고 부릅니다.

> 전적으로 자연의 지배 아래에 있다고 생각될 때의 각자는 자기에게 유익하다고 믿는 것은 무엇이든지, 건전한 이성의 지도하에든 수동적 정서의 영향력 아래든, 최고의 자연권에 의하여 폭력, 속임수, 간청 또는 자신이 가장 잘 할 수 있는 다른 방법으로써 자신을 위해 추구하고 획득할 수 있으며, 따라서 자신이 원하는 것을 얻지 못하게끔 방해하며

노력하는 자는 누구든지 자기의 적으로도 간주할 수가 있다.(256~257)

모든 사람이 항상 서로 동의할 수 없으며, 각자 원하는 것도 다릅니다. 또, 모두가 원하는 것이 모두에게 돌아가지 못할 만큼 부족할 수도 있습니다. 따라서 사람들은 싸울 수밖에 없고 싸우지 않으려면 각자 따로 살아야 합니다. 그런데 혼자 산다면 정말 자유를 누리며 힘을 키울 수 있을까요? 오히려 영원한 공포 속에서 살아가지 않을까요? 이 점에서 스피노자는『신학정치론』17장에서 홉스의 사회계약론, 즉 '만인의 만인에 대한 투쟁'이라는 자연상태에서 벗어나 안전을 영위하기 위해 사회를 구성해야 한다는 논리를 따릅니다.

자연권에 대한 어떠한 침해도 없이, 누구나 자신이 소유한 모든 능력[권력]을 공동체에 이양하는 조건을 기초로 하여, 공동체가 형성될 수 있고 계약은 절대로 성실하게, 전적으로 항상 보존될 수 있다. 따라서 오직 이 공동체만이 모든 것에 관한 최고의 자연권, 즉, 자유로운 선택으로든 최대의 형벌에 대한 두려움 때문에든 누구나 복종해야 할 최고의 지배력을 보유할 것이다.(260)

여기서 홉스와 스피노자의 사회계약론의 차이를 결정하는

한 가지가 있습니다. 우선 홉스의 사회계약론을 떠올려 봅시다. 그에 따르면, 자연상태에서 사람들은 '대중들multitudo'로 존재합니다. 그들은 그 어떤 통일성도 없고 각자의 욕구에만 충실해 언제든지 서로 투쟁할 수 있는 존재들입니다. 홉스는 다수의 상태로만 존재하는 이들을 정치적 주체로 인정하지 않았습니다. 그래서 자연상태의 대중은 사회계약을 위하여 각 개인으로 해체되고 각자의 권리를 주권자에게 양도하면서 사회상태, 즉 국가의 '인민'으로 다시 태어납니다.[33] 주권자에게 각자의 자연권을 넘기고 국가의 법적 질서에 포섭된 '인민'은 국가의 "단일한 의지를 가진 단일한 실재"이며 "이것에게 하나의 행위를 귀속시킬 수"(『시민론』 12장 8절)[34] 있습니다. 따라서 사회상태에서는 더 이상 개인들의 자연권이 작동하지 않습니다.

그런데 스피노자는 "자연권에 대한 어떠한 침해도 없이"라며 사회상태에서도 자연권이 계속 존재함을 강조합니다. 이때, 각자는 자연권에 따른 '능력=권리'를 공동체에 넘겼으므로 공동체는 주권자로서 "모두를 힘으로 강제할 수 있고, 모두가 일반적으로 두려워하는 최고의 형벌로 위협함으로써 사람들을 위압할 수 있는 최고의 능력[권력]을 보유"하게 되며

---

33   진태원, 「『신학정치론』에서 홉스 사회계약론의 수용과 변용 – 스피노자 정치학에서 사회계약론의 해체 I」, 2004, 142~144쪽.

34   위의 자료, 142쪽에서 재인용.

"모든 사람에 대한 최고의 권리를 소유"(260)합니다. 사람들은 각자의 자연권에 따라 능력을 주권자에게 양도했으므로 공동체의 법을 준수해야만 자연권을 보장받을 수 있습니다. 그런 점에서 자연권과 공동체는 홉스에게서처럼 서로 반대말의 관계에 있지 않습니다. 오히려 자연권은 공동체를 매개로 작동하고 있다고 말할 수 있습니다. 자유인과 노예에 대한 스피노자의 구분은 이 점을 잘 보여줍니다.

> 그런데 이런 식으로 우리가 국민들을 노예로 – 노예는 명령에 따라 움직이는 자이고 자유인은 자신이 바라는 대로 행동하는 사람이기 때문에 – 변화시키고 있는 중이라는 생각을 아마도 하게 될 것이다. 그러나 이것은 철저하게 진실이 아니다. 왜냐하면 진짜 노예는 쾌락의 지배 아래에 살면서 자신에게 선인 것을 알 수도 없고 할 수도 없는 자이며, 이성의 독점적인 지도 아래에 열심히 살아가는 사람만이 자유인이기 때문이다. 명령에 따른 행동은 – 즉, 복종은 – 실제로 어느 정도 자유에 대한 침해이지만, 그것이 자동적으로 인간을 노예로 만들지는 않는다. 행동의 이유가 고려되어야만 한다. [⋯] 통치자가 아닌 전체 국민의 복지가 가장 중요한 원칙인 독립국가에서는, 만사에 최고 권력에게 복종하는 사람은 자기의 이익을 위해 일하지 못하는 노예가 아니라 국민으로 일컬어져야 한다. [⋯] 국민이란 최고 권력의 명

령에 의해 공동의 선을 위하여, 따라서 본인에게도 역시 선인 것을 위하여 행동하는 사람이다.(262~263)

무언가에 복종한다고 해서 무조건 노예는 아닙니다. 복종의 동기, 복종의 대상에 따라 자유인일 수도 있고 노예일 수도 있습니다. 자연권을 바탕으로 자신과 공동체에 이로운 것을 위해 공동체의 법을 따르는 사람은 결코 노예라고 할 수 없습니다. 왜냐하면, 그는 자신이 왜 그 법에 복종하고 있는지 알고 있으며 복종에서 발생하는 이득을 누릴 수 있기 때문입니다. 그래서 스피노자는 "건전한 이성에 기초를 두는 국법을 가진 국가가 가장 자유로운 국가다. 왜냐하면, 거기에서는 누구나 원하는 만큼 자유로울 수가 있기 때문"(262)이라고 말합니다.

자유인인 국민은 공동체 안에서 자연권을 이미 언제나 누리고 있으므로 주권자가 제정한 법보다 더 나은 법이 있다면 언제든지 폐기하고 새로운 법을 세울 수도 있습니다. "합의의 유효성은 그것의 유용성(이것 없이는 합의가 자동적으로 무효가 된다)에 달려"(259) 있기 때문입니다. 지금의 법이 나의 자연권을 침해하여 나를 자유롭지 못하게 만든다면 그 법은 나에게 소용이 없으므로 무효입니다. 법이 진정한 법으로서 작동하지 않고 껍데기로만 남은 것이지요. 스피노자는 심지어 공동체 안에서 자연권이 보장되지 않을 때 서약을 배반할 수 있는 권리까지 이야기합니다.

> 자연권에 의해 나는 두 가지 악 중에 보다 작은 악을 선택
> 하지 않을 수 없으므로, 나는 신의를 깨고 서약을 배반할
> 최고의 권리를 가지고 있다. [⋯] 왜냐하면 나의 신념이 옳건
> 그르건, 나는 끔찍한 해악의 두려움 속에 있게 될 것이며,
> 따라서, 자연의 법칙에 의해, 그것을 피하기 위해서 무엇이
> 든 할 것이기 때문이다.(259)

홉스라면 이러한 배반은 생각도 할 수 없습니다. 왜냐하
면, 계약의 체결 결과로 주권자가 자신의 절대적 권한을 획
득할 뿐만 아니라, 계약 체결 자체에 포함된 복종의 약속으
로 인해 주권자의 통치 행위는 어떤 경우에도 이의나 반역의
대상이 될 수 없기 때문[35]입니다. 이미 안전과 평화를 위해
주권자에게 모든 권리를 넘겼기 때문에 개인은 그에게 거스
를 권리도 힘도 없습니다. 설사 주권자가 힘이 없거나 통치
를 제대로 하지 못한다고 해도 그에게 반역할 수 없습니다.
계약 위반이기 때문입니다. 반면, 스피노자는 주권자가 능력
이 없다면 곧 최고의 권리도 상실하게 된다고 말합니다. '능
력＝권리＝자유'라는 스피노자의 관점에서 자연스럽게 도출

---

35 위의 자료, 150쪽.

되는 결론입니다.

> 최고 권력은 사실상 최고의 능력을 보유한 동안에만 자신들
> 이 바라는 것은 뭐든지 명령할 권리를 갖는다. 그들이 이 능
> 력을 잃는다면, 그와 동시에 완전한 명령의 권리도 또한 상
> 실하며, 이 권리는 그것을 획득하여 유지할 수 있는 한 사람
> 혹은 여러 사람에게 넘어간다.(261)

이 구절과 관련해 프랑스의 정치철학자 에티엔 발리바르
(Étienne Balibar, 1942~)는 재미있는 이야기를 합니다. "주권
의 절대적 성격은 기정사실이다. 혁명은 정의상 불법적이며
부당하다. […] 혁명이 성공하기 전에는 말이다! 새로운 권력
을 창설하면서 혁명이 발생했을 때, 이 혁명은 이를 통해 선
행한 권리보다 덜 – 또는 더 – 저항 불가능하지 않은 새로운
권리를 창설한다."[36] 우선 주권자가 최고의 능력을 지니고 시
민들의 자연권이 작동될 수 있는 법을 제정해 국가를 통치한
다면 그 주권은 절대적인 것으로 여겨져야 합니다. 따라서 시
민은 주권자의 법에 복종해야 하고 이 경우 혁명을 일으킨다
는 것은 말이 안 됩니다. 오히려 사람들을 공포의 상태로 몰
아가기만 할 수도 있습니다. 그것은 혁명이 아니라 반역입니

---

36 에티엔 발리바르, 「『신학정치론』: 민주주의 선언」, 『스피노자와 정치』, 진태원
옮김, 이제이북스, 2005, 61쪽.

다. 그러나 이전의 주권자보다 더 큰 능력으로 시민들을 더욱 자유롭게 할 수 있다면, 즉 혁명이 성공적이라면 시민은 이 혁명으로 생겨난 새로운 주권자의 법에 복종해야 합니다. 그것이 그들에 자연권에 비추어 보았을 때, 그들을 더욱 자유롭게 만들어 줄 수 있기 때문입니다.

스피노자가 철학을 함께 논하던 친구였던 야러흐 엘러스 Jarig Jelles에게 보내는 50번째 편지는 홉스와 스피노자의 입장 차이를 아주 잘 보여줍니다.

> 선생이 질문하신, 정치학과 관련한 홉스와 저의 차이점은 다음과 같은 점에 있습니다. 곧 저는 항상 자연권을 온전하게 보존하고, 어떤 국가이든 간에 주권자는 그가 신민을 능가하는 역량을 발휘하는 만큼 신민에 대한 권리를 가질 뿐이라고 주장합니다. 자연상태에서 늘 그렇듯이 말입니다.[37]

이처럼 스피노자가 생각하는 국가에서는 자연상태에서 누리던 권리, 즉 자연권 때문에 국가의 존재는 언제나 긴장 상태에 놓여 있습니다. 자연권은 사람들이 국가를 이루었다고 해서 사라지는 것이 아니라 언제든지 보장되고 더욱 커질 수 있어야 합니다. 사람들은 이것을 국가에 요구할 권리가 있습

---

37 진태원(2004), 145쪽에서 재인용.

니다.

4. '좋은' 국가란 무엇인가

자연상태와 단절되지 않고 자연권을 온전하게 보존하는 국가. 국민의 자유를 최대한으로 보장하고 국민은 합리적인 법에 복종하는 국가. 국가의 목적으로서 이보다 더 이상적일 수 없어 보입니다. 이러한 이상을 가장 잘 구현할 수 있는 국가의 형태는 우리도 잘 알고 있는 정치체제를 떠올리게 합니다.

이리하여 나는 민주주의 국가의 기초를 증명했다고 생각한다. 민주주의 국가가 가장 자연스러운 형태의 국가로 보였고, 자연이 모든 사람에게 부여한 저 자유에 가장 가깝게 접근했기 때문에 다른 모든 것들에 앞서 그것을 골라 논했다. 왜냐하면 민주주의 국가에서는 나중에 본인이 고려되지 않을 정도로 자기의 자연권을 타인에게 전적으로 넘겨주는 사람이 아무도 없기 때문이다. 본인이 전체의 일부가 되어 전체 공동체의 대다수에게 그것을 이양한다. 이런 식으로 이전에 자연상태에서 모든 사람이 대등했던 것처럼, 그들은 여전히 대등하다. 그리고 내가 왜 이러한 형태의 국가만을 선택하여 꽤 길게 논했는지에 대해 추가적인 이유가 있

다. 이런 것들이 국가에서의 자유의 이점을 논하려는 나의 주요 목적에 가장 쓸모가 있다.(263)

스피노자는 『신학정치론』 16장에서부터 '국가의 기초. 개인의 자연권과 시민권, 그리고 최고권력의 권리'를 본격적으로 논합니다. 앞에서 살펴보았던 것처럼, 어떻게 개인의 자연권에서 공동체 구성의 필요성이 도출되는지, 그리고 그 공동체는 어떻게 자연권을 더욱 잘 보장하는지, 시민과 주권자의 관계는 어떠한지 국가 일반에 관해 설명합니다. 그런데 위의 인용문에서처럼 갑자기 지금까지의 설명은 사실 '민주주의' 국가의 기초를 논한 것이었다고 말합니다. 이렇게 본다면 스피노자에게서 민주주의 국가는 국가 일반의 모델이면서 동시에 시민의 자유가 가장 잘 보장되는 국가, 즉 국가의 목적을 가장 온전히 실현하는 국가인 셈입니다. 그런데 스피노자는 자신이 비판하던 목적론적 사고를 그대로 답습하고 있는 것은 아닐까요? 그가 설정한 국가 발전의 최종 종착지는 민주주의이므로 국가 일반을 설명할 때 여기에 맞춘 것은 아닐까요?

발리바르 역시 스피노자의 정치학에서 "민주주의는 모든 국가의 내재적인 요구로 나타난다"라는 테제는 논리적으로 문제가 있다고 지적합니다. 하지만 우리는 스피노자의 『신학정치론』이 증오와 폭력이 독버섯처럼 퍼졌던 네덜란드 사회의 시급한 상황에 개입한 저작이라는 점을 염두에 둘 필요가 있습니다. 그렇다면 스피노자의 이러한 테제는 발리바르의 말처럼 "아주 분명한 정치적 의미를 지니고"[38] 있으며, 그것은 바로 민주주의 국가의 구성원들이 갖추어야 할 조건인 "시민성, 곧 민주주의 국가가 충분하게 발전시키는 능동성"[39]을 전제하고 있는 것입니다. 이 말은 사람들이 권리와 능력을 주권자에게 양도했다고 하여 그들이 곧장 영원한 '시민'이 되는 것은 아니라는 것입니다. 동료 시민과 자신의 자유 실현을 위해 공동체의 삶에 적극적으로 참여하고 각자가 지닌 능력이 무엇이든 그것을 긍정적인 방향으로 전개해 나가야 합니다.

국가가 개인들의 자연권을 충분히 발현하기 위해 설립되었다고 해도 "자연상태에서 늘 그렇듯이" 사람들은 이성뿐만 아니라 늘 욕망과 정서를 지닙니다. 이러한 '능력=권리'를 바탕으로 불합리한 법을 바꿔 더 나은 공동체를 만드는 것으로 나아갈 수도 있지만 '마음의 동요', '정서들의 모방'이라는 인간 존재의 메커니즘은 사람들 사이에 증오를 퍼뜨려 공동체를 위험에 빠뜨릴 수도 있습니다. 따라서 주권자와 사람들은 언제나 서로 공포를 가질 수 있는 상황에 놓여 있습니다. 대중은 폭군의 억압 속에서 그를 두려워할 수 있지만, 폭군 역

38 발리바르(2005), 58쪽.
39 위의 책, 58~59쪽.

시 반란에 대한 두려움 때문에 대중을 억압하므로 "대중들의 공포"는 동시에 "대중들에 대한 공포"[40]이기도 합니다. 이러한 이유로 국가와 주권자는 자기들의 존재를 지키기 위해서라도 사람들에게 남아있는 이러한 '능력=권리'를 긍정적인 방향으로 이끌 수 있어야 합니다. 그래서 발리바르는 "민주주의는 모든 국가의 내재적인 요구로 나타난다"라는 테제가 사실은 "자신의 신민들의 마음animus을" 지배하는 국가에서만 필연적인 진리가 될 뿐이라고 말합니다.[41]

스피노자는 16장에서 비판적으로 변형되어 자연권의 양도 차원에서 논의된 사회계약론이 사실은 "이론에 불과한 것"(272)이라고 지적한 뒤, 17장에서는 국가를 어떻게 실제로 운영할 것인지, 그 통치술을 검토합니다.

> 개인은 자신 이외에 그 누구의 결정에도 의존하지 않는, 자기 권리의 상당부분을 자신을 위해 남겨둔다는 것이 인정되어야만 한다.
> 그러나 정부의 권리 및 권력[능력]의 범위에 대한 타당한 이해를 위해, 정부의 권력이 두려움에 의한 위압의 능력에 엄격하게 한정되는 것이 아니라, 사람들로 하여금 그것의 명령에 복종하도록 설득할 수 있는 온갖 가능한 수단들에 의거

40　위의 책, 65쪽.

41　위의 책, 61~62쪽.

한다는 것에 주의해야 한다. 국민을 구성하는 것은 복종의 동기가 아니라, 복종의 사실이다.(273)

16장에서 스피노자는 '복종의 동기'가 중요하며 자연권을 보장하기 위해 주권자의 법에 복종하는 자는 노예가 아니라 자유인이라고 강조했습니다. 그러나 이러한 구분은 자신에게 가장 이로운 것 혹은 덜 해로운 것을 이성적으로 판단하는 사람에게 해당됩니다. 스피노자가 보기에 공동체에서 "자기 권리의 상당 부분을 자신을 위해 남겨둔" 구성원은 언제나 모두 이성적일 수 없습니다. 그들은 여전히 욕망과 정서를 지니고 있기에 "대중의 변덕"을 부리며, "이성에 의해서가 아니라, 감정에 의해서만 지배되기"(274) 쉽습니다. 이때 주권자의 입장에서 관건은 어떻게 국민을 '복종'하게 만들 것인가입니다.

그렇다고 인기영합주의나 공포정치로 그들을 복종시킬 수도 없습니다. 이러한 접근방법은 사람들의 '능동성', 즉 그들에게 남아 있는 권리의 상당 부분을 무시하는 처사입니다. 실제로 "원하는 것은 무엇이든 행하는 무제한의 권력을 가질 정도로 강력한 정부는 있을 수 없기"(274) 때문에 가능하지도 않습니다. 이러한 문제를 분석하기 위해 스피노자는 구약에 나오는 히브리인들의 사례를 검토합니다.

고대 이스라엘의 히브리인들은 오랜 세월 이집트의 노예로 살다가 모세의 말을 듣고 신의 도움으로 이집트를 탈출합니다. "이집트인들의 참을 수 없는 압제에서 해방된 후에, 그들은 자기들의 능력 안에 있는 모든 일에 대한 자연권을 되찾았기" 때문에 그들은 자연상태였고 "모세의 말에 귀를 기울여 자신들의 권리를 어떤 필멸의 인간에게가 아니라 오직 신에게만 이양하기로 결심"(277)했습니다. 스피노자는 히브리인들이 신에게 권리를 양도한 것은 "두려움에 의해서가 아니라 자유롭게" 이루어졌기 때문에 이 관계를 신이라는 주권자와 신민 간의 첫 번째 계약으로 봅니다. 히브리인들에 대해 "통치권을 가졌던 존재는 오로지 신뿐이었고, 그렇게 오직 이 나라만이 서약의 효력에 의해 신의 왕국으로" 불렸으며 "시민법과 종교는 하나"(278)였습니다. 이 서약의 중요성은 바로 사람들 모두를 신 앞에 "완전히 동등하게 남겨 놓았고, 그들 모두는 신의 뜻을 묻고, 신의 법을 받아서 해석할 동등한 권리를 가졌고" "국가의 정치에 있어서 동등하게 참가"(279)할 수 있었다는 데 있습니다.

그런데 어느 날 사람들은 신 앞에 직접 나섰고 신이 이야기하는 것을 듣고는 몹시 겁을 먹어 모세에게 다음과 같이 말합니다. "당신이 가까이 가서, 우리의 신이 말하는 모든 것을 들으시오. 그리고 당신이 우리에게 이야기해 주시오. 신이 당신에게 이야기한 모든 것을 우리는 듣고 행할 것이오."(279) 이처럼 첫 번째 계약은 취소되었고 모세는 "유일한 입법자 및 신의 법에 대한 해석자"(279)가 되었습니다. 이것이 두 번째 계약입니다.

　모세가 죽고 난 후, 그에게 통일되었던 권력은 분할되는데 이것이 세 번째 계약입니다. "법을 해석하고 신의 응답을 공표할 권리"(280), 즉 종교권력은 이스라엘의 열두지파 중 하나인 레위족에 부여되고 "그렇게 해석된 법과 그렇게 널리 알려진 응답에 따라 국가를 통치할 권리와 권력"(281), 즉 정치권력은 다른 사람에게 부여되었습니다. 신의 뜻은 레위족이 자기들 마음대로 국가에 적용할 수 있는 것이 아니라 공동체의 주권자를 통해 적절한 방식으로 실행되어야 하는 것이었습니다.

　여기서 스피노자가 주목하는 것은 바로 이들이 "오직 신만을 섬겼던 것과 자신의 동료시민에 대한 자선과 사랑이 최고의 종교적 의무로 간주되어" "동료시민에 대한 자선과 사랑이 적지 않은 정도로 촉진되었다"(291)는 것입니다. 물론, 히브리인의 종교에서는 선민의식에 바탕을 둔 다른 민족에 대한 혐오도 작동했습니다. 그러나 이 대목의 강조점은 종교라는 제도가 모든 구성원의 정서와 욕망을 일방적으로 제압하기보다는 그들이 동의하고 따를 수 있는 믿음을 제시하여 "백성들이 두려움을 통해서보다는 기꺼운 마음으로 자신들의 의무를 수행"(99)할 수 있도록 했다는 것에 있습니다. 즉, 여기에는 "각각의 개인들이 자발적으로 자신의 권리와 역량을 양도할 수 있게 만드는 메커니즘"[42]이 작동하고 있는 것입니다.

히브리 신정의 역사에서 스피노자가 눈여겨 보는 다른 한 가지는 바로 종교권력은 그 자체로 작동하는 것이 아니라 정치권력의 매개를 통해 존재할 수 있다는 것입니다.

> 참된 이성의 모든 가르침들[신의 가르침들]은 오직 국가의 권리에 의해서만, 즉 오직 명령할 권리를 가진 사람들의 법령에 의해서만 법과 명령의 힘을 획득한다. [···] 신의 왕국은 단지 정의와 박애, 또는 진정한 종교의 지배에 있기 때문에 신은 주권을 소유한 사람들을 통해서가 아니면 사람들을 지배하는 왕국을 갖지 않는다.(311)

그러므로 사람들의 정서와 믿음을 선동해 공동체를 자기 것으로 만들려는 야심가들은 반역자나 마찬가지입니다. 어떠한 종교 혹은 믿음의 체계가 공동체의 구성원 모두 복종해야 하는 법이 되려면 주권자의 비준을 거쳐야 합니다. 이렇게 된다면 주권자는 종교 세력의 감독자 역할을 합니다. 이때, 주권자는 아무것이나 자의로 비준할 것이 아니라 이웃에 대한 사랑이라는 보편적 이념을 기준으로 삼아야 합니다. 어떻게 보면 공동체의 주권자에게 무소불위의 권력을 주는 것 같

---

42   진태원(2004), 159쪽.

지만 발리바르는 사실 이러한 조건이 "주권자가 이웃에 대한 박애와 정의라는 '공통 통념들'을 넘어서 자신의 이익에 따라 '견해들', 곧 사고와 덕목의 모델을 명령하거나 공식화하는 것을 금지"[43]한다고 말합니다. 사람들에게서 자발적인 복종을 끌어내고 공동체의 공통적 이념에 위배되는 것을 금지할 때, 주권자는 이러한 기준을 자기 자신에게도 적용해야 하므로 권력의 남용이 방지될 수 있다는 것입니다.

스피노자는 히브리 신정의 역사를 통해 사람들의 믿음과 행위가 어떻게 하면 공동체에 해가 되지 않는지 살펴보았습니다. 그것은 바로 주권자의 일방적인 명령이 아닌 사람들이 자발적으로 동의할 만한 '제도들', 사람들의 정서와 욕망을 긍정적인 방향으로 이끌 수 있는 '제도들'입니다.

그런데 스피노자가 신정의 역사에서 도출한 두 번째 제도는 '모든 사람은 종교의 자유를 지닌다'라는 네덜란드 공화국의 원칙에 어긋나는 것 같기도 합니다. 이러한 오해를 막기 위해 스피노자는 다음과 같은 조건을 내겁니다.

> 종교와 경건의 실행은 국가의 평화 및 복지와 일치해야만 하며, 따라서 오직 주권자들에 의해서만 결정되어야 하므로 그들이 종교의 해석자이기도 함에 틀림없다. 나는 분명히 경건

---

43   발리바르(2005), 54쪽.

자체 및 신에 대한 내면적인 숭배에 대해서나, 진실한 마음
으로 신을 숭배하도록 내면적으로 정신을 인도하는 수단에
대해서가 아니라, 경건의 행위들 및 종교의 외면적인 형태들
에 대해서 이야기한다. 왜냐하면 신에 대한 내면적인 숭배와
경건 자체는 타인에게 양도할 수 없는 개인적 권리의 영역에
속하기 때문이다.(309~310)

스피노자의 이러한 진술은 마치 외적인 종교와 내적인 종
교를 구분하고 행위와 생각을 구분하는 것으로 보입니다. 그
런데 사람의 생각과 행위는 명확하게 구분되는 것일까요? 머
릿속으로는 반역을 꿈꾸지만, 남에게 드러내지 않고 실제 행
동에 옮기지 않는다면 그럴 것도 같습니다. 홉스 역시 『리바
이어던』 3부 42장에서 행위는 통제되어야 하지만 생각은 통
제될 수 없다고 봅니다.[44] 일단 겉으로 드러나지 않는 불온한
생각을 처벌할 수는 없기 때문입니다. 그런데 홉스의 경우,
생각한 바를 말로 표현했을 때 말은 행위에 가까우므로 행위
처럼 통제되어야 한다고 봅니다.[45] 하지만 스피노자는 생각의
자유와 더불어 말의 자유까지 인정합니다.

그러므로 사람은 자신이 하고 싶어 하는 대로 판단하고 생

44　김은주(2016), 87쪽.
45　위의 자료, 88쪽.

각하는 자유를 포기할 수 없으며, 누구나 절대적인 자연권에 의해 자신의 생각의 주인이라고 한다면, 국가 내에서 사람들이 서로 다르고도 상반되는 의견을 가졌음에도 불구하고 사람들로 하여금 단지 주권자가 명한 대로만 말하도록 강요하려는 시도에는 철저한 실패가 따를 것이라는 결론이 내려진다. 사정에 충분히 정통한 사람들조차도 침묵을 유지할 수 없다. 하층계급은 말할 것도 없고. 비밀이 필요할 때조차도, 자신이 생각한 것을 남에게 털어놓는 것은 사람들의 공통된 결점이다. 그러므로 가장 압제적인 정부는 개인이 생각한 것을 표현하고 다른 사람들과 의사소통하는 자유를 부정하는 정부일 것이며, 온건한 정부는 모든 사람에게 이 자유를 인정하는 정부다.(324~325)

우선 스피노자는 자연권을 기반으로 사람에게는 생각한 것을 말할 자유가 있다고 봅니다. 그러나 스피노자에게 생각과 말의 자유는 도덕적으로 인정되어야 할 규범이 아니라 인간이라면 누구나 가진 한계라는 사실에서 비롯된 것입니다. 바로 사람은 비밀을 지키지 못한다는 것이지요. 심지어 비밀스러운 업무를 위해 단련된 사람이라 할지라도 비밀을 끝까지 지키기는 어렵습니다. 스피노자는 이러한 "사람들의 공통된 결점"을 법으로 금지할 수 없다고 봅니다. 사람들이 생각한 바를 법으로 정해 말하지 못하게 한다고 해도 그 법은 결코 지켜질 수 없기 때문이죠.

생각과 말을 참지 못하고 내뱉는 것은 인간의 결점이기는 하지만 이는 정서, 욕망과 밀접한 관련이 있습니다. 그가 옳다고 생각하는 것, 좋다고 생각하는 것을 말하지 못하게 하는 것은 우리가 앞에서 본 "마음의 동요"를 일으켜 부정적인 정서를 공동체에 내뿜게 만들 수도 있습니다.

> 그러나 모든 사람들로 하여금 명령에 따라 말하도록 하는 것은 도저히 불가능하다. 반대로 사람들에게서 말하기의 자유를 빼앗으려는 노력이 크면 클수록 사람들은 더욱 완강하게 저항한다. 그러나 진실로, 탐욕스러운 자나 아첨꾼, 혹은 자신들의 돈주머니를 흡족한 듯이 바라보고 뱃속을 불룩이 채우면서 최대의 행복을 찾아내는 빈약한 정신을 가진 사람들이 아닌, 훌륭한 가정교육과 고결함과 유덕한 성질로 인해 더 자유로운 견해를 가진 사람들이. 일반적으로 사람들은 정당한 것이라고 생각하고 있는 것이 범죄적인 것으로서 다뤄질 때와, 신과 인간에 대한 경건한 행동을 불러일으키는 것이 사악한 것으로 여겨질 때에 가장 심하게 분개하는 성품을 갖고 있다. 그 결과 사람들은 이러한 이유로 폭동을 선동하고 무엇이든 난폭한 행동에 의지하는 것을 수치가 아닌 명예로 생각하면서 법을 공공연히 비난하고 치안판사에 대항하기 위해 무엇이든 할 정도로 대담해진다.(329)

사람들은 단지 안전하게 배불리 먹고사는 문제에만 신경 쓰지 않습니다. 만약 사람이 그런 존재라면 자기 생각과 말이 부정당했을 때 결코 들고 일어나지 않을 것입니다. 스피노자는 물리적 욕구 충족의 차원을 넘어선 것들도 인간의 본성을 구성하므로 이러한 정신적 차원의 자유가 억압되었을 경우 생겨날 저항도 고려해야 한다고 제안합니다. 자신의 이상이나 믿음을 위해 목숨을 바치거나 사람들을 모아 정부에 저항하는 사람들이 역사에 드물지 않았다는 것을 염두에 둔다면 스피노자의 이러한 제안은 공동체를 운영하는 주권자에게 매우 긴급한 것이기도 합니다.

생각과 말의 자유를 허용한다고 해서 공동체의 모든 갈등이 사라지는 것도 아닙니다. 오히려 다양한 생각들은 의견소통의 과정에서 갈등을 일으키기 쉽습니다. 스피노자는 이 점을 간과하지 않습니다.

> 그러한 자유를 허용함으로 인하여 때때로 얼마간의 불편이 생길 수 있다는 걸 진정으로 인정한다. 하지만 불편함이 생겨날 수 없을 정도로 그렇게 현명하게 계획된 어떤 제도가 있었던가? 법으로 모든 것을 통제하려고 힘쓰는 사람은 악덕을 바로잡기보다 오히려 그것들을 더욱 악화시킬 것이다. 종종 뒤이어 손해가 생겨날지라도, 금지될 수 없는 것은 필연적으로 허용되어야만 한다. 낭비, 질투, 탐욕, 술취함 등과

같은 것들로부터 생겨난 해악이 얼마나 많은가? 그럼에도 불구하고 우리는 이것들을 허용한다. 왜냐하면 그것들이 실제로 악덕일지라도 법률의 제정으로 금지될 수 없는 것들이기 때문에. 그렇다면 하물며 확실히 덕이고 억압될 수 없는 것인 판단의 자유는 허용되어야 마땅하다.(328)

이 지점에서 스피노자 정치철학의 현실주의적 측면이 분명히 드러납니다. 공동체의 삶은 갈등도 불편도 없는 그런 매끈한 무언가가 아닙니다. 그렇다고 스피노자가 히브리 신정의 역사에서 도출해 내었듯 제도와 법이 모든 문제를 해결해 주는 것도 아닙니다. 제도와 법은 다만 대중의 정서를 긍정적인 방향으로 이끌 수 있는 한 방법입니다. 17세기 후반 네덜란드의 상황에 비추어보면 스피노자가 제안하는 보편적인 이념과 종교의 해석자로서의 정치권력은 당시 개혁교회가 내세우는 교리들 자체를 부정하고 억압해야 했던 것은 아니었습니다. 개혁교회의 교리들이 직접 사람들을 선동해 증오와 극단적 폭력으로 이어지는 것을 막는 것이 스피노자가 생각한 제도의 역할이었을 것입니다. 국지적인 갈등은 막을 수 없겠지만 그것들이 총체적인 폭력으로 번지지 않게 하는 것, 따라서 공동체가 자기 존재를 지속할 수 있는 조건을 확보하는 것, 이것이 바로 스피노자가 제안하고자 했던 통치술이었습니다. 그런 점에서 생각과 말의 자유는 "학문과 예술을 육성하는"(328) 역할도 하겠지만 '비밀을 참지 못하는' 인간의 본성적 한계에 적합한 공동체의 조건이기도 합니다.

이렇게 본다면 '자신의 신민들의 마음을 지배하는 국가'는 하나의 생각을 모두에게 주입해 그들의 행위를 하나로 만드는 국가가 아닙니다. 스피노자가 제안하는 국가는 구성원 모두가 다양한 생각을 자유롭게 말로 표현하면서도 공동체에 해로운 행위를 자제할 수 있게 하는 국가입니다. 더 나아가 공동체에 이득이 되고 따라서 각자에게도 이득이 되도록 사람들이 각자의 능력을 자발적으로 발휘하게끔 촉진하는 국가입니다. 이러한 능동적 시민의 민주주의 국가를 운영하기 위해서는 근시안적인 인기영합주의나 억압적인 폭정보다 몇 백 배는 더 섬세한 정치의 기술이 필요해 보입니다.

5. 더 크고 다양한 자유를 위해

스피노자의 『신학정치론』은 1670년 출간되자마자 '지옥에서 쓰인 책'이라는 저주를 받으며 네덜란드 개혁교회에 의해 금서로 지정되었습니다. 스피노자가 종교와 사상의 자유를 주장하며 그 자유가 보장되지 않으면 오히려 국가가 위기에 처한다고 경고했으니 그의 책은 개혁교회를 국가의 유일한 종교로 강제하려던 사람들에게 가장 위험한 책이었습니다.

유럽 사회에 파문을 일으킨 이 책에서 사실 민주주의 국가의 구체적 형태는 제시되지 않습니다. 그러나 스피노자는 광신도의 칼에 찢긴 외투를 벽에 걸어두고 왜 인간이 자신의 자유를 억압하는 미신에 현혹되어 폭력을 휘두르는지 평생에 걸쳐 사유했습니다. 『신학정치론』을 출간한 후에도 그는 인간과 사물의 본성을 알기 위해 『에티카』를 마저 완성했고, 그 본성을 바탕으로 어떤 국가를 만들 것인지 더욱 체계적으로 제안하기 위해 『정치론』을 죽는 날까지 집필했습니다. 이 책에서도 그는 민주주의 국가의 주권자는 모든 사람이라는 것, 그리고 이것이 인간 본성에 가장 적합한 국가 형태라는 입장을 고수하고 있습니다.

스피노자는 민주주의를 설명하면서 민주주의를 위한 시민이 어떻게 생겨나는지 구체적으로 설명하지는 않습니다. 스피노자는 민주주의가 태어날 때부터 도덕적으로, 이성적으로 뛰어난 사람들로만 이루어지는 것이라고 결코 말하지 않습니다. 기존의 철학자들이 인간의 약점으로 보았던 정서, 욕망, 자유로운 말에 대한 추구를 오히려 국가의 기초로 보았기 때문입니다. 따라서 시민의 자유로운 욕망의 분출과 다양한 말은 언제든지 혼란을 낳을 수 있습니다. 그렇다면 시민의 다양한 특징을 보존하면서 동시에 국가를 안정적으로 꾸려나갈 수 있는 기술도 고려되어야 합니다. 특히 스피노자가 히브리 신정의 역사에서 살펴본 것처럼 적절한 제도를 통해 사람들의 정서와 욕망을 긍정적인 방향으로 전환하는 것이 중요합니다. 이때, 모두가 공동의 주권자인 민주주의 국가에서 시민은 자신의 정서와 욕망이 증오와 폭력에 물들지 않게 할 제도를 스스로 창안해야 한다는 점에서 더욱 능동성을 요구받습니다. 민주주의 국가의 시민은 모두가 통치하는 자이자 동시에 통치받는 자이기 때문입니다.

우리는 헌법에 민주주의가 명시된 국가에 살고 있습니다. 그런데 우리는 자연권이 최대로 보장받는, 사람들의 '자유＝권리＝능력'의 신장을 목적으로 하는 국가에 살고 있을까요? 우리의 욕망은 얼마든지 크고 다양해질 수 있고 그에 따라 권리와 능력도 풍부해질 수 있습니다. 사람들은 더욱 다양한 정서, 생각을 갖게 될 테고 새로운 갈등도 나타날 겁니다. 이렇게 여러 가지 요소가 복합적으로 작동하는 상황에서 '우리의 민주주의는 충분히 이루어졌다', '우리는 민주주의의 정점에 서 있다'라고 말할 수 있을까요? 그런 점에서 우리는 민주주의의 최대치를 알지 못하고 그것의 최종 형태도 알지 못합니다. 이때, 우리는 스피노자의 『신학정치론』을 안내서 삼아 우리의 자유를 증대시켜 줄 민주주의 국가의 구체적인 형태들을 상상할 수 있습니다. 스피노자가 제안한 방향을 따라 인간의 다양한 모습들에 걸맞은 '민주주의들'을 발명하는 것은 우리의 숙제로 남아 있습니다.

3장

국가를 구성할 것인가, 봉기를 일으킬 것인가

장 자크 루소, 『사회계약론』

전주희

1. 이방인 루소

　장 자크 루소Jean-Jacques Rousseau는 1712년 스위스 제네바에서 태어나 1778년 프랑스 에름농빌에서 숨을 거뒀습니다. 그의 아버지는 가난한 시계공이었고, 어머니는 루소가 태어난지 열흘 만에 세상을 떠납니다. 훗날 루소는 『고백록』에서 "이 세상에 내가 태어나자 바로 어머니가 돌아가신 것은 나의 많은 불행 중에 제일 먼저 닥친 불행이었다"라고 썼습니다. 그의 아버지는 자녀의 양육에 아무 관심이 없었고 심지어 루소가 열 살 때 집을 나갔기 때문에 루소는 공작소 주인의 심부름 등 도제 노릇을 하며 소년기를 보냅니다. 자유로운 정신과 풍부한 상상력을 가진 소년 루소는 지긋지긋한 도제 생활에서 벗어나기 위해 16세에 조국을 탈출해 유럽의 여러 곳을 떠돌며 청년기를 보냅니다. 이 시절, 그는 후견인이자 연인이기도 했던 바랑 남작 부인을 만나 공부와 집필을 하게 되고 프랑스 지식사회에 자신의 이름을 본격적으로 알리기 시작합니다.

　루소는『인간 불평등 기원론』(1755),『정치경제론』(1755),『신엘로이즈』(1761),『사회계약론』(1762) 등을 쓰며 유럽의 가장 유명한 정치철학자로 명성을 얻습니다. 프랑스를 대표하는 급진적이고 비판적인 지식인이 되었지만, 루소의 책 대부분에는 '제네바 시민, 장 자크 루소'가 마치 필명처럼 새겨져 있습니다. 이후『에밀』(1762)에 쓰인 종교적 내용 때문에 파리 당국이 체포령을 내려 루소는 다시 스위스, 영국 등을 떠돌게 됩니다. 마지막에는 다시 프랑스에 정착해 에름농빌이라는 작은 시골마을에서 조용히 생을 마감하지만, 루소의 생애는 이방인의 삶 그 자체였습니다.

　흔히 루소의 사상을 1789년 프랑스 혁명의 이념이라고 말합니다. 하지만 프랑스 혁명이 일어난 것은 루소 생전이 아닌 그가 죽고 11년이 지난 후입니다. 훗날 '공포정치'로 악명을 떨친 자코뱅의 지도자 로베스피에르가 루소의『사회계약론』을 프랑스 혁명의 이념적 지침으로 삼은 것은 그의 사상 안에 혁명 대중이 원하는 급진적 강렬함이 있기 때문이었습니다. 특히『사회계약론』1권 1장의 첫 구절은 프랑스 혁명 당시 불평등하고 낡은 질서를 타파하고 새로운 사회를 구상하려는 사람들의 열망을 대변하는 듯합니다.

인간은 자유롭게 태어나 어디에서나 쇠사슬에 묶여 있다. 자신이 다른 사람들의 주인이라고 믿는 자가 그들보다 더 노예로 산다. 이런 변화가 어떻게 일어났을까? 모르겠다. 어떻게 하면 이 변화를 정당한 것으로 만들 수 있을까? 이 문제는 내가 풀 수 있다고 생각한다.[46]

이 중에서도 루소의 '일반의지'라는 개념은 프랑스 대혁명 이후 인권선언에도 등장하듯이 강력한 혁명의 무기이자 새로운 사회 구성을 위한 이론이 됩니다. 하지만 루소의 사상을 혁명을 위한, 혁명에 대한 사상이라고만 볼 수는 없습니다. '사회계약론'은 사회의 파괴가 아닌 사회의 구성에 대한 원리이며 특히 법에 대한 철학적이고 정치적인 연구를 중심에 두기 때문입니다. 또한 '일반의지'뿐만 아니라 루소의 저작은 절대적인 민주주의의 원리와 전체주의적인 새로운 독재이론 사이에서 진동하고 있습니다. 인권변호사이자 제3신분의 대표였던 로베스피에르가 공포정치의 독재자로 악명을 떨친 것이 루소의 저작에 고무받은 탓이라고 말할 수는 없지만, 루소의 독자들이 양 극단에 포진한 것은 루소 사상의 매우 상반된 해석이 가능함을 알려줍니다. 이는 그의 사상이 매우 모순적이며 이러한 모순이 루소의 정치철학 전체를 관통하고

---

46   장 자크 루소, 『사회계약론』, 김영욱 옮김, 후마니타스, 2018, 11쪽.

있다는 의미입니다. 하지만 그래서 더더욱 루소를 읽을 필요가 있습니다. 오늘날 루소의 사유는 봉기와 국가의 구성, 그리고 민주주의와 독재의 문제를 매우 현실적이면서도 근본적으로 다시 사유하게 하는 힘이 있기 때문입니다.

2. "공평한 협정의 조항을 말해봅시다"

『사회계약론』으로 알려진 저작의 전체 제목은 『사회계약에 대해, 혹은 정치법의 원리Du Contrat Social ou Principes du droit politique』입니다. 제목에서 알 수 있듯이 이 책은 새로운 사회를 여는 '법'에 관한 연구입니다. 표지 바로 다음 장에는 『아이네이스』 11장, "공평한 협정의 조항을 말해봅시다"라는 문장의 제사題詞가 쓰여 있습니다. 이 제사를 통해 우리는 루소가 다루려는 '법'이 사회계약의 원리에 따라 '공평한 협정'의 차원에서 구성되는 문제라는 것을 알 수 있습니다.

루소는 불합리한 협약을 근거로 삼는 사회, 다시 말해 왕과 신하, 주인과 노예의 관계처럼 지배와 복종의 원리에 근거한 사회의 모든 기초가 얼마나 모순적인지 보여줍니다. 또한, 가족의 확장으로서 국가를 사유해왔던 통념들을 비판합니다. 『사회계약론』 1권 2장은 가정의 통치와 국가의 통치가 전혀 다른 원리에 기초한 질서라고 말합니다.

가족은, 말하자면 정치사회의 최초의 모델이라고 할 수 있다. 즉, 지배자는 아버지에 해당되고 인민은 자식들에 해당된다. 또 모두가 태어날 때부터 평등하고 자유롭기 때문에 그들이 자유를 양도하고 있는 것도 오직 그들 자신의 이익을 위한 것에 불과하다. 다만 가족과 국가의 차이는, 가족에 있어서는 자식들에 대한 사랑 때문에 아버지가 자식들을 양육하는 것이지만, 국가에 있어서는 지배자가 인민을 사랑하기 때문이 아니라 지배의 희열 때문에 인민을 지배한다는 점이다.47

국가의 통치원리를 자연적인 가족의 모델과 구별하려고 했다는 점만 보더라도 루소가 홉스의 독자이자 '사회계약론'의 사상가로서 근대의 새로운 정치철학적 원리를 사유했음을 알 수 있습니다. 가족이야말로 임의적인 구성과 해산이 불가능한(혹은 꽤 어려운) 아주 오래된 사회질서이기 때문입니다.

다른 면에서는 사회를 '강자의 권리'로 구성할 수 없다고 이야기합니다. 이는 힘이 곧 권리라고 주장한 홉스와는 정반대의 태도입니다. 무엇보다 홉스의 충실한 독자이자, 홉스의 사회계약이론을 보다 근본적으로 밀고 나아간 비판적 독자인 루소는 힘으로부터 권리가 도출되지 않는다고 말합니다.

---

47 장 자크 루소, 『사회계약론』, 이태일 옮김, 범우사, 2003, 17쪽.

물론 현실에서 힘을 더 많이 가진 강자들이 더 많은 권리를 갖기 쉬우며 타인에 대한 지배를 행사할 수 있습니다. 하지만 힘의 크기대로 타인을 지배하고 지배받는 관계를 정치의 기초로 삼는다는 것은 다른 문제입니다. 루소가 보기에 '공평한 협정'을 위한 정치적 원리는 힘에서 권리를 떼어내 사유할 수 있는 이론적 토대를 재구축하는 것으로부터 시작합니다. 힘이 곧 권리가 아닌 것은 크게 두 가지 이유 때문입니다. 첫째로 권리란 힘이 있거나 없거나 혹은 힘이 세거나 약하거나와 상관없이 주어진 것입니다. 힘은 '물리적 역량'이므로 때로 커질 수도 있지만 소멸할 수도 있습니다. 루소는 "힘이 멈추면 함께 소멸하는 권리란 대체 무엇인가?"라고 반문합니다. 그렇게 소멸한다면 그것은 권리가 아닌 것입니다.

두 번째 이유는 복종의 문제입니다. 이 부분이 루소의 사상에서 복잡하면서도 중요하게 다뤄집니다. 통상 루소는 절대적 민주주의의 철학자, 프랑스 대혁명에 이론적 영감을 준 철학자로 알려졌지만, 자유의 문제만큼이나 복종의 문제를 깊이 있게 다뤘다는 점에서 홉스보다 더 멀리 나아갔다고 말할 수 있습니다. 루소가 생각하는 복종은 물리적 폭력(힘)에 입각한 예속 혹은 종속이 아닙니다. 폭력에 의한 종속은 주인과 노예의 관계, 정복자에 대한 피정복민의 관계처럼 힘에 굴복해 순종하는 것입니다. 하지만 루소에게 복종은 자발적이어야 하며 오늘날의 의무와 같은 것입니다. 즉, 권리를 가진 주체만이 복종을 행할 수 있습니다. 따라서 복종하는 주체는 권리뿐만 아니라 어느 정도의 힘을 가진 자들입니다. 노예의 복종이 진정한 복종이 아닌 이유는 자기보다 강한 힘에 굴복했을 뿐만 아니라 그 힘에 저항하고 '벗어나려는 욕망'을 포함해 자기 안의 힘을 상실했기 때문입니다.

　루소는 이 지점에서 아리스토텔레스의 논의를 비판합니다. "아리스토텔레스는 인간이 결코 자연적으로 평등하지 않으며, 어떤 이들은 노예가 되기 위해, 또 어떤 이들은 지배하기 위해 태어난다고 말했다."[48] 아리스토텔레스는 '자연적 사회성'에 기초한 신분적 위계질서를 정당화하고 있습니다. 루소는 이를 비판하며 원인과 결과가 전도되었다고 이야기합니다.

　　아리스토텔레스는 옳았다. 하지만 그는 원인과 결과를 뒤바꾸었다. 노예상태로 태어난 모든 인간은 노예가 되려고 태어난 것이다. 이보다 더 확실한 사실은 없다. 쇠사슬에 묶인 노예는 모든 것을, 심지어 거기에서 벗어날 욕망까지 잃어버린다. 노예는 율리시스의 동료들이 짐승처럼 우둔해지려고 했던 것처럼 자신의 예속을 사랑한다. 따라서 본성상 노예인 사람들이 있다면, 그것은 애초에 본성에 반하여 노예가 된 사람들이 있었기 때문이다. 노예를 처음 만든 것은 힘이고,

48　장 자크 루소, 『사회계약론』, 김영욱 옮김, 후마니타스, 2018, 13쪽.

그들의 비굴함은 그들을 영영 노예로 묶어 두었다.[49]

루소는 정치가 가능한 평등한 협정을 이야기하면서 그 조건을 사고합니다. 평등한 협정을 사유한 것은 곧 불평등한 사회적 관계를 바라보기 때문입니다. 현실에서 지배와 예속의 관계가 존재한다면 그것은 강자의 횡포일 뿐만 아니라 인민이 "자신의 예속을 사랑하는" 노예화에 따른 것입니다. 애초에 노예상태를 만든 것은 힘이지만 이를 지속시키는 것은 강자와 노예의 관계입니다. 다시 말해 노예가 처음에 강압 때문에 예속되었다고 하더라도 예속상태에 있는 것은 바로 노예 자신이라는 겁니다. 루소는 매우 현실적이면서도 날카롭게 '인민'이라는 정치의 조건을 제기합니다.

루소의 이 같은 문제의식은 인간의 본성과 제도의 문제와 관련해 『사회계약론』의 첫 부분에 서술되어 있습니다. 1권의 첫 문장은 "나는 인간은 있는 그대로 두고 법은 바꿀 수 있는 것으로 생각하면서"[50]로 시작합니다. 루소가 인간의 본성이 고정되어 있다거나, 바꿀 수 없다고 이야기하려는 것으로 오해해서는 안 됩니다. 이 글은 곧 앞서 인용한 1장의 첫머리, "인간은 자유롭게 태어나 어디에서나 쇠사슬에 묶여 있다. 자신이 다른 사람들의 주인이라고 믿는 자가 그들보다 더 노

---

49   위의 책, 13~14쪽.

50   위의 책, 10쪽.

예로 산다. 이런 변화가 어떻게 일어났을까? 모르겠다. 어떻게 하면 이 변화를 정당한 것으로 만들 수 있을까? 이 문제는 내가 풀 수 있다고 생각한다"라는 꽤 복잡한 글과 함께 읽어야 합니다.

여기서 '쇠사슬에 묶인 상태'는 얼핏 보면 노예와 같은 예속된 상태를 의미하는 것처럼 보입니다. 하지만 이러한 예속적 상황을 루소가 정당화하는 것은 아닙니다. 루소가 고민하는 것은 불합리한 예속의 정당화가 아니라, '공평한 협정'에 의해 정당한 예속을 새로이 구성하는 것입니다.[51] 즉 불평등한 협정이 아니라 공평한 협정을 위한 새로운 법의 원리를 창안하는 것이 목적입니다. 그러면 "나는 인간은 있는 그대로 두고 법은 바꿀 수 있는 것으로 생각"한다는 것이 어떤 의미인지 명료해집니다. 루소가 인간의 본성으로부터 출발해 인간의 품성을 변화하려 했다면, 그는 도덕가이지 정치가나 철학자로 불리지 못했을 것입니다. 가령 '네 이웃을 사랑하라' 같은 도덕법칙을 사람들에게 설파하고 품성의 변화를 꿈꾸는 것이 아니라 이웃과 내가 함께 관계 맺고 공존할 수 있도록 권리와 의무란 무엇이고 어떤 항목이 권리와 의무로서 정립되어야 하는지 생각하는 것, 이것이 정치의 문제라고 볼 수 있습니다.

---

51 위의 책, 185쪽, 역자주 9.

루소는 불평등한 정치의 원리가 지배하는 세상에서 평등한 협정의 목록을 써 내려가고 있습니다. 이때 자유를 사고하는 것만이 아니라, 오히려 더 진지하게 복종의 문제를 쇄신하고 있습니다. 따라서 '공평한 협정'이란 무엇보다 정당한 복종의 원리를 마련하는 것이라고 할 수 있겠습니다.

그러므로 힘은 곧 권리가 아니며, 권리는 힘에 의해 소멸하지도, 커지지도 않습니다. 힘과 권리의 관계를 단절하고 권리에 따른 정치를 사유하기 위해 루소는 강자의 권리에 입각한 사회가 불합리한 협약에 근거한 사회라고 말합니다. 루소가 그리고 있는 근대적인 사회는 폭력의 효과를 승인하는 불평등한 협약으로부터 시작될 수 없습니다.

3. 사회계약, 인민이 인민이 되는 법

1) 연합association 하는 인민

루소는 『사회계약론』에서 홉스처럼 자연상태와 인간 본성을 체계적으로 고찰하지 않고 곧바로 사회계약론의 정식으로 나아갑니다.

> 구성원 전체의 공동의 힘으로 각자의 신체와 재산을 방어하고 보호하며, 각 개인은 전체에 결합되어 있지만 자기 자신

에게밖에 복종하지 않고, 이전과 같이 자유로울 수 있는 하나의 결합형태를 발견하는 것, 이것이 바로 사회계약이 해결해 주는 근본 문제인 것이다.[52]

루소의 해법은 개인들이 자기보존의 수단인 힘과 자유를 해치지 않고 개인들 간의 힘의 통합을 보증하는 특정한 '결합형태'에 있습니다. 이것이 사회계약에 따른 '연합'의 형태입니다. 그리고 이 연합은 곧 새로운 국가입니다. 루소는 '연합'을 주인과 노예의 주종관계로 묶인 집단과 구별합니다. '집단'은 소수가 다수를 지배하고 종속시키는 형태임에 비해 '연합'은 사회를 운영하는 것으로 정의한 뒤, 곧바로 집단을 구성하는 주체와 연합을 구성하는 주체의 차이를 이야기합니다. 이는 개인과 집단 혹은 개인과 전체 사이를 대립시키는 것이 아니라, 전체를 구성하는 어떤 형태들을 대립시키는 것입니다. 결합의 형태에 따라 그것은 개인주의적 모델이 될 수도, 전체주의적 모델이 될 수도 있습니다. 루소는 '연합'의 형식을 통해 개인들이 단일한 하나로 합일되지 않는 결합의 형태를 고민하고 있습니다. "흩어져 있는 사람들을 차례차례 단 한 명에게 예속시킨다면, 그 수가 몇이든 나는 거기에서 주인 한 명과 노예들을 볼 뿐 결코 한 인민과 그들의 지도자를 보

---

52 장 자크 루소, 『사회계약론』, 이태일 옮김, 범우사, 2003, 29쪽.

는 일은 없다."53 여기에서도 알 수 있듯이 루소는 인민people
을 노예와 대비시킵니다. 그렇다고 인민이 곧 시민은 아닌데,
인민은 어떤 결합형태를 취하느냐에 따라 노예가 될 수도, 근
대적인 정치 주체로서 인민(/시민)이 될 수도 있기 때문입니
다. 그렇다면 연합은 어떤 행위를 통해 구성되며, 이와 동시
에 "인민이 인민이 되는 행위"는 무엇인지 질문이 뒤따릅니
다. 이에 대한 답으로 루소는 그로티우스의 정식 안에 전제
된 '그 행위', 하지만 은폐된 그 행위를 발견합니다.

> 그로티우스는 인민이 스스로를 왕에게 내줄 수 있다고 말
> 한다. 그러므로 그로티우스의 논리대로라면, 인민은 자신을
> 왕에게 바치기 전에도 인민이다. 이 증여 자체가 정치체의
> 행위이며, 공적 심의를 전제한다. 따라서 인민이 왕을 선출
> 하는 행위를 검토하기 전에, 인민이 인민이 되는 행위를 검
> 토하는 것이 유익할 것이다. 왜냐하면 필연적으로 전자의 행
> 위에 앞서는 이 행위가 사회의 진정한 토대이기 때문이다.54

'인민이 인민이 되는 행위'란 계약임과 동시에 연합의 생산
을 의미합니다. 그런데 인민이 인민이 된다는 것은 동어반복
이 아닙니다. 인민은 자연적으로 생겨 무질서하게 몰려다니

---

53 장 자크 루소, 『사회계약론』, 김영욱 옮김, 후마니타스, 2018, 22쪽.
54 위의 책, 22쪽.

는 '무리'가 아닙니다. 루소에 따르면 인민은 특정한 행위를 통해 인민이 됩니다. 따라서 '대중 혹은 무리는 어떻게 정치적 주체인 인민이 되는가'라는 뜻으로 이해해야 합니다. 그런데 인민은 왕이나 신이라는 외부적 힘으로부터 부여되는 자격도 아니며, 태어날 때부터 가지고 있는 본성도 아닙니다. 따라서 인민이 되기 위해서는 인민 스스로가 계약이라는 행위를 통해 연합의 생산을 수행해야 합니다. 이것은 모든 계약에 앞선 계약이며, 모든 계약(심지어 그로티우스의 '복종의 계약'처럼 지배와 종속의 관계를 맺는 계약을 포함해)에 앞서는 단 한 번의 계약입니다. 이는 이후에 올 모든 계약과 협정의 정당성을 보장하는 선험적 조건으로서의 계약이 됩니다. "따라서 그것은 적어도 한 번의 만장일치를 전제한다."[55] 적어도 단 한 번, 최초의 합의는 만장일치를 통해 완전한 정당성을 획득해야 합니다.

2) 단 한 번의 만장일치 그리고 전면적 양도

루소는 지배-예속 관계로 돌아가지 않는 결합의 양식을 고민하기에 앞서 그로티우스가 말한 '양도'의 의미를 따집니다. 그로티우스는 개인이 자기의 자유를 양도해 스스로 어느 주인의 노예가 되는 것처럼 인민 전체가 그들의 자유를 양도해

---

55 위의 책, 23쪽.

왕의 신민이 되어야 한다고 이야기합니다. 이는 물론 그로티우스가 노예의 자연성을 설득하려는 방편으로 제시한 것입니다. 하지만 그로티우스의 설명에서 루소는 '양도'의 기만성을 발견합니다. '양도한다'에는 '준다'는 뜻과 '판다'는 뜻이 있습니다. 루소는 이 두 가지 의미가 매우 다르다고 말합니다. 스스로 타인의 노예가 된 사람은 자신을 그냥 주는 것이 아니라, 적어도 자신의 생존을 유지하려는 목적으로 혹은 그것을 대가로 자신을 파는 것과 같습니다. 하지만 왕은 신민臣民에게 생존 수단을 제공하지는 않습니다. 오히려 왕은 자신의 생존을 위해 신민에게서 양식과 세금을 거둬들입니다. 신민은 왕에게 재산을 내놓았을 뿐만 아니라 자신의 인격과 자유를 내놓은 셈이 됩니다. 그런데 신민은 무엇을 양도받았을까요? 루소가 보기에 아무것도 없습니다.

홉스가 주장하듯 전쟁의 위험으로부터 생명과 재산을 보장해준다고 말할지 모르지만, 루소는 오히려 왕의 야망 때문에 벌어지는 전쟁과 관료들의 탄압이 더 위험하다고 반박합니다. 신민이 왕에게 자기 자신을 무상으로 준다거나 자신의 자유까지 내놓는 일은 불가능하거나 무효라는 겁니다. 이것은 광기일 뿐입니다. "광기는 권리를 만들지 않는다."[56]

---

56 위의 책, 17쪽.

스스로 자유를 포기하는 것은 인간의 자격, 인간성의 권리와 그 의무까지 포기하는 것이다. 모든 것을 포기하는 사람에게는 어떤 보상도 가능하지 않다. 그런 포기는 인간의 본성과 양립할 수 없으며, 자신의 의지에서 모든 자유를 제거하는 것은 자신의 행위에서 모든 도덕성을 제거하는 것이다.[57]

인간의 자유는 양도 불가능합니다. 자기 자신을 양도한다는 것은 자신의 재산을 양도한다는 것과 질적으로 다른 것입니다. 재산은 양도할 수 있지만 자유는 양도 불가능한 속성을 지닙니다.

요컨대 인간은 예속을 위해 계약을 맺지 않습니다. 오히려 계약의 본질은 결사(연합)에 있습니다. 프랑스 철학자 질 들뢰즈는 홉스의 계약을 "복종의 계약"이라고 규정한 것과 비교해 루소는 "결사의 계약"[58]을 구상했다고 말하기도 했습니다. 홉스 역시 결사가 원초적인 것임을 파악했지만 홉스에게 결사는 곧바로 자유의 자발적 포기와 복종의 문제로 대체됩니다. 하지만 루소는 결사와 복종 사이에 간극이 있음을 파악했습니다. 혹은 자유를 폐기하지 않은 한에서 복종의 문

57   위의 책, 18쪽.

58   질 들뢰즈, 「들뢰즈의 루소 강의」, 황재민 옮김, 웹진 수유너머
      (http://nomadist.tistory.com/).

제를 사유했다고 하는 것이 더 정확합니다. 복종의 문제에 내재한 복잡성을 사유한 것입니다. 루소는 이를 위해 다시 그로티우스로 돌아가는데, "인민이 인민이 되는 행위" 즉 인간이 노예가 아니라 시민이 되는 행위가 무엇인지를 생각합니다. 그것은 무엇보다 인간이 자연권으로 보장받은 자유를 양도하지 않은 채 결합하는 연합의 방식을 고안하는 것이었습니다.

> "구성원 전체의 공동의 힘으로 각자의 신체와 재산을 방어하고 보호하며, 각 개인은 전체에 결합되어 있지만 자기 자신에게밖에 복종하지 않고, 이전과 같이 자유로울 수 있는 하나의 결합형태를 발견하는 것"[59]

인민이 주체가 되어 결합하는 것이 아니라 결합을 통해 비로소 '인민'이라는 주체가 형성됩니다. 그 때문에 인민은 홉스의 모델처럼 계약을 통과하면서 개인으로 해체되지 않습니다. 홉스의 계약을 통과하면 대중은 '원자화된 개인' 혹은 개별화된 개인으로 남게 됩니다. 반면 루소에게는 '인민'이라는 정치적 주체가 남습니다. 이들은 개인이 아니며 무리도 아닙니다. 정치적 주체로서 시민이자 국민입니다. 이는 이중적인

---

59   장 자크 루소, 『사회계약론』, 이태일 옮김, 범우사, 2003, 29쪽.

의미인데, 능동적일 땐 주권자로, 국가의 법에 종속되어 복종의 의무를 수행할 때는 신민이 되는 주체입니다.

이를 위해 루소는 계약이라는 법적인 모델을 차용하지만 전혀 다른 계약 모델을 제시합니다. 루소의 계약모델은 일 대일의 계약, 상호적 계약이 아닙니다. 그로티우스의 경우는 고전적으로 군주와 인민의 복종 관계를 법률적 계약 모델로 설명합니다. 즉 '인민은 군주에게 복종을 약속한다, 군주는 인민의 이익을 보증할 것이다.' 이는 상호적 교환give and take을 위한 두 당사자를 내세우는 교환의 형식입니다. 하지만 앞서 말했듯이 인민은 군주로부터 교환받을 것이 없습니다. 따라서 루소는 사회계약의 법률적 모델을 수정해 "전면적 양도"라는 개념을 제시합니다.

> 사회의 각 구성원들이 자기의 모든 권리와 함께 자신을 공동체 전체에 양도한다.[60]

앞서 루소는 양도의 기만성을 폭로했습니다. 따라서 루소는 양도 불가능한 계약의 형식을 고안합니다. 이는 계약이라는 법률적 모델 혹은 일대일 교환이라는 시장적 모델 안에서 역설의 구조를 가진 예외적 계약입니다.[61] 실은 인민 전체는

60　위의 책, 30쪽.

61　루이 알튀세르, 『마키아벨리의 고독』, 김민석 옮김, 중원문화, 2012, 136쪽.

복종의 반대편에 서 있는 존재들이기 때문에 자신을 팔 수 없습니다. 모든 것을 팔 수 있더라도 자신의 자유만큼은 팔 수 없습니다. 따라서 전면적 양도라는 말은 모순입니다. 루소가 지적했듯이 자신의 자유까지 내어주는 전면적 양도는 인간의 본성과 양립할 수 없기 때문입니다. 그러나 사회계약의 단 한 번의 만장일치로 전면적 양도를 할 수 있으며, 상호적 교환이 아닌 한에서 가능합니다.

도대체 어떻게 전면적 양도가 양도 이후에도 자유를 보장해줄 수 있을까요?

전체 인민은 계약의 한쪽 편에 있습니다. 이들은 자신의 자유를 포함해 모든 것을 줍니다. 그러나 계약의 다른 편은 누구인가요? '공동체'입니다. 그러나 공동체란 무엇입니까? 연합, 즉 개인들과 그들의 '힘'의 결합입니다. "계약 메커니즘의 모든 신비는 계약의 다른 편, 양도받는 쪽의 독특한 본성에 있다."[62] 그런데 이 연합 혹은 공동체는 계약 이전에 존재하는 것이 아니라 바로 계약의 산물입니다. 여기에 사회계약론의 역설이 있습니다.

루소의 고민은 지배-예속의 회로를 이탈하는 것이었으며, 자유가 노예적 예속으로 대체되는 고리를 끊으려 한 것이었

---

[62] 위의 책, 140쪽. "이 해결책의 해결책은 계약에서의 수용 당사자 사이의 불일치 속에 담겨 있다." 알튀세르는 루소의 역설적인 계약 모델에 루소 사상의 본질적인 독특성이 있다고 분석한다.

습니다. 사회계약의 모든 의도는 여기에 집중됩니다. '양도 불가능한 양도'라는 묘안은 권리를 내주는 것 대신 모두의 평등이라는 조건을 창출합니다. 그것은 누구도 자기를 양도하지 않는 한에서 이루어지는 계약입니다. "각자는 전체에게 자기를 양도하기 때문에, 그 누구에게도 자기를 양도하지 않는 것이 된다."[63] 이로부터 '집합적인 인민' 혹은 '연합'이 탄생합니다. 집합적인 인민은 '공동의 자아'로서 공적 인격을 획득하며, 이는 곧 수동적으로는 '국가', 능동적으로는 '주권자'로 명명합니다.[64]

여기에서 완전한 양도란 매우 다의적이라는 점을 말할 필요가 있습니다. 우선 이미 불공정한 계약은 의존적인 삶을 지속하게 합니다. 그래서 완전한 양도로서 계약contract은 새로운 관계 맺음 이전에, 타인에 대한 의존 중단을 우선 목표로 삼게 됩니다. 이를 위해 사회계약은 당사자 간의 계약이 아닌 전체를 구성하는 행위로서 정의됩니다. 부자든 가난한 자든, 자기 자신을 공동체 전체에 양도해야만 평등한 조건이 확보되며, 이로부터 타인과의 불평등한 관계를 중단할 것이기 때문입니다. "조건이 모든 사람들에게 평등하게 되면 그 누구도 타인에게 조건을 무겁게 하는 일에 관심을 갖지 않을 것이기

---

63   장 자크 루소, 『사회계약론』, 이태일 옮김, 범우사, 2003, 30쪽.

64   위의 책, 30~31쪽.

때문이다."[65] 따라서 양도가 완전하다는 것은 모두가 양도한다는 것이라기보다는 타인을 위한 양도가 아니라는 의미에서의 완전성입니다. 모두의 양도는 완전한 양도를 가능하게 하는 하나의 요소에 불과합니다.

둘째, 양도는 즉각적이어야 합니다. 양도는 상호 간의 결합의 의지를 확인하는 것이 아니라 새로운 '생존 양식'을 발명하는 것이어야 합니다. 따라서 계약이 성립하는 즉시 "계약 당사자인 개인들 대신에 하나의 정신적이고도 집합적인 단체가 형성되어야 한다."[66] 이것이 정치체로서의 국가입니다. 새로운 생존 양식은 새로운 주체화 양식을 포함합니다. 인간은 '집합적인 인민'으로 등장하며, 인민은 주권에 참여하는 주체로서 시민으로, 동시에 국가의 법률에 복종하는 신민이 됩니다. 이때 복종은 예속이 아니라 법에 대한 의무인 한에서 복종입니다. 이로써 '타인에 대한 의존'이 '자기 자신에 대한 의무'로 전환됩니다. 즉 복종하는 주체인 신민이 되기 위해서는 결사를 통해 집단적인 인민으로 구성되어야 하며, 그리고 주권자로서 법을 제정해야 합니다. 그런데 혹시 계약 이후 다시 억압적인 상태로 돌아가는 건 아닌지, 사회계약이라는 기만을 통과해 결국 예속적 주체로 복귀하는 것은 아닌지 보다 숙고할 필요가 있습니다.

---

65   위의 책, 30쪽.
66   위의 책, 30쪽.

이를 위해 양도의 세 번째 차원이 도입됩니다. 자기 자신을 공동체 전체에게 양도한 행위는 다른 누구에게가 아니라, 다시 자기 자신으로 되돌아와야 합니다. 그것은 준 것을 도로 가져오는 것, 즉 양도한 것의 회수가 아니라(이것은 계약의 파기입니다) '전체'로 되돌아오는 것입니다.

> 개인으로부터 공동체로의 양도에 있어서 특이한 점은, 공동체가 개인으로부터 재산을 양도받는 것은 공동체가 개인의 재산을 탈취하는 것이 아니라, 도리어 개인의 재산 소유권을 합법적인 것으로 만들어 주고 점유를 진정한 권리로, 그리고 향유를 소유권으로 만들어준다는 점이다. […] 이 양도에 따라 재산의 점유자들은 말하자면, 그들이 양도했던 모든 것을 되찾게 되는 셈이다.[67]

양도한 것이 제자리로 돌아오는 것이 아니라, 전체의 자유와 권리가 재구성됩니다. 다시 말해 자연적 자유는 사회적인 자유로, 자연적 평등 대신에 도덕적이고 법률적인 평등으로 되돌아옵니다.

---

67   위의 책, 38쪽.

4. 루소는 왜 이토록 근본적이고
완전한 양도를 생각했을까

1) 자연상태 : 불평등의 기원을 찾으려는 루소적 상상

이제 전면적 양도를 통해 형성된 일반의지에 관해 살펴볼 차례입니다. 일반의지야말로 루소 사회계약 이론의 가장 독창적인 개념입니다. 루소가 사회계약을 통해 해결하고자 했던 불평등한 사회란 빈부 격차에 따른 계급갈등이며, 이는 신분상의 위계가 정치적인 문제일 뿐만 아니라 경제적인 문제임을 의미합니다. 그리고 이를 해결하기 위해 일반의지라는 개념을 도입했으며, 동시에 봉합하려 했다는 점 또한 앞서 말해둘 필요가 있습니다.

『사회계약론』에서 설명하지 않은 개념이지만 『인간 불평등 기원론』에서 제시한 자연상태가 무엇을 의미하는지 살펴보겠습니다.

루소는 자연상태를 새로운 사회 설립의 기초를 발견하기 위한 일종의 먼지 털기 과정으로 비유합니다. 만약 사회 발생의 근본적 원인을 제대로 파악하지 않는다면 그것은 '신의 의지'가 사회를 만들어냈다는 식의 신화적 기원으로 회귀할 것이기 때문입니다. 그래서 인간들의 사회적 제도라는 먼지를 걷어내야만 비로소 사회의 진정한 기초를 파악할 수 있다고 했습니다.

인간이 만든 제도라는 건물을 세밀히 검토하고 건물을 싸고 있는 먼지와 모래를 제거해야만 비로소 건물을 받치고 있는 흔들리지 않는 토대를 보게되고, 그 토대를 존중하는 법을 배우게 된다.[68]

그 때문에 자연상태에 부적절하게 도달한 다른 철학자들을 비판하는 것은 단순한 개념상의 논박이 아니라 사회 구성의 원리를 밝히려는 것이며, 실천적으로는 불평등의 기원을 찾고자 하는 시도입니다. 이런 의미에서 루소는 홉스의 충실한 독자이자 홉스를 넘어선 철학자라고 할 수 있습니다. 루소가 보기에 홉스는 자연법에 대한 근대적 시도들의 한계를 아주 정확히 파악하고 있었습니다. 1장에서 이야기했듯이 홉스는 선과 악의 개념은 자연상태에서 존재하지 않으며, 정의와 불의는 법이 창설되고 나서 발생하는 인위적인 개념이라고 주장합니다. 그런데도 루소가 보기에 홉스는 일종의 먼지털기가 불충분했는데, 홉스가 자연상태의 인간이 가진 자기 보존의 노력 속에 '사회의 산물'인 수많은 정념을 포함해 버렸다는 이유입니다.[69] 홉스는 부지불식간에 전쟁상태를 이야기하면서 만인에 대해 만인은 악한 존재가 되며, 인간이 이기심이라는 사회적 정념 때문에 영속적이고 비참한 전쟁상태

---

68 위의 책, 40쪽.
69 위의 책, 79쪽.

에 놓인다고 자연상태를 설명합니다. 하지만 루소는 자연상태의 인간은 선과 악의 도덕적 구별에 무지하므로 선하지도 악하지도 않다고 말합니다. 비참함이야말로 사회 속에서 개인이 겪는 감정이며 이기심 또한 그렇습니다. 홉스의 전쟁상태는 이미 특정한 사회성을 띠는 것이 됩니다.

이와는 달리 루소의 자연상태는 어떠한 사회적 관계도, 사회적 정념도, 자연법도 존재하지 않는 인간의 상태를 가정합니다. 즉 사회가 아닌 자연상태란 사회적 관계를 맺은 '인간들'이 아니라 개별이며, '분산'을 특징으로 합니다.

이러한 분산이 가능한 조건은 '엄청난 숲'[70]입니다. 이 숲은 인간을 보호하고 영양분을 제공하는 충만한 숲입니다.

> 그는 떡갈나무 아래에서 배불리 먹고 시냇물을 찾아 목을 축이며, 자기에게 먹을거리를 제공해준 바로 그 나무 발치에서 잠자리를 발견한다. 이렇게 함으로써 그의 욕구는 충족될 수 있었다.[71]

숲에 사는 인간은 인간들과 함께 살지 않고 동물들 사이에 흩어져 삽니다. 자식을 낳기는 하지만 어미는 자식조차 기억할 수 없습니다. 루소는 자연상태를 관계가 형성될 만한

---

70 위의 책, 51쪽.
71 위의 책, 51쪽.

장소가 아닌 숲 그리고 기억, 즉 과거가 없는 지금-지금-지금의 시간만이 흐르는 시공간으로 상상합니다. '숲'에서 인간은 마치 씨앗처럼 능력을 품고 있지만 발아할 환경이 마련되지 않은 것처럼 능력은 그저 잠재되어 있고 발전하지 않습니다.

> 원시의 인간은 일도 언어도 거처도 없고, 싸움도 교제도 없으며, 타인을 해칠 욕구가 없듯이 타인을 필요로 하지도 않고, 어쩌면 동류의 인간을 개인적으로 단 한 번도 만난 적 없이 그저 숲속을 떠돌아다녔을 것이다.[72]

루소가 공^空에 가까운 자연상태 묘사로 말하려 한 것은 무엇이었을까요? 사회상태는 인간 본성의 어떤 특징이 자연스럽게 발전한 결과가 아니라는 점을 가장 극단의 상상, 일종의 사고실험을 통해 주장하고 있는 겁니다. 최소한의 감정과 가장 최소한의 인간관계마저 먼지 털기를 한 뒤에 남는 통찰은 무엇일까요? 바로 인간의 마주침(관계)은 그 자체가 이미 인위적인 것으로서의 우발적 마주침이라는 것입니다. 자연상태에선 어떠한 마주침도 없습니다. 루소의 자연상태는 모든 사회에 대한 진보적 상상을 금지하며 자연상태에서 사회상태로 이행할 실마리를 차단하기 위해 설정됩니다. 오히려 자연상태

---

72 위의 책, 89쪽.

라는 기원은 어떠한 가능성도, 역량도 없는 무無입니다. 따라서 '기원의 역량 없음'[73]으로의 자연상태는 자유와 평등의 기원이 아닐뿐더러, 불평등의 기원 또한 아닙니다. 그저 분화되지 않은 상태, 무지한 상태로 개별적 인간이 띄엄띄엄 분산되어 있을 뿐입니다.

> 내가 이처럼 원시적인 자연상태를 가정하고 이렇게 길게 언급하는 것은, 해묵은 오류와 뿌리깊은 편견을 타파하기 위해 근원까지 파고 들어가서, 불평등이 설사 자연적인 것은 아니라 하더라도 우리의 저술가들이 주장하는 바가 얼마나 비현실적이며 설득력이 없는지를 참된 자연상태의 화면 속에서 보여주어야 한다고 생각했기 때문이다.[74]

이 때문에 자연상태와 사회상태 사이의 차이보다 사회상태 안에서 인간과 인간의 차이가 더 크고 중요해집니다. 문제는 자연상태가 모순 없는 충만한 자기만족의 상태라는 점입니다. 그렇다면 이러한 단순반복의 끊임없는 원환인 자연상태에서 어떻게 벗어나게 될까요? 이것은 인간의 자유의지나 자연발생적인 진보를 통해서가 아니라 우연한 외부적 사건의 돌발에 의해 가능합니다. 우연적인 자연재해 즉 대홍수, 해

---

73 루이 알튀세르, 『마키아벨리의 고독』, 김민석 옮김, 중원문화, 2012, 56쪽.
74 장 자크 루소, 『사회계약론』, 이태일 옮김, 범우사, 2003, 89쪽.

일, 화산 분출, 대지진 같은 자연 재난이거나 "신의 손가락이 지구의 축을 건드려" 지구의 기후와 지표면이 변화하면서부터 발생합니다.[75]

2) 전쟁상태: 계급 적대의 전면화

이제 아주 우연적인 변화로 인해 인간의 다양한 정념과 능력이 발현되고 사회상태가 시작됩니다. 그런데 이는 자연상태의 충만함에서 벗어나 본격적으로 인간의 비참함에 이르는 길이기도 합니다. 루소는 사회상태가 진전할수록 심각해지는 불평등의 경로를 추적합니다.

> 이러한 모든 변천 가운데서 불평등의 진행을 따라가보면, 법과 소유권의 설정이 제1단계이고, 행정권력의 제도화가 제2단계이며, 합법적인 권력에서 독단적인 권력으로 변화하는 것이 제3단계임을 알 수 있다. 따라서 부자와 빈자의 상태는 첫 번째 시대에 의해, 강자와 약자의 상태는 두 번째 시대에 의해, 주인과 노예의 상태는 세 번째 시대에 의해 성립되었다.[76]

인간은 분산과 고립의 상태에서 자연의 우연적 변화에 의

75   장 자크 루소, 『언어 기원에 관한 시론』, 주경복·고봉만 옮김, 책세상, 2002, 76~77쪽.
76   장 자크 루소, 『사회계약론』, 이태일 옮김, 범우사, 2003, 132쪽.

해 타인과 관계를 형성합니다. 관계를 맺는다는 것은 곧 타인과 의존적인 관계에 놓인다는 의미입니다. 이때부터 평등 대신 배타적 소유가 도입되며, 나의 의지가 아니라 타인의 강제에 의한 노동이 시작됩니다. 이에 따라 광대한 숲은 인간의 땀으로 적셔야 할 들판으로 변했으며, 그 들판은 풍요의 상징이 아니라 예속적 관계의 터전으로 변모합니다.[77] 소유권에 대한 루소의 정의는 인상적입니다. 노동이 토지의 생산물에 대한 권리, 토지의 점유 권리를 반복하게 하고, 이 반복이 곧 소유로 전환되는데, 루소는 이러한 소유가 "자연법에서 생겨난 권리와는 다른 권리"라고 정의합니다. 존 로크가 소유권을 자연적인 권리로 간주한 것과 대비됩니다.

경작에 대한 자연적인 권리가 점유가 되고, 점유가 반복되면 소유로 진화하더라도 점유와 소유는 전혀 다른 권리라고 루소는 주장합니다. 점유는 토지의 사용권이므로 소유와는 질적으로 다른 권리라는 것입니다. 즉 소유권은 인간 본성에 반하는 권리인 셈이죠.

사회상태의 개시로 인간의 모든 능력이 발전하고, 이기심은 이해관계에 눈을 뜨며, 이성 능력은 활발해졌습니다. 반면에 무수한 욕망의 탄생과 남보다 우위에 서려는 열망은 사람들 사이의 평등을 파괴하고 사회를 전쟁상태로 몰아넣게 됩

---

77   위의 책, 106쪽.

니다.

홉스의 전쟁상태는 만인이 만인에 대해 서로 평등한 힘의 관계로서 마주하기 때문에 일어납니다. 즉 이는 힘의 균형이 아니라, 서로 대등한 관계이기 때문에 지배하거나 종속되지 않는 상태에서의 항구적인 전쟁입니다. 하지만 루소에게 만인이 만인에 대해 늑대로서 대면하는 전쟁상태는 사회상태의 개시 이후 불평등이 심화되고 타인에 대한 지배욕이 커지는 때입니다. "부유한 자들은 남을 지배하는 즐거움을 알게 되자 다른 모든 쾌락을 무시하게 되었다. 그리하여 부자들은 새로운 노예를 얻기 위해 기존의 노예를 부려 이웃 사람들을 정복하고 예속시키려는 생각밖에 하지 않았다. 그것은 마치 사람의 고기 맛을 한번 알게 된 굶주린 늑대가 다른 먹이는 거들떠보지도 않고 오로지 사람만 잡아먹으려 하는 것과 같았다"[78]라는 말처럼 평등해서가 아니라 평등의 파괴가 전쟁상태에 돌입하게 되는 원인이 됩니다. 따라서 루소가 말하는 전쟁상태는 부자와 가난한 자의 갈등, 즉 계급 갈등을 의미합니다. 이것은 모든 사회의 불평등과 지배와 예속 관계의 근본 원인입니다. 이제 욕망이 만든 파국에 대한 루소 식의 새로운 치료책이 필요합니다.

루소는 홉스의 전쟁상태를 비난하듯이 전쟁상태를 지배하

---

[78] 장 자크 루소, 『인간 불평등 기원론』, 주경복·고봉만 옮김, 책세상, 2018, 123~124쪽.

는 것은 생명의 위험이라는 공통의 위험이 아니라 재산의 위험이라는 부유한 개인이 처한 위험이라고 재차 말합니다. 더불어 부자들의 '횡령'은 오직 힘으로 이루어진 것이므로 힘으로 그것을 다시 빼앗겨도 속수무책이라는 점을 그들이 잘 안다면서 부의 기원은 강탈(횡령)이라고 주장합니다. 이제 홉스의 만인에 대한 만인의 전쟁은 패러디됩니다. 부자들은 만인, 즉 절대다수의 빈자의 공격에 홀로 맞서게 되는 것입니다. 이것이 루소의 전쟁상태입니다.

> 부자는 자신의 입장을 정당화할 유효한 이유나 자신을 방어할 충분한 힘도 없고, 한 사람 정도는 쉽게 짓누른다 해도 강도떼에게는 오히려 짓밟힐 수밖에 없고, 상호간의 질투심 때문에 약탈의 공통된 희망으로 결집된 적들에 대항하여 자기의 동료들과 결합할 수도 없어서 만인에서 홀로 맞서게 되었다.[79]

이로부터 부자는 "인간의 정신 속에 일찍이 스며든 적이 없는 가장 교묘한 계획"을 고안합니다. 그것은 자신을 공격하는 대중의 힘을 자신에게 유리하게 사용하고, 자신의 적대자들을 자신의 방어자들로 만들고, 그 적대자들에게 다른

---

[79] 위의 책, 126쪽.

규칙을 불어넣어 자신에게 유리한 제도를 대중에게 부여하는 것입니다. 즉 탈취의 불평등을 평등한 상태로 재구성하려는 '일반적인 협약convention'이라는 수법입니다.

"약자를 억압에서 보호하고 야심가를 제지하며 각자에게 소유를 보장해주기 위해 단결합시다. 정의와 평화를 가져다주는 규칙을 정합시다. 그것은 모든 사람들이 지켜야 하며, 어느 쪽도 차별하지 않고 강자와 약자를 평등하게 서로의 의무에 따르게 하는, 말하자면 운명의 변덕을 보상하려는 규칙입니다. 요컨대 우리의 힘을 우리에게 불리한 방향으로 돌리지 말고 하나의 최고 권력에 집중시킵시다. 현명한 법률에 따라 우리를 다스리고, 사회의 모든 성원을 보호하고 방위하며, 공동의 적을 물리치고, 영원히 우리를 단합시키는 권력에 집중시킵시다!"[80]

루소는 부자들이 가난한 대중에게 제안하는 협약의 언어들을 직접 보여줌으로써 협약의 기만성을 극적인 방법으로 폭로합니다. 이것은 상상의 언어, 허구적 언어가 아니라 현실에서 인민이 지배자들과 귀족들에게서 들어왔던 언어이기도 합니다. '우리의 힘'과 '공동의 적'을 가르는 협약의 언어는 내

---

80 위의 책, 126~127쪽.

부의 불평등이라는 잠정적인 전쟁상태를 덮은 채 모든 의지를 단 하나로 결집하자고, 곧 최고 권력 아래 집중하자고 선동합니다. 이렇듯 사회의 모든 성원을 안전하게 보호해주겠다는 협약은 부자와 빈자 사이의 적대를 공동의 적이라는 허구적 대상에 대한 적대(혹은 공포!)로 전환하며 새로운 지배이데올로기로 등장합니다. 루소는 홉스를 겨냥했을 수도 현실 지배자들을 겨냥했을 수도 있습니다. 하지만 분명한 것은 루소가 자연상태를 마치 상상 속 소설처럼 묘사하다가 사회상태로 넘어오자마자 현실을 상기시키는 듯 매우 섬뜩하게 서술한다는 점입니다. 그런 점에서 『인간 불평등 기원론』은 마치 한편의 정치 우화로 볼 수 있습니다. 그러므로 루소가 서술한 불평등한 사회의 묘사는 루소의 시대에서나 오늘날에서나 현실보다 더 현실적인 감각을 불러일으킵니다.

완전히 발전한 전쟁상태는 적대의 출현입니다! 기만이 포함된 협약 때문에 부자와 빈자의 관계는 강자와 약자의 관계로, 그리고 지배와 예속의 관계로 발전하면서 동시에 악화됩니다. 협약으로 개시된 사회와 법률은 자연상태에서의 자유를 영원히 파괴하고 소유와 불평등의 법률을 고정해 지배-예속 관계를 공고히 합니다. 하지만 이것은 일방적으로, 외적으로 강제된 것이 아닙니다. 무엇보다 인간 자신들 행위의 산물이라는 점에서 내적입니다. 물론 가난한 자들은 협약에 포함된 기만을 알아차리지 못했습니다. 안전을 보장하고 자유를 확보한다는 '상상'으로 협약을 체결했기 때문입니다. "누구나 자신의 자유를 확보할 심산으로 자신의 쇠사슬을 향해 달려갔다."[81] 하지만 이러한 상상이야말로 계약의 진짜 목적이자 결과입니다. 이러한 착오는 대중이 무지해서가 아닙니다. 현명한 사람들조차 "마치 부상자가 신체의 나머지 부분을 구하기 위해 팔을 잘라내게 하듯이 자기들이 갖고 있는 자유의 일부를 다른 부분을 보존하기 위해"[82] 협약에 뛰어들기 때문입니다.

3) 대중의 공포, 대중의 혐오

『사회계약론』에 등장하는 사적인 '이해관계'[83]의 대립이 사회의 출현에 필요하다고 했을 때, 이해관계는 단순한 이기심이 아닌 적대 관계의 느슨한 표현입니다. 그런데 루소는 적대라는 갈등이 극단으로 치닫지만 않는다면 새로운 욕망을 생산해내는, 사회 발생의 중요한 동기가 될 수 있다는 점에 주목했습니다.

앞서 사회 최초의 협약이 '기만'이라는 것은 거꾸로 말해 부자와 빈자의 불평등이 양자의 합의를 통해 해결될 수 없음

---

81   위의 책, 127쪽.

82   위의 책, 127쪽.

83   장 자크 루소, 『사회계약론』, 이태일 옮김, 범우사, 2003, 40쪽.

을 의미합니다.[84] 가난한 자가 교환으로 얻을 것이 전혀 없는 데도 자신에게 남아있는 유일한 재산인 자유를 포기하는 행위는 폭력에 의해서거나 아니면 부자들의 기만에 속아서일 수밖에 없기 때문입니다.

기만이더라도 협약이 체결된다면 문제가 해결될까요? 루소는 문제가 해결되지 않은 채 더 복잡한 차원으로 문제가 이전된다고 말하는 것 같습니다.

인민의 다수인 가난한 자들의 적대가 대상을 잃어버려서, 즉 "우리의 힘을 우리에게 불리한 방향으로 돌리지 말고 하나의 최고 권력에 집중시킵시다"라는 협약을 체결했기 때문에, 한편으로 적대는 최고 권력자인 지배자를 향하거나 동시에 인민 상호 간에 무차별적으로 적용될 수 있습니다.

> 정치상의 차별은 필연적으로 시민들 간의 차별을 가져온다. 인민과 통치자들 사이에 증가되어가는 불평등은 이윽고 개인들 사이에서도 느껴지게 되며, 정념이나 재능에 따라, 그리고 그때그때 상황에 따라 바뀐다.[85]

루소에게 인간의 예속 성향이라는 것은 존재하지 않습니다. 예속은 인간의 본성에서 나온 것이 아니기 때문입니다.

---

84 질 들뢰즈, 「들뢰즈의 루소 강의」, 황재민 옮김, 웹진 수유너머(http://nomadist.tistory.com/).
85 장 자크 루소, 『인간 불평등 기원론』, 주경복·고봉만 옮김, 책세상, 2018, 144~145쪽.

또한 자연상태의 인간은 문명인이 선택한 '평온한 굴종'보다는 '파란만장한 자유'를 택할 것이기 때문입니다. 하지만 『인간 불평등 기원론』에서 예속은 무능력의 상태는 아닐뿐더러 수동화의 상태만도 아닙니다. 그것은 통치자에 대한 저항이나 인민 상호 간의 차별과 적대라는 두 가지 방향으로 나아갈 수 있습니다. 이것은 예속상태를 불평등의 기원에서 발생하는 (기만적인) 사회상태로 파악했기 때문에 가능한 전개입니다. 즉 전쟁상태는 제거되지 않습니다. 사회상태가 발생하는 과정 안에 이미 전쟁상태가 개시되며, 전쟁상태는 첫 번째 협약을 가능하게 하는 조건이자 그것의 기만성을 폭로하는 과정을 관통합니다.

하지만 전쟁상태가 사회상태의 비극적 종결은 아닙니다. 루소는 이러한 조건에서 기만 없는 계약은 어떻게 가능한가를 탐색합니다. 루소는 『인간 불평등 기원론』을 집필하고 나서 6년 만에 『사회계약론』을 내놓았는데, 이는 계약의 또 다른 형태에 대한 철학적 답변이라고 할 수 있습니다. 즉 『사회계약론』에서는 『인간 불평등 기원론』에서와 달리 '기만 없는 계약'의 가능성을 추구합니다.[86]

물론 두 저작 사이의 불일치나 모순이 없는 것은 아닙니다. 그러나 이를 연속 선상에서 파악하는 것 또한 불가능한 것은

---

86 질 들뢰즈, 「들뢰즈의 루소 강의」, 황재민 옮김, 웹진 수유너머(http://nomadist.tistory.com/).

아닙니다. 『인간 불평등 기원론』은 사회의 기원에 불평등의 문제를 사유하는 것이었다면 『사회계약론』은 인간을 시민으로 만드는 조건에 전략을 제시합니다. 그 전략의 핵심은 우리 자신의 생존 양식을 변경하는 것입니다. 우리가 잘못된 이익에 의해 이용당하지 않으려면 우리 자신의 '생존 양식'을 바꿔야 합니다.

> 인류는 생존 양식을 바꾸지 않으면 멸망해 버릴 수밖에 없는 위치에 도달하였다. 그러나 인간은 새로운 힘을 더 만들어 낼 수는 없고 다만 이미 있는 힘을 결합하여 방향을 새로 정할 수밖에 없으므로[…]87

새로운 생존 양식을 발명하기 위해 인간이 할 수 있는 방법은 "이미 있는 힘"을 새로운 방식으로 결합하는 것밖에 남아 있지 않습니다. 전쟁상태를 지속시키는 힘의 방향을 틀어 결합의 방식을 창안하는 겁니다. 다만 부자들이 가난한 자들에게 제안한 불평등한 계약 방식은 이미 실패했다는 점을 기억할 필요가 있습니다. 그래서 전면적 양도를 통한 '연합'을 제안합니다. 루소는 적대와 갈등이 극대화하는 현실을 해결할 방법은 부분적 개선만으로는 불가능하다고 판단한 듯합

---

87   장 자크 루소, 『사회계약론』, 이태일 옮김, 범우사, 2003, 28쪽.

니다. 이런 의미에서 『사회계약론』의 1권 6장 '사회계약에 대해' 바로 앞의 장(5장)의 제목은 의미심장합니다. "언제나 첫 번째 합의로 거슬러 올라가야 한다."

5. 일반의지가 발견한 것, 일반의지가 은폐한 것

완전하고 즉각적인 양도는 무엇보다 자발적이고 의식적이어야 합니다. 이로부터 도덕적 법률적 평등과 자유의 조건 속에서 '일반의지'를 형성합니다. 일반의지는 앞서 사회계약론에서 정초하려 했던 기만적이지 않은 계약의 추상적 결과입니다. 일반의지가 지휘하는 권력이 곧 주권입니다. 앞서 말했지만, 국가와 주권에 대한 추상적이고 독립적인 사유가 근대 정치사상의 특징이라는 것을 떠올리면 좋습니다. 중요한 것은 일반의지는 개인의 의지 혹은 개인 간의 이익인 개별의지/개별이해와 대립한다는 점입니다. 개별의지는 부자와 빈자 사이의 계급 적대뿐만 아니라 개별적이고 편파적인 이해로부터 나온 모든 의식과 행위를 포함합니다. 루소는 "개별이익들의 대립이 사회의 설립을 필요하게 했다면, 그것을 가능하게 한 것은 개별 이익들의 일치다"[88]라고 말합니다.

---

88   장 자크 루소, 『사회계약론』, 김영욱 옮김, 후마니타스, 2018, 35쪽.

눈치채셨겠지만 개별의지/개별이해는 사회계약의 조건인 인간 본성의 표현이며, 전쟁상태의 본질과 관련 있습니다. 루소의 의도와는 달리 여기서 알 수 있는 것은 개별의지의 보편성입니다. 개별의지는 일반의지에 반하거나 그것의 외부에 있는 일탈적인 것이 아닙니다. 개별의지는 다른 개별의지와 대립하고 갈등하기 때문에 개별의지입니다. 마치 처음부터 자신의 개별의지를 가진 개인들이 존재하다가 우연히 마주쳐 대립하게 된 것이 아닙니다. 루소의 최초의 자연상태, 풍요로운 숲에서는 개별의지가 없습니다. 대립과 갈등이 있다는 것, 이것은 개별의지의 사회성을 표현합니다. 따라서 '발생 중인 사회'란 개별의지 간의 갈등과 대립을 통해 사회가, 공동체가 확립되는 과정이라고 이야기할 수 있습니다.

일반의지는 개별의지들로 나눌 수 없습니다. 이는 일반의지가 설립하는 법이 개인이나 한 집단의 개별 이익을 표현하지 않기 위한 핵심 조건입니다. 일반의지는 모두에게 적용되기 위해 모두로부터 와야 합니다. 그러나 현실적으로 이것은 무엇일까요? 루소는 이상적 인민과 현실적 인민 사이의 상당한 균열과 그 위험[89]을 간파하고 있습니다. 현실적 인민은 사적인 개인들이며, 무엇보다 그들의 개별적 이해를 일반의지에 앞세우지 않으리라는 보장이 없습니다. 따라서 일반의지는

---

89 에티엔 발리바르, 『대중들의 공포』, 서관모·최원 옮김, 도서출판b, 2007, 130쪽.

개별의지보다 우월하고 절대적이어야 합니다. 이를 위해 루소는 일반의지를 현실 정치에서 구현할 법과 정부의 권한을 부여하고 정당화합니다.

하지만 루소가 발견하지 못한 것, 혹은 발견했으나 덮어버린 것이 있습니다. 루소적 정치가 성공하기 위해서는 개별의지들이 일반의지와, 개별이익들이 일반이해와 양립할 수 있어야 합니다.[90] 그러나 루소는 이러한 개별이해의 긍정적이고 생산적인 힘을, 그리고 그 위험과 공포를 발견했으나, 곧 은폐해버렸습니다. 일반의지가 가장 혁명적인 개념이자 전체주의를 여는 표현 사이에 동요하는 이유이기도 합니다.

독일의 헌법학자이자 나치당의 당원이며 히틀러의 독재 체제에 이론적 토대를 마련한 카를 슈미트는 루소의 사상에 내재한 전체주의적 성격을 간파합니다. 그는 『독재론』에서 루소의 『사회계약론』이 새로운 독재개념을 암시하고 있다고 말하며, 그중 제1권 1장(우리가 앞서서 가장 집중적으로 다룬 장) 전부가 독재를 다루고 있다고까지 말합니다. "루소의 출발점이 얼마나 개인주의적일지라도, 문제는 결국 개인으로부터 형성되는 전체가 어떠한 것이 되는가, 즉 전체가 모든 사회적 내용을 흡수하고 원리적으로 무한정한 것이 되는가"[91]를 따져봐야 한다는 것입니다. 그는 '일반의지'가 절대적이고 완전한

---

90 위의 책, 131쪽.

91 카를 슈미트, 『독재론』, 김효전 옮김, 법원사, 1996, 152쪽.

신의 대체물이라고 지적합니다.

> 일반의지는 … 마치 신이 힘과 정당함을 아울러 가지며, 개
> 념상으로도 신이 의욕하는 것은 항상 선이며, 선은 항상 신
> 의 현실의 의지와 같이, 루소에 있어서 주권자, 즉 '일반의
> 지'는 … 이미 존재하는 것으로 나타난다. '일반의지'는 항상
> '정당하며', '잘못은 있을 수 없다.' … 이에 대해서 '개별의지'
> 는 그 자체로 무이며 무가치하다.92

여기에 덧붙여 슈미트는 '일반의지'에 대한 결정적인 평가
를 남깁니다. "일반의지는 통치 형태와 무관하다는데 주의하
지 않으면 안 된다."93 일반의지는 전체의 의지일 뿐 이것이
민주주의를 정초하는 원리라는 보증이 없다는 겁니다. 이렇
게 슈미트는 루소가 일반의지를 통해 은폐하고자 한 지점을
붙잡고 민주주의의 원리로서 새로운 사회의 토대를 구축하려
는 루소의 이론을 전체주의의 이론으로 규정해버립니다.

루소는 자신의 사상 안에 있는 모순을 해결하는 데 실패
했습니다. 그 때문에 프랑스 혁명의 이론적 표현물이자 전체
주의의 또 다른 자원이 된 일반의지라는 루소적 이념은 국
가를 구성하거나(그리하여 영속적 계급투쟁의 문제를 봉합하거나)

---

92 위의 책, 152~153쪽.
93 위의 책, 155쪽.

국가를 파괴하고 재구성하려는 봉기의 두 극 사이에서 진동하게 됩니다. 그러나 이것이 루소의 사상을 폐기해야 할 이유는 되지 않습니다. 오히려 이러한 모순이 그대로 표현되는 텍스트이기 때문에 루소의 사유는 오늘날까지 다시 읽힙니다. 국가의 구성과 혁명 사이, 이 복잡하고 역설적인 사유를 놓지 않는 한에서 오늘날 우리는 정치를 보다 복잡하게 사유하고 실천할 수 있을 것입니다.

4장

지배 엘리트와 대중 사이, 민주주의의 동요

존 스튜어트 밀, 『대의정부론』

문화

1. 밀과 그의 시대: 자유의 여명기

존 스튜어트 밀(1806~1873)이 살았던 19세기는 국가의 권력과 자유를 둘러싸고 새로운 논의가 시작된 때입니다. 밀의 시대 이전까지만 해도 지배하는 권력과 지배받는 권력은 비교적 선명하게 나뉘어 있었습니다. 홉스의 국가에서 대중은 한 사람의 지배자에게 권력을 위임하고 그 권력의 테두리 안에서만 자유로울 수 있었습니다. 오랜 시간 나라를 다스리는 권력은 한 사람의 지도자나 특정 계급이 장악했습니다. 반면, 피지배자는 권력을 행사하거나 그 권력에 도전하는 것이 허락되지 않았죠. 다만 피지배자인 다수는 지배자의 권력 아래 복종하는 형태로만 자유를 누릴 수 있었습니다.

하지만 유럽 시민혁명은 권력과 자유의 관계에 많은 변화를 가져왔습니다. 1848년 프랑스 파리에서 일어난 2월 혁명으로 왕 중심의 봉건적 체제가 붕괴했고 새로운 공화정이 수립되었습니다. 혁명의 여파는 프랑스뿐만 아니라 유럽 전역에 영향을 미쳐 곳곳에서 자유주의와 민주주의를 확립하기 위한 저항이 거세게 일어났죠.

밀이 살았던 19세기 영국의 경우 여전히 왕에게 정치적 권한이 있었으나 의회가 이를 견제했습니다. 또한, 몇 번의 거듭된 요구로 부분적으로나마 보통 시민에게도 선거권이 인정되기 시작했습니다. 물론 현재의 관점에서 당시 시민의 정치 참여 수준은 매우 제한적이었습니다. 여성은 아예 배제되었으며 남성도 일정 금액 이상의 세금을 낸 성인 남성만이 선거권을 얻을 수 있었습니다. 하지만 선거권의 획득은 국가를 다스리는 최고 권력에 다수의 시민이 제한을 가할 수 있는 절차의 시작이라는 점에서 중요한 한 걸음이라 할 수 있습니다.

근대 시민혁명과 함께 민주주의를 향한 열망이 뜨거웠던 19세기 영국에서 개인은 절대적 지배자의 압제에서 벗어나 자유를 누릴 수 있었을까요? 밀이 보기에 인간이 권력의 쇠사슬로부터 자유를 얻었다고 말하기에는 여전히 불충분했습니다. 물론 이 시대에 개인을 억압하는 방식은 앞선 시대와는 차이가 있었지요. 과거처럼 절대적 권력이 일방적으로 개인에게 복종을 요구하는 방식은 아니었습니다. 하지만, 전통이나 상식이라는 이름으로 혹은 다수의 의견이라는 이유로 소수자의 의견을 배제하고 개인의 자유를 구속했다고 할 수 있습니다.

그렇다면 다시 시간을 거슬러 홉스의 주장대로 개인의 권력을 절대적 권력에 위임해 혼란을 통제해야 할까요? 다시 말해 개인의 '자유'를 빼앗아야 하는 걸까요? 분명한 것은 밀이 시민혁명의 흐름을 부정하거나 되돌리려고 한 것은 아니라는 점입니다. 다만 그는 특정 개인이나 신분으로부터 권력을 빼앗는 것만으로 인간이 해방되었다고 생각하는 태도에 대해 거리를 두었습니다.

이런 의문을 가진 것은 밀만이 아니었습니다. 동시대의 프랑스 정치철학자 토크빌 역시 밀과 비슷한 문제의식을 가졌지요. 프랑스 사법부의 관료였던 토크빌은 형행제도 시찰 목적으로 미국 여행길에 오릅니다. 이후 그는 밀도 크게 공감한 『미국의 민주주의』라는 책을 씁니다. 토크빌의 서술에서 흥미로운 것은 그가 당대 유럽과 달리 출신성분이나 신분의 구속 없이 자유롭게 사업을 하고 성공을 추구하는 미국 시민을 인상적으로 서술하면서도 새롭게 출현한 대중 집단이 힘을 행사하는 것에 대해서는 다소 거리를 두고 바라봤다는 점입니다. 그는 미국의 '민주제도의 주요한 폐단'은 '제도의 취약성'이 아니라 '막강한 세력'에서 온 것이라 주장합니다.[94] 또 다수 대중의 여론이 입법, 행정, 사법의 전 영역을 장악하고

---

94   토크빌은 『미국의 민주주의』 15장과 16장에서 미국에서 나타나는 '다수의 폭정'에 관해 자세히 서술하고 있다. 알렉시스 드 토크빌, 『미국의 민주주의 Ⅰ』, 임효선·박지동 옮김, 한길사, 1997.

있다면서 '다수의 폭정'이 가져올 위험을 경계합니다. 결국, 다수의 폭정을 막는 어떤 제도적 장치가 없는 자리에는 대중의 인기에 영합하는 정치가만 살아남게 되고 이것은 다시 대중을 노예로 만들 수 있다는 것이 토크빌의 진단입니다.

밀이나 토크빌이 목격한 것처럼 시민혁명과 함께 시작된 민주주의에 대한 열망이 모든 사람을 자유롭게 했다고 하기는 어려웠습니다. 그 때문에 근대 시민혁명에 부정적인 일부 권력자나 지식인이 이러한 부작용을 근거로 내세우며 민주주의 흐름 자체를 부정하는 주장을 하기도 했습니다. 물론 밀은 당대 민주주의의 부작용에 대해 비판적이기는 했으나 그렇다고 민주주의라는 흐름을 완전히 포기해야 한다고 생각하지는 않았습니다. 대신 그는 시민혁명과 함께 시작된 민주주의에 대한 열망을 시대적 흐름이라고 해서 무조건 받아들일 것이 아니라 민주주의가 한 사회에서 잘 뿌리내리기 위해 구체적인 방법을 고민해야 한다고 주장합니다.

당대의 영국 정부는 자유나 민주주의의 이상이 전파된 사회 전반의 분위기를 따라가고 있다고 말하기 어려웠습니다. 그러니까 말로는 '민주주의가 좋다'고 외치지만, 여전히 정부에 봉건적 요소의 잔재가 있었으며 민주주의를 어떻게 실천하고 구현해야 할지 구체적인 방법은 모르는 상태였죠. 그러니까 당대에 다수의 횡포가 만연하고 여론 재판이 빈번한 것이 꼭 개인의 잘못만이라고 말하기도 어려웠던 겁니다.

국가와 개인의 경우를 놓고 생각해보면 국가가 개인에게 자유를 일방적으로 선포하는 것만으로 역할이 끝났다고 하기 어렵습니다. 그 자유가 한 사회 안에서 실질적으로 행사될 수 있도록 뒷받침이 필요한 거죠. 무제한의 자유는 그것을 행사하기 어려운 처지에 놓인 사람들에게 오히려 억압의 원인이 될 겁니다. 그렇게 되면 힘 있는 개인이나 다수가 자신의 자유를 근거로 타인의 자유를 침해할 테니까요. 전체 사회의 이익과 행복을 중요하게 여겼던 밀의 공리주의적 관점에 비춰 봐도 이러한 현상은 사회의 안녕을 위협하는 위험한 행동이었습니다.

밀은 민주주의에 대한 열망 뒤에서 나온 부작용을 해결하기 위해 '이상적인 정부' 형태를 구체적으로 세워보자고 제안합니다. 자유와 민주주의라는 변화한 시대적 이상에 맞게 정부 형태 역시 바뀔 필요가 있는 것이지요. 자유를 단순히 개인 의지 차원의 문제나 절대 권력으로부터의 해방 차원에서 접근하지 않았다는 점에서 밀의 지적은 매우 진일보한 것입니다. 여기서 밀의 문제의식이 '국가'라는 추상적 범위가 아니라 '정부'라는 좀 더 구체적인 제도에 있다는 데 주목할 필요가 있습니다. 밀의 『대의정부론』은 권력과 자유의 새로운 관계를 고민한 결과입니다.

2. '선한 독재자'보다 민주주의가 이상적인 이유

밀이 살았던 빅토리아 시대의 영국은 세계 최고로 부강한 나라였습니다. 하지만 번영의 이면에는 많은 사회적 문제가 가려져 있었습니다. 빅토리아 시대를 그린 소설이나 영화를 통해 우리는 당대 영국의 뒷모습을 짐작할 수 있습니다. 밀과 동시대를 살았던 소설가 찰스 디킨스의 소설 『올리버 트위스트』는 어떨까요. 이 소설은 고아 소년 올리버의 모험을 중심으로 도시 하층 계급의 삶을 보여줍니다. 아이들은 일찍부터 가난과 굶주림에 익숙하고 사회로부터 최소한의 보호도 받지 못하며 오히려 장사꾼들과 범죄 집단에 학대받고 모욕당하면서 이익을 위한 수단으로 이용됩니다. 빈민 구제 목적으로 만들어진 구빈원 역시 도움이 안 되기는 마찬가지로 오히려 더욱 빈민들의 삶을 구제 불가능한 것으로 만듭니다. 디킨스가 그려낸 런던의 뒷골목은 소설가가 만들어낸 과장된 현실일까요? 그렇지 않습니다. 실제로 이 시대의 도시 빈민층은 비참한 노동 현장에서 착취당했으며 특히 여성과 아동 노동 문제가 심각했습니다. 그뿐만 아니라 인구 밀집으로 주거 환경이 악화하면서 각종 질병과 전염병에 노출되어 있었죠.

근대적 자유와 번영을 자랑했다는 19세기 영국에서 왜 비참한 불행이 계속된 것일까요. 밀은 이러한 현실을 심각하게 받아들였습니다. 밀의 논리로 진단해보자면 당대 영국 사회는 시민의 자유가 사회 전체의 이익을 위해 사용되고 있지 않았습니다. 이것은 꼭 개인의 문제만은 아니었지요. 사회 전체가 좀 더 구체적으로는 정부가 시민이 자신의 자유를 잘 사용할 수 있게 제도적으로 보장하지 못하고 있다는 것입니다. 그러다 보니 시민들은 중세적 신분 질서의 속박에서 벗어나 자유롭게 자신의 이익을 추구할 줄은 알았으나 시야를 넓혀 사회 전체의 이익을 보지는 못했던 거죠. 그러니까 모처럼 얻은 자유를 사적인 이익을 추구하는 데만 썼지, 내 주변의 이웃과 내가 사는 공동체에 관심을 가지는 데에 쓰지는 못한 겁니다. 이웃은 없고 경쟁상대만 있는 사회가 됐다고나 할까요. 밀은 단기적인 이익에만 몰두하는 개인들이 있는 사회는 사회 전체의 행복을 간과한 결과 궁극적으로 개인은 물론 사회 전체도 불행해질 거라 예언합니다.

사실 이는 영국 사회만의 특수한 문제가 아니기도 합니다. 그 양상엔 차이가 있을지라도 밀의 시대로부터 백 년 이상 지난 현재에도 계속되는 문제라고 할 수 있죠. 그렇다면 이렇게 불평등한 인간관계는 어째서 지속되는 것이며, 이 부조리한 현실을 멈추기 위해서는 어떻게 해야 할까요. 이처럼 어려운 사회적 문제가 있을 때 어느 사회에서나 영웅적 지배자에 대한 향수가 생길 수 있습니다. 복잡한 상황을 알아서 척척 해결하는 지배자가 있으면 좋겠다고 상상할 수 있죠. 밀의 시대도 마찬가지였나 봅니다. 그는 먼저 이러한 열망이 왜 위험한지 설명합니다.

밀은 우선 지적으로도 훌륭하고 인성도 바른 '선한 지배자'를 가정해보자고 제안합니다. 사실 국가를 다스리는 일은 매우 복잡합니다. 만약 한 사람에게 모든 일을 맡긴다면 거의 전지전능에 가까운 능력이 필요할 겁니다. 온갖 사회문제에 적절한 해결책을 내놓아야 할 테고 적재적소에 인재를 뽑아야 할 것입니다. 이렇게 능력 있는 인물은 매우 드물겠지만 만에 하나 있다고 가정해 볼까요? 그 영웅적인 지배자가 선한 마음으로 나라를 잘 다스리면 어떨까요? 그러면 그 국가의 사람들은 행복하게 잘 살 거라고 말할 수 있을까요?

밀의 대답은 부정적입니다. 이 경우 한 명에게 국정 운영에 관한 권력이 집중됩니다. 그러면 국민 각자는 그저 한 사람의 '선한 지배자'가 하라는 대로 하거나, 그에게 모든 것을 위임할 것입니다. 누군가는 이렇게 한 명의 능력 있는 인물에게 복종하고 위임하는 것이 편리하다고 생각할지도 모릅니다. 하지만 이때의 국민 개개인은 스스로 생각하고 행동하지 않는 수동적인 상태에 익숙해집니다. 그러면 국민은 국가의 중요한 결정이나 사회문제 해결로부터 자연히 멀어지고 대신 사적인 이익에만 몰두하는 것이 당연해질 것입니다. 따라서 영웅적인 지배자가 이끄는 국가란 수동적인 국민을 양산하는 부정적인 모델이라 할 수 있지요. 그래서 밀은 이렇게 선한 지배자에게 모든 것을 위임하는 정부 형태를 두고 '선한 독재자의 '지배'를 받는 형태라는 표현까지 씁니다.

인간의 자유 능력을 무한히 신뢰했던 밀은 바로 이러한 사태를 큰 손실이라 보았습니다. 밀의 이상에 비추어볼 때 정부는 공적인 일에 참여할 기회를 누구에게나 제공해야 합니다. 인간은 공적인 일에 대한 몰두를 통해 사적인 것에 몰두했을 때와는 또 다른 능력을 증대시킬 수 있기 때문입니다. 특정 개인만이 공적인 일에 참여할 수 있는 능력을 지닌 것은 아닙니다. 누구나 공적인 일에 참여할 수 있다는 것이 밀의 주장이었죠. 물론 개인차는 존재할 수 있습니다. 어느 날 갑자기 공적인 일, 정치적인 일에 참여할 능력과 기술이 높아질 수는 없겠죠. 하지만 인간이 자신의 잠재적 능력을 갈고 닦는 것을 매우 강조했던 밀의 관점에선 공적인 일에 참여하는 경험이 능력의 성장을 가져올 것입니다. 반대로 참여할 기회가 없으면 그 능력이 후퇴하는 것 역시 당연합니다. 밀은 민주주의 제도가 인간 능력의 균형 있는 발전에 좋은 일이며 이것이 다시 사회 전체 행복의 증대로 돌아올 거로 생각했습니다.

가장 주목해야 할 점은 시민 개개인이 드물게라도 공공 기능에 참여하면 도덕적인 측면에서 긍정적인 변화가 생긴다는 사실이다. 사람들이 공공 영역에 참여하면 자기와 관련 없는 다른 이해관계에 대해 저울질하게 된다. 이익이 서로 충돌할 때는 자신의 사적인 입장이 아닌 다른 기준에 이끌리게 된다. 일이 있을 때마다 공공선을 제일 중요하게 내세우는 원리와 격률에 따라 행동하게 된다. 이렇게 살다 보면 사람들은 자기만의 생각보다는 이런 이상과 작동 원리에 더 익숙해지는 것을 알 수 있다. 그러한 방향으로 사고가 전환하게 되고, 일반 이익에 대해 관심을 가지면서 그것에 마음이 이끌리게 된다. 결국 자신이 사회의 한 구성원이라는 느낌을 가지게 되면서 사회 전체의 이익이 곧 자기 자신에게도 이익이 된다는 생각을 품는다.[95]

민주주의 정부에 대한 긍정은 밀의 인간에 대한 인식과 관련 있습니다. 밀은 『대의정부론』보다 앞서 쓴 책 『자유론』에서 인간의 자유를 강조한 바 있습니다. 그는 인간이 무한한 창조성과 독창성을 가졌으며 이를 발휘하기 위해서라도 개인의 자유가 보장되어야 한다고 보았지요. 인간은 누구나 자유로우며 그러한 무한한 진보의 가능성이 열려있는 존재이기에 누구도 인간의 자유를 침해할 수 없다는 것이 그의 주장입니다. 밀이 보기에 인류 역사의 진보는 바로 인간들의 자유로운 능력의 향상에서 가능한 것이지, 어느 특정 개인이 목표를 정하고 일방적으로 강요한다고 될 일이 아니었지요.

---

95 존 스튜어트 밀, 『대의정부론』, 서병훈 옮김, 아카넷, 2012, 73쪽.

그는 좋은 사회를 만들려는 개인의 열망, 그리고 그러한 자유로운 의지를 존중하는 사회가 변화를 끌어낸다고 보았습니다. 사실 우리도 그렇잖아요. 좋아서 하는 일은 아무도 막을 수 없습니다. 누가 시키지 않아도 좋아하는 일이라면 열심히 하죠. 시간 가는 줄도 모르고요. 반대로 누군가가 시키는 일을 의무감에 억지로 할 땐 시간이 너무너무 안 갑니다. 이렇게 어쩔 수 없이 한 일은 결과도 좋지 않을 때가 많고요.

그래서 민주주의에 대한 옹호는 인간의 능력의 잠재성에 대한 긍정과 같은 맥락입니다. 밀은 국가의 권력이 한 명의 절대군주나 독재자가 아닌 국가 구성원 전체의 것이 되어야 한다고 보았습니다.

이런 점들을 종합해서 고찰해볼 때, 사회가 요구하는 모든 필요를 충족시킬 수 있는 유일한 정부란 곧 모든 인민이 참여하는 정부일 수밖에 없다는 사실이 명백해진다. 따라서 어떤 참여라도, 하다못해 공공 기능에 대한 극히 미미한 수준의 참여라도 유용하다. 어떤 곳이든, 사회의 일반적 진보 수준이 허용하는 한도 내에서 참여가 최대한 확대되어야 마땅하다. 모든 사람이 국가의 주권을 나누어 가지는 것, 다시 말해 모든 사람이 주권 행사에 동참할 수 있는 것만큼 궁극적으로 더 바람직한 일은 없다.[96]

인간 자유의 무한한 가능성을 믿었던 밀의 결론은 선한 독재자에게 통치를 맡기는 방식이 아니라 인간이 스스로 참여할 수 있는 형태에 대한 긍정이었습니다. 다른 말로 하면 민주주의에 대한 긍정입니다.

민주주의는 다수의 국민이 주인이 되어 정치에 참여하는 원리입니다. 민주주의Democracy는 그리스어 '데모크라티아demokratia'에서 유래합니다. 'demos(대중)'와 'kratos(지배)'를 합친 것으로 '대중의 지배'를 의미하죠. 국가의 주인으로서 국민이 직접 정치에 참여한다는 의미에서 대중의 지배를 '국민의 참여'로 바꿔 말해봅시다. 그러니까 이제 국민이 단순히 권력의 지배를 받는 자리에 머무는 것이 아니라 직접 권력의 주인이 되어 국가의 일에 참여하는 겁니다. 그런데 '국민의 참여'라는 건 구체적으로 뭘까요? 국민이 국가의 주인이라면 국정에 참여해 뭐든지 마음대로 결정해도 되는 걸까요? 이제까지 '국민의 참여'라는 말을 놓고 매우 많은 논란이 있었으며 민주주의의 역사는 이 말의 해석에 관한 역사이기도 했습니다.

그렇다면 우리는 어떤 민주주의를 해야 할까요? 어떻게 해야 국민의 참여가 잘 이루어질 수 있을까요? 이 대목에서 밀은 그가 살고 있는 시대에 맞는 민주주의 모델을 만들어야

---

96   위의 책, 74쪽.

한다고 주장합니다. 그리스와 같은 도시국가가 아닌 영국처럼 규모가 커진 국가 단위에서는 국민이 국정에 참여할 방법을 구체적으로 논의해야 한다는 거죠. 그 질문에 대한 답이 바로 '대의정부론'입니다. 밀은 민주주의의 중요성을 말하는 이 대목에서 하나의 단서를 답니다.

> 그러나 작은 마을 정도라면 모를까. 그보다 더 큰 규모의 공동체에서는 아주 미미한 공공 업무를 제외하고는 모든 구성원이 직접 참여하기가 어렵다. 따라서 완전한 정부의 이상적인 형태는 대의제일 수밖에 없다.[97]

이제 밀이 민주주의와 대의제를 어떻게 결합하려 했는지 자세히 알아봅시다.

3. 민주주의와 대의제의 결합

앞선 내용을 요약해 볼까요. 밀은 국민의 참여를 전제로 한다는 점에서 민주주의에 대해 긍정적이었습니다. 하지만 당대에 뜨거웠던 민주주의에 대한 열기만으로는 국민의 참여

---

97   위의 책. 74쪽.

라는 민주주의의 이념을 제대로 실현하기 어렵다고 봤지요. 그래서 그는 그가 살던 시대의 영국 사회에 맞는 민주주의 모델을 만들기 위해 '대의제'를 제안합니다.

대의제란 기본적으로 선거에서 대표를 선출하고 이를 통해 국민이 정치에 참여하는 것으로 인식됩니다. 주권자인 국민이 국가의 정책을 직접 결정하는 것이 아니라 대의자 혹은 대표를 뽑아 국민 대신 주요 사안을 결정하게 하는 통치제도입니다. 대의자를 통해 간접적으로 정치에 참여한다는 의미에서 간접민주주의라고도 불리지요. 오늘날 민주주의를 도입한 나라에서는 대부분 대의민주주의를 실시합니다. 우리나라도 이에 해당하고요.

그런데 이때 직접민주주의와 대의민주주의 중에서 어느 것이 더 '국민의 참여'라는 민주주의 정신에 가까울까요? 직접민주주의일까요? 아니면 대의민주주의일까요?

'직접'이라는 표현 때문인지 우리는 대개 직접민주주의가 가장 민주주의에 가깝다고 생각합니다. 반면 대의민주주의는 '대표'라는 중간 고리를 통해 참여하는 것이니 '직접' 민주주의보다는 '간접적'으로 참여하는 것이며 따라서 참여의 정도가 더 작다고 생각하곤 합니다.

밀보다 한 세기 앞선 시대에 현대 민주주의 정치이념의 기초라고 할 수 있는 '사회계약론'을 주장한 루소(1712~1778)는 대의제에 회의적이었습니다.

주권은 양도될 수 없는 것과 마찬가지로 대표될 수도 없다. 주권은 본질적으로 일반의지에 있으며, 의지는 결코 대표되지 않는다. 의지는 그 자체거나, 아니면 다른 것이다. 중간은 없다. 그러므로 인민의 대의원은 인민의 대표자가 아니며, 그럴 수도 없다. 그는 인민의 간사일 뿐이다. 대의원은 어떤 것도 최종적으로 결정할 수 없다. 모든 법은 인민이 직접 제기하지 않으면 무효이며, 그런 것은 절대로 법이 아니다. 영국 인민들은 자신이 자유롭다고 생각한다. 크게 착각하는 것이다. 그들은 오직 의회 구성원을 선출하는 동안만 자유롭다. 선출이 끝나면 그 즉시 인민은 노예이고, 없는 것이나 마찬가지다. 자유를 가지는 짧은 기간에 그것을 사용하는 것을 보면, 그들이 자유를 상실하는 것은 당연하다.[98]

루소의 주장을 한마디로 간추린다면 '국민의 의견이 누군가에게 대표되는 형태로 반영'되는 것이 아니라 '일반의지라는 보편이념의 형태로 직접 반영'되어야 한다는 것입니다. 이러한 루소의 말은 국민의 정치 참여의 중요성을 강조하는 말로도 들립니다. 하지만 실제로 민주주의를 행하는 많은 사회에서 일반 국민이 사적인 일을 제쳐두고 공적인 일에만 몰두하기란 쉽지 않습니다. 또한, 운이 좋게 직접 발언할 기회를

---

98   장 자크 루소, 『사회계약론』, 김영욱 역, 후마니타스, 2018, 117~118쪽.

겨우 얻게 된다고 해도 제도적 기반이 전제되지 않는 한 그 목소리가 직접 반영될 가능성 역시 매우 낮습니다. "대표가 없다면 정치적으로 존재하지 않게 되거나 아니면 자신의 목소리를 들리게 하게 위해 늘 목숨을 건 필사적인 싸움을 전개하는 수밖에 없다"[99]라는 것이 현실이죠.

밀 역시 한 사회 안에 다양한 기반을 가진 사람들이 존재하지만, 그 목소리가 스스로 발언권을 얻기란 쉽지 않은 현실을 지적합니다. 그는 그 시대의 노동자 계급에 관해 말했습니다. 노동자 계급의 임금이나 파업에 관련된 문제는 분명 그들의 직접적인 이익이 걸린 당사자의 문제입니다. 하지만 당대 영국의 의회나 의원들 그 누구도 노동자 입장에서 그 목소리를 듣고 있지 않다는 것이 그의 지적이었습니다. 이것은 노동자들의 입장을 제대로 대의하는 이들이 없기 때문에 생긴 문제였습니다. 밀이 지적하는 것처럼 정치적으로 배제된 사람의 이익은 늘 간과될 위험에 처해 있습니다.

따라서 민주주의는 각자 다른 처지에 있는 사람들의 목소리가 제대로 반영될 수 있도록 제도나 절차를 마련하는 것이 매우 중요합니다. 대의제가 필요한 것도 바로 이러한 이유 때문입니다. 현실적으로 모든 사람이 공공의 일에 참여할 수 있는 여력이 되지 않는데 모두 참여하라고 말만 하는 것은

---

99 진태원, 『올의 민주주의』, 그린비, 2017, 450쪽.

아무런 소용이 없잖아요. 상대적으로 숫자가 적거나 권력이 없는 소외된 사람의 목소리가 공적인 공간에서 배제되는 것을 방지하는 데 대의제가 도움이 되는 거죠.

이 대목에서 우리는 대의민주주의에 관한 오래된 고정관념을 짚어볼 필요가 있습니다. 흔히 직접민주주의가 아닌 대의민주주의를 채택한 이유를 말할 때 이것을 규모의 제약에서 생긴 차선책으로 오해하기 쉽습니다. 밀이 보기에 이는 잘못된 선입견에서 비롯된 것입니다. 그가 보기에 직접민주주의의 방식대로 국민이 개별 사안의 결정에 참여한다는 것은 현실적으로 불가능할 뿐만 아니라 오히려 모든 사람이 참여한다고 말할 수도 없습니다. 모두 함께 결정하는데 왜 모두의 참여가 아닐까요. 우리는 될 수 있는 한 많은 사람이 한자리에 모여 결정하면 더 민주적이라고 믿는데 말입니다.

하지만 실제로 다양한 의견을 가진 사람들이 모이는 것만으로는 민주적이라고 말하기 어렵습니다. 모두가 한자리에서 결정을 내린다고 해서 모든 사람의 목소리가 균등하게 그 결정에 참여했다고 말하기 어려운 경우도 많으니까요. 모든 사람의 의견이 반영되는 건 아니잖아요. 그중에 남들보다 언변이 좋거나 다수파인 사람들이 전체 의견을 좌지우지할 때가 많지요. 결국, 소수파는 자신의 의견을 제대로 말해보지 못합니다. 이것을 민주적이라고 말할 수 있을까요?

밀은『대의정부론』에서 대의제의 몇 가지 오해를 바로잡으려 합니다. 앞서 살펴보았듯이 대의제는 직접민주주의의 차선책이거나 열등한 것이 아니었습니다. 오히려 다수의 폭정을 막고 대표를 통해 모든 사람이 공적인 장에 참여할 수 있게 하기 위한 민주주의의 또 다른 방식인 거죠. 우리가 가진 대의제에 대한 또 다른 오해는 대의제 민주주의를 단순히 다수결 투표처럼 생각한다는 겁니다. 밀은 다수결 투표가 민주주의라는 생각에 비판적이었지요. 민주주의를 옹호했다는 밀이 다수결 원칙에 비판적이라니 의외인가요?

자, 우선 다수결 원칙에 관해 생각해봅시다. 여러 사람이 모여 하나의 선택을 할 때 다수결 투표가 가장 공정한 최선의 방법이라고 할 수 있을까요? 많은 사람이 다수결 투표로 결정된 사안을 뒤집어서는 안 된다고 생각합니다. 이러한 믿음에는 많은 수가 동의했으니 옳을 것이라는 전제가 깔려 있습니다. 하지만, 다수가 동의한 것이라 해서 이것이 나머지 소수의 의견을 묵살할 만큼 좋은 의견이라는 보장이 있을까요? 다수가 동의했으니 소수는 무조건 다수의 결정에 따라야 할까요? 또한, 다수가 동의한 의견을 마치 '전체'의 동의인 것처럼 믿고 따를 것을 강요하고 있진 않은가요?

간과하지 말아야 할 한 가지 사실은 '다수'와 '모두'가 같은 것이 아니라는 점입니다. 우리는 너무 쉽게 둘을 같은 것으로 생각하는 건 아닌지 모르겠습니다. 다수결 투표는 만장일치가 아닌 이상 '다수'의 동의이지, '모두'의 의견이라고 할 수는 없습니다. 단순히 다수의 사람이 의견을 내고 이것을 투표로 결정한 것을 두고 '국민' '모두'의 의견을 반영했다고 말하기 어렵겠죠. 하지만 밀의 시대는 물론 오랜 시간 동안 '다수'는 '모두'와 같은 것으로 혼동되었습니다. 밀이 당대의 민주주의에서 가장 문제라 생각한 것이 바로 '다수'를 '모두'라고 오해하고 소수의 의견을 배제하는 상황이었습니다.

밀은 민주주의의 가장 중요한 정신은 다수가 아닌 모두의 참여라고 보았습니다. 밀의 이러한 해석은 '다수결'로 결정된 사항이 무조건 옳다고 믿은 오랜 관습을 깨는 것이기도 합니다. 밀이 『대의정부론』을 쓴 것은 바로 모두의 민주주의라는 그의 이상을 실현하기 위함이었습니다. 그가 보기에 다수결이 모두의 의견으로 오해되는 이러한 관습은 갑자기 깨지는 것도 아니고 개인의 노력만으로 되는 것도 아니었습니다. 다시 말해 민주적인 정부, 대표를 통해 국민의 대의가 잘 반영될 수 있는 시스템의 확립이 무엇보다 시급했습니다.

4. 대의정부의 요소

여기서는 밀이 생각했던 대의민주주의 모델이 구체적으로 어떤 모습인지 살펴보겠습니다. 대의제 민주주의에서 국민은 어떻게 정치에 참여할까요. 몇 년에 한 번씩 돌아오는 선거에 참여하는 것이 전부라고 생각하기 쉽습니다. 하지만 선거는 대의제 민주주의의 특징 중의 일부이지 절대 전부가 될수 없습니다. 대의제 민주주의가 잘 실현되기 위해서는 단순히 선거에 참여하는 것만으로는 부족합니다. 밀은 국민 모두의 참여라는 민주주의의 이상을 실현하기 위해 대의정부의 구체적인 모델을 만들고자 합니다.

우선 국가의 공적인 일을 처리하는 제도 전반이 민주적일 필요가 있습니다. 밀 시대의 정부에는 비민주적인 요소들이 여전히 남아 있었습니다. 행정부나 의회 역할에 대한 기준이 모호해 권력의 분배와 견제가 제대로 이루어질 수 없었죠. 이를테면 행정부가 할 일, 의회가 할 일, 그리고 국민이 할 일이 체계적으로 구분되어 있지 않았습니다. 그러다 보니 특정 집단이 다수라는 이유로 입법 절차에 개입하거나, 사법기관에서는 법이 아닌 여론에 근거한 여론재판이 행해지기도 했고요.

밀은 민주주의의 중요한 요건으로 권력의 견제와 균형을 꼽았습니다. 우리식으로 말하면 입법, 행정, 사법으로 국가의 권력을 나눠 분배하는 겁니다. 우선 그는 법을 만드는 일은 선출직 대표자들이 모인 의회가 아닌 각 법안에 지식을 가진 전문가 집단의 일로 보았습니다. 대신 대표자들은 대의기구인 의회에서 법안 토론의 장을 마련해야 한다고 했습니다.

우리는 대의제 민주주의의 대표자들을 단순히 국민 대신

결정하는 사람으로 오해하기 쉽습니다. 이런 오해는 선거에 표를 던지는 것이 참여의 전부라는 생각으로 이어집니다. 하지만 밀이 보기에 이는 대의제 민주주의를 잘못 이해한 데서 비롯된 것이지요. 그는 어떤 사안을 결정할 때 대표가 국민을 대신해 투표하는 다수결이 대의민주주의의 전부가 되어선 안 된다고 강조합니다.

밀의 대의제 모델에서 눈여겨볼 것은 대의제 민주주의의 가장 큰 의미라고 할 수 있는 '숙의'의 과정을 중요하게 생각했다는 것입니다. 사전을 찾아보면 숙의는 깊이 생각하고 충분히 의논하는 것이라고 합니다. 그러니까 어떤 법안을 만들 때 득표수의 총합으로 사안을 결정하는 것이 다는 아니라는 거죠. 바로 이 대목에서 의회의 역할이 중요합니다. 의회는 토론을 통해 국민 전체의 의견을 듣고 사회적 합의를 이끌어야 합니다.

> 의회는 그 개인들이 품성 바르고 지적 능력을 갖춘 사람들 중에서 선발되는지 감시하는 일에만 집중해야 한다. 그들이 하는 일에 대해 아무 제한 없이 비판하고, 필요하다면 제안하는 것, 그리고 국가적 차원에서 신임을 주든지 철회를 하든지 하는 것 이상으로 간섭해서는 안 된다. 이 같은 사려가 부족하다 보니 민주주의체제의 의회가 자신이 잘할 수 없는 일, 즉 통치와 입법에 관여하려 하고 자기식으로 일을 처리

하려 한다. 결국, 이런 식으로 헛심을 쓰면 정작 잘할 수 있는 담화에 집중하지 못하게 되는 것이다.[…]

대의 기구가 할 일은 나라의 당면 과제를 부각시키고 국민의 요구사항을 접수하며, 크고 작은 공공 문제를 둘러싼 온갖 생각을 주고받는 토론의 장을 만드는 것이다.[100]

밀은 다수가 행정부의 모든 일에 직접 참견하는 게 민주주의는 아니라고 분명하게 말합니다. 민주주의가 단순히 상대의 일에 간섭하는 것은 아니라는 겁니다. 대신 참여는 숙의의 과정에서 일어납니다. 쉽게 말해 토론의 장에서 서로의 의견을 듣고 이해의 지평을 넓히고 합의하는 과정에서 진정한 참여가 이루어진다는 거죠.

'토론'을 통한 숙의의 과정이 중요한 것은 다수의 의견이 항상 옳다고 할 수 없기 때문입니다. 밀은 민주주의에서 최후의 답을 얻는 것이 우선은 아니며, 어떻게 결론에 도달하게 되었는지의 과정도 중요하다고 보았습니다. 만약 야유회 장소를 정할 때 A안과 B안이 있다고 합시다. 다수가 동의하는 안은 A입니다. 다수결 원칙에 따라 투표했으니 바로 A로 결정할까요? 밀에 따르면 이는 위험합니다. 다수가 동의한다고 반드시 옳을 것이란 보장도 없고 소수의 의견을 존중하지 않는 처사

---

100 존 스튜어트 밀, 『대의정부론』, 서병훈 옮김, 아카넷, 2012, 109쪽.

입니다. 따라서 충분한 토론이 필요합니다. 설령 이 과정을 거친 결론이 처음 투표한 대로 A여도 괜찮습니다. 결코 헛수고가 아닙니다. 그 의견이 더 좋다는 것을 다시 한번 확인했으니 더욱 신뢰할 수 있다는 면에서 오히려 긍정적입니다. 그리고 토론하기 전과 결과가 달라지더라도 이 역시 부정적이라 할 수 없지요. 토론을 통해 왜 그것이 더 좋은 의견인지를 서로 설득하고 합의할 수 있었으니 말입니다.

한 사회에서 토론이 잘 이루어진다면 한 공동체 내에 다양한 소수의견이 있다는 것을 확인할 수 있을 겁니다. 밀에게 중요한 것은 결론보다도 토론이라는 과정이었습니다. 그는 토론 이전에 이미 결정된 결론 혹은 진리가 있다고 믿는 것에 대해 늘 위험하다고 말했습니다. 탁월한 누군가에게 최후의 결정을 맡기는 것이 인간 스스로의 자유로운 의지 발현과 성장을 막는다는 점에서 부적절한 것처럼 토론 없는 결정이란 손쉬운 방법일지는 몰라도 장기적으로 개인은 물론이고 사회 전체의 이익을 위해 좋을 것이 없다고 보았지요. 과연 인간의 자유와 이성의 능력을 신뢰한 밀다운 지적입니다.

밀은 토론을 통한 의사 결정이 정당정치에도 도움이 된다고 보았습니다. 다수결 투표만으로 정책을 결정한다면 어떨까요. 최종 투표에선 대개 다수의 의원을 가진 힘 있는 정당의 의견이 채택되기 쉬울 것입니다. 하지만 최종 결정을 내리기 전에 충분한 토론 기회가 있다면 다른 결과를 얻을지도 모릅니다. 다수당이 낸 의견이라고 해도 토론이라는 새로운 검증 절차를 거친다면 처음에는 보이지 않았던 결함이 발견될 수 있습니다. 반대로 소수정당에서 낸 의견이 토론과정에서 의외의 참신함을 드러낼지도 모릅니다. 그러면 비록 상대적으로 힘이 약한 정당의 의견이라고 해도 많은 사람을 설득할 가능성이 있겠지요.

투표를 통해 즉시 사안을 결정하는 것보다 토론해야 할 때 시간이 오래 걸리고, 번거로운 절차로 보일지도 모릅니다. 하지만 얻을 수 있는 장점은 많습니다. 먼저 정책 당사자의 의견을 폭넓게 들을 수 있습니다. 그리고 소수의 의견이 존중되는 분위기를 만들 수 있습니다.

소수의 의견이 다수에 의해 억압되거나 배제되는 사례는 오늘날에도 예외가 아닙니다. 밀의 지적은 오늘날 민주주의를 채택한 많은 사회에서 다시 생각해볼 일이기도 합니다. 우리는 최후의 결론을 내리는 일에 급급해 이에 필요한 여론 수렴이나 토론 과정을 생략한 경우가 많지요. 결정된 정책에 직접 영향받는 당사자인데도 단순히 예스나 노라는 선택을 강요받거나 일련의 정책 결정 과정에서 아예 배제된 경우도 종종 있습니다. 우리는 이러한 현실이 대의민주주의가 가진 어쩔 수 없는 결함이라고 생각해 포기하기 쉽습니다. 하지만 이것은 대의민주주의를 직접민주주의의 차선책이라고 오해한 데서 비롯된 것입니다. 밀의 지적대로 대의민주주의는 어쩔 수 없는 차선책이 아니라 복잡해진 사회라는 조건에서 탄생한 또 하나의 민주주의 제도입니다. 따라서 대의민주주의에서 국민의 참여라는 요소는 사정상 양보해도 좋을 요소가 아니라 절대 포기해선 안 되는 것이지요. 밀이 강조했듯이 대의민주주의는 다수결이 아니라 모두의 참여를 목표로 해야 합니다.

다수가 아니라 모두의 참여를 위한 민주주의라는 밀의 이상과 관련된 또 다른 구체적인 방안은 선거구제도 개편에 대한 제안입니다. 그가 문제라고 생각한 것은 소선거구제도입니다. 그는 소선거구제도가 전체 국민이 아닌 다수의 의견을 전체 국민의 의견인 양 호도한다고 지적합니다. 소선거구제도는 다수결 원칙에 따라 한 선거구에서 한 명의 의원을 선출하는 것입니다. 가장 역사가 오래된 선거제도로 비교적 간편한 제도인지라 여러 국가에서 가장 많이 채택하는 제도이고요. 현재 우리나라에서 선택하고 있는 제도이기도 합니다.

하지만 밀의 지적처럼 다양한 계층을 대변하기에는 많은 어려움이 따릅니다. 한 선거구당 가장 많은 득표를 얻은 후보만 선출되기 때문에 수적으로 우세한 집단을 대표하는 후보가 선출될 가능성이 큰 것이 사실이죠. 이렇게 되면 선출되지 않은 후보에게 던진 유권자의 표는 어떻게 될까요? 선거에 반영되지 않은 표, 다시 말해 죽은 표가 됩니다. 따라서 유권자의 의견이 제대로 반영되고 있다고 말하기 어렵습니다.

만약 지역구 후보가 간신히 과반수로 선출됐다고 가정해볼까요. 그리고 다시 낮은 지지율로 당선된 의원들로 구성된 의회에서 절반을 겨우 넘은 형태로 법률이 통과되었다고 합시다. 그러면 이 법률을 찬성하는 국민은 실질적으로 매우 적은 숫자가 될 수 있습니다. 그러니까 다수결 원칙이라는 형식이 내용상으로는 다수결이 될 수 없는 경우도 얼마든지 가능하죠. 이 경우 민의를 제대로 반영했다고 말할 수 있을까요? 이처럼 소선거구제도는 운영하기 쉽다는 장점은 있으나 밀이 보기에 다수의 의견만을 반영할 뿐 소수의 의견은 무시해버리는 한계가 있습니다.

다수결 원칙을 주요 원리로 삼는 소선구제도에서는 자연히 소수 집단을 거느린 후보나 정당은 득표하기 어렵습니다. 그러면 의회 진출이 사실상 불가능하겠죠. 밀의 시대에도 역시 재능이나 인품보다는 선거 과정에서 자금을 얼마나 쓰느냐, 얼마나 힘 있는 세력이 배후에 있느냐가 당선에 주요한 영향을 미치기도 했습니다. 밀 역시 비슷한 문제에 부딪혔습니다. 그는 1865년에 하원의원으로 출마하면서 "선거에 돈을 쓰지 않을 것이다"라는 폭탄선언을 해서 화제가 되기도 했습니다.

그는 당대의 선거제도로는 진정한 민주주의가 어렵다고 결론 내립니다. 실제로 그의 시대에 밀과 유사한 생각을 하는 학자도 많았죠. 그는 그중에서 1857년에 영국의 법학자 토머스 헤어(1806~1891)가 주장한 선거제도의 도입을 주장합니다. 요즘 식으로 말하자면 일종의 비례대표제라고 할 수 있습니다. 비례대표제는 현재 우리나라에서도 일부 실시하고 있습니다. 물론 밀의 시대에 제안된 비례대표제는 현재 우리가 채택한 선거제도와 차이가 있습니다. 하지만 대강의 원리나 지향하는 바에 유사한 지점이 있습니다. 비례대표제는 특정 지역구에 출마한 특정 후보에게 표를 던지는 것이 아니라 각 정당에 투표하는 방식이죠. 그리고 가장 많은 표를 얻은 후보 한 명만 당선되는 것이 아니라 정당마다 얻은 지지율을 토대로 후보가 당선됩니다. 이는 다수정당뿐 아니라 소수정당 역시 적게나마 대표를 낼 수 있고 또 유권자의 표가 사표가 되는 것도 막을 수 있다는 점에서 긍정적입니다.

밀은 다수정당만 의회에 진출해서는 민주주의의 수준이 후퇴할 것이라 보았습니다. 모두의 정치 참여라는 목표에도 어긋날 뿐 아니라, 경쟁 없이 특정 정당의 후보만 당선된다면 각 정당도 긴장이 없을 테니 좋은 후보를 낼 수 없다는 거죠. 개인의 능동적인 자유와 경쟁을 강조했던 밀다운 주장입니다.

밀은 선거구제도뿐만 아니라 투표권에 관해서도 몇 가지를 제안합니다. 그는 원칙적으로 선거권 제한에 반대했습니다. 다른 사람의 자유를 해치지 않는 한 자유를 제한할 수 없다는 이유입니다. 국민이라면 국가의 공적인 일에 재정을 부담할 의무를 지는데, 자신을 둘러싼 결정을 모르는 것은 이상하다고 봤습니다. 따라서 국민의 '알 권리'를 위해서라도 선거권이나 투표의 자유가 보장돼야 한다는 것입니다.

밀이 누구보다도 앞서 여성 참정권을 주장할 수 있었던 것도 같은 맥락입니다. 그가 보기에 남성이 선거에 참여할 수 있는데, 여성이라고 안 된다는 것은 어떤 근거도 없었죠. 실제로 밀은 『여성의 종속』이라는 책에서 여성이 선거권을 가져야 하는 합당한 이유와 그리고 선거권을 가졌을 때 얻을 수 있는 긍정적인 결과를 말합니다. 그리고 1867년 선거법 개정 때 하원의원으로서 여성참정권 조항에 투표하는 등 여성 참정권 운동의 역사에도 선두에 서 있습니다. 물론 영국에서 남성과 동등하게 21세 이상의 여성 참정권이 인정된 것은 그보다 훨씬 오랜 세월이 흐른 1928년에 이르러서이긴 하지만 말입니다.

5. 대의정부론의 의미와 한계

밀이 가장 의식했던 문제 중 하나는 다수가 내린 결정이 모두의 의견을 반영한 것이라 오해되는 상황입니다. 앞서 살펴보았듯이 밀은 진정한 민주주의란 다수가 아닌 모두에 의한 것이 되어야 한다고 보았습니다. 밀은 다수파의 의견을 반영했다고 만족하는 것을 비판합니다. 이는 개인의 개성과 자유를 포기하고 다수의 의견에 의존한다는 점에서 또 다른 전제주의입니다.

밀이 당대 영국 사회에서 본 민주주의의 결함은 민주주의를 채택한 사회에서라면 언제나 일어날 수 있는 일이기도 합니다. 한 국가의 민주주의가 뿌리내리고 작동하는 것은 단순히 제도 이식만으로 되는 것이 아닙니다. 다수가 아닌 모든 국민의 참여를 끌어내기 위해 여전히 더 큰 노력이 필요합니다. 그의 지적대로 다수가 사는 국가 공동체에서는 국민 개개인의 여론이 반영되기란 쉽지 않습니다. 하나의 사안을 놓고 여러 의견이 존재해도 합리나 효율을 이유로 이것 아니면 저것이라는 선택을 강요하기도 합니다. 이런 현상이 지배적이면 다수의 폭정이라고 말할 수 있겠죠.

하지만, 이러한 현실에 대해 다수 의견에 의존하는 개인의 성향만을 탓할 것이 아니라 제도적으로 어떻게 모두의 목소리를 담아낼지 고민하자는 것이 밀의 논의의 요점이었습니다. 현재 우리 사회의 민주주의 제도는 어떤가요. 밀의 시대에도 그랬지만 우리 사회의 민주주의 제도 역시 많은 소수자의 목소리를 듣기에 여전히 불충분한 듯합니다.

선거를 떠올려 보면 쉽게 이해할 수 있습니다. 선거는 대의민주주의의 핵심이라고 할 만큼 중요한 제도입니다. 현재 우리 사회에서 대다수 국민이 정치에 참여하는 일이란 선거를 통해 대표를 뽑는 것이 거의 전부입니다. 그런데 이 선거란 또 어떤가요. 선거 때마다 나오는 후보들이 전체 국민을 잘 대표한다고 말할 수 있을까요. 선거 때마다 나오는 후보들은 대체로 다수파 정당의 후보이며 소수파의 경우는 아예 선거에 나오기도 어렵지요. 따라서 다수결 투표로 선출된 후보가 민심을 대변한다고 하기 어려운 상황입니다.

이처럼 다수결 투표가 기본이 되는 선거제도의 약점을 보완하기 위해서라도 대의제 민주주의는 많은 노력이 필요합니다. 밀에게 있어 민주주의의 이상은 복잡해진 사회라는 규모의 제약으로 포기될 수 있는 것이 아니었습니다. 이러한 점을 보면 밀은 굉장한 이상주의자입니다. 그는 다수의 의견이니까 좋은 의견이라는 식으로 얼버무리지 않았습니다. 그리고 이렇게 모두가 참여하는 민주주의를 통해 개별 인간의 능력도 역시 향상될 것이라 기대했지요. 그가 대중이 공적인 토론에 참여하고 투표권을 행사해야 한다고 강조한 것은 바로 이러한 맥락입니다. 그의 태도는 인간의 개성과 자유를 존중하고 또 그것의 무한한 가능성을 믿었다는 점에서 긍정적으로 평가할 수 있습니다. 그리고 이러한 인간의 능력을 신뢰하는 데 그치지 않고 구체적인 정부 형태를 통해 민주적 모델을 구상했다는 점에서 『대의정부론』은 중요한 책입니다.

○ 민주주의, 토론이 만들어낸 합의만으로 충분할까

이제까지 우리는 밀의 대의정부론의 모델이 어떤 것인지 살펴보았습니다. 그는 민주주의가 다수의 여론으로 좌우되는 것이 아니라 모든 시민의 자유를 침해하지 않으면서 민주적인 법과 절차에 따라 정부가 운영되는 것으로 생각했습니다. 이를 위해 그는 여러 제도를 제안했는데 그중에서 핵심적이라고 할 만한 것이 토론을 기초로 한 숙의 정치입니다. 그런데 밀이 강조한 토론이라는 절차가 민주주의라는 이상의 실현에 충분하다고 할 수 있을까요?

물론 토론을 통한 숙의는 다수결로만 결정했을 때보다는 다양한 의견을 들을 수 있는 중요한 절차입니다. 하지만 이 토론의 장이 항상 공정하고 중립적일 거라 장담할 순 없습니다. 밀은 토론을 "설득적인 토론의 기능은 결정을 내리거나, 결정을 위한 제안을 제시하는 것이 아니라, 어떤 개인적 의사를 다른 사람에게 강요할 수 있는 권리가 없는 상태에서 동의를 만들어 내는 것"[101]이라고 강조하긴 했습니다. 이 말은 어떤 사안에 관해 직접적인 이익이 관련되지 않는 중립적인 인물들이 토론을 주관해야 한다는 뜻이겠지요.

하지만 누구에게나 공정한 공론의 장이 존재하기란 현실적으로 쉽지 않습니다. 게다가 어떤 강요 없이 토론한다고 해서 자기 생각을 자유롭게 펼칠 수 있는 사람은 얼마나 될까요. 우리는 이미 현대사회의 여러 교육과 정보의 영향을 받고 살아가며 또한 많은 이해관계와 얽혀 있습니다. 실제로 권

101　버나드 마넹, 『선거는 민주적인가』, 곽준혁 옮김, 후마니타스, 2004, 235쪽.

력이나 정파적 이해관계에 따라 공론장은 늘 왜곡될 위험이 존재합니다. 그래서 토론은 시작도 하기 전에 이미 '예스냐 노냐'라는 양자택일로 의견이 좁혀지는 경우도 많습니다. 따라서 자유롭고 공정한 토론의 장이라는 설정은 가상에 불과합니다. 이때 소수의 의견 혹은 양자택일이 아닌 제삼의 의견은 여전히 등장하기 어렵겠죠.

밀의 말대로 민주주의가 다수결과 혼동되어서는 안 되듯이 모든 사안에 관해 토론을 통한 합의를 이루지 않으면 안 된다고 생각하는 것 역시 위험합니다. 현재 대의제 민주주의를 채택한 많은 사회는 다양한 배경과 이해관계의 사람들로 구성되어 있습니다. 그런데 토론만으로 이러한 다양한 사람이 합의에 이를 만족을 얻기란 쉽지 않습니다.

대의민주주의가 잘 된다는 건 무슨 뜻일까요. 국민의 뜻이 대표를 통해 잘 대의된다는 말이겠죠. 이를 위해 다양한 참여 통로가 필요합니다. 선거나 토론만으로는 불충분합니다. 민주주의 제도를 택한 나라가 언론의 자유, 집회결사의 자유를 보장하는 것도 바로 이러한 이유입니다. 선거에 참여하는 것뿐만 아니라 때로는 거리에 나갈 자유 역시 필요하죠. 이처럼 직접 민주주의 요소의 열정이 계속해서 보충되어야만 대의제 민주주의 역시 생기를 잃지 않을 겁니다.

밀은 대중이 토론에 참여함으로써 지적·도덕적으로 훌륭한 엘리트들의 사고방식이나 말하는 태도에서 많은 것을 배

우리라 가정합니다. 이 경우 토론의 장은 모든 사람의 능력이 향상되는 장이라기보다는 앞서 더 많이 배운 사람이 그렇지 않은 사람을 교육하는 장에 가깝습니다. 인간 자유의지의 무한한 가능성을 믿었다는 점에서는 긍정적으로 평가할 수 있으나 이미 도달해야 할 목표와 상이 분명하다는 점에서 그 가능성만큼이나 한계가 있는 것이 사실입니다.

○ 지식인의 결정은 늘 옳은가

밀이 강조하는 전문가 집단에 관해서도 생각해볼 필요가 있습니다. 밀은 민주주의 정부란 소수의 권력자나 여론에 의해서가 아니라 민주적으로 만들어진 법률을 근거로 움직여야 한다고 보았지요. 이러한 원칙 자체가 타당하지 않은 것은 아니지만, 그는 법률을 만드는 집단을 전문적 지식을 가진 엘리트 집단으로 한정합니다. 그의 구상에서 법률은 매우 중요한 위상을 차지합니다. 그는 법률이 특정 집단의 이익을 대변하는 것을 막기 위해 이익단체의 입법 행위도 반대했지요. 그는 법은 선출직 의원이 아니라 전문가 집단이 맡아서 만들어야 한다고 주장했습니다. 그런데 이때의 전문가 집단이란 누구일까요. 밀의 글에서 묘사되는 전문가나 지식인 집단은 특정 이익에 국한되지 않으면서 객관적인 시선을 가진 이들입니다. 그뿐만 아니라 그들에게 맡기면 늘 결과적으로도 어느 한쪽에 치우치지 않는 좋은 입법이 될 것이라 기대합니다.

하지만 그의 기대처럼 전문가 집단의 의도나 결과를 그렇게 낙관할 수만은 없습니다.

오늘날의 세계는 그의 시대에 비해 훨씬 더 많은 전문가 집단을 가지고 있습니다. 하지만 이 전문가들의 지식이 늘 객관적이며 사회 전체에 바람직한 결과만을 가져온다고 할 수 있을까요? 안타깝게도 지식인들이 늘 옳은 결정을 하는 것 같지는 않습니다. 오히려 일반 대중이 접근하기 어려운 지식을 통해 사적 이익이나 권력을 취하는 경우도 많습니다.

여기서 우리는 근대 사회의 지식 형성에 관한 푸코의 저술을 참고할 수 있습니다. 밀은 전문가들의 지식이 '진실'인 것처럼 믿고 있습니다. 하지만 우리가 믿는 특정한 지식은 그 자체로 객관적이라기보다는 "사회 전체에 퍼져 있는 교육기관이나 정보기관을 통해 만들어지고 확산된 것"[102]입니다. 쉽게 말해 자연스럽게 생겨난 것이 아니라 많은 권력의 작동으로 생산되고 유통된 것입니다. 푸코는 지식인을 두 종류로 나눕니다. 오늘날 우리는 지식인을 한 가지 지식에 전문성을 가진 사람으로 생각합니다. 하지만 과거에는 전체 사회에 이로운 보편적 진리를 가진 사람으로 생각했습니다. 푸코는 보편적 지식인의 한 예로 18세기 프랑스의 철학자 '볼테르'를 들면서 "정의의 대변자이며 법의 수호자로 전제정치, 권력의 남

102 　미셸 푸코, 콜린 고든 편, 『권력과 지식: 미셸 푸코와의 대담』, 홍성민 옮김, 나남출판, 1995, 166쪽.

용, 부의 횡포 등에 맞서는 지식인"[103]이라 평합니다.

하지만 오늘날과 같은 사회에서 볼테르식의 보편적 지식인은 찾기 어렵습니다. 이제 지식인은 각자 자기 분야의 지식을 연마한 사람으로, 볼테르처럼 공적인 윤리를 생각하는 것을 자신의 임무로 여기지 않습니다. 푸코가 달라진 전문가의 위상을 설명하면서 언급한 미국의 핵물리학자 오펜하이머를 볼까요. 오펜하이머는 미국의 핵무기 제조계획을 지휘했으며 나중에는 수소폭탄 개발 지시를 거부했다가 매카시즘의 광풍에 기소된 인물입니다. 그의 특이한 이력은 보편적 윤리의 질문을 상실한 전문가의 시대가 어떤 비극을 가져오는지 보여줍니다. 사실 이는 오펜하이머와 같은 극단적인 경험을 한 인물에게만 해당하는 것은 아닙니다.

법조계나 의료계처럼 대중이 접근하기 어려운 분야도 그렇습니다. 실제로 우리는 이러한 분야의 지식인이 전문 지식을 선점하고 권력을 남용하면서도 지식의 독립성을 이유로 비판의 성역에 있는 경우를 목격합니다. 이처럼 오늘날 지식의 생산과 유통에 관한 일련의 사정을 보면 밀의 신뢰는 순진한 기대가 될 가능성이 큽니다.

그가 대표의 지적 능력을 중요하게 언급한 것 역시 같은 맥락에서 다시 검토할 수 있습니다. 그는 지적 능력이 탁월한

---

103 위의 책, 176쪽.

인물이 대표로 뽑히고 이를 통해 국민이 정치에 참여하는 것이 바람직하다고 합니다. 하지만 다수의 판단이 꼭 옳은 것이 아니듯 지적 엘리트의 판단 역시 무조건 옳다고만 할 수는 없겠죠. 그가 거듭 주장했듯이 인간 누구도 진리를 판가름할 절대적 능력을 타고나는 것은 아닙니다. 오히려 좋은 의견은 경쟁과 견제를 통해 나오는 것이 아닐까요? 지적 능력이라는 기준 자체도 모호합니다. 당대 기준으로 최고의 교육이고 정의일지 몰라도 시공간이 달라진다면 전혀 다른 가치를 지니는 일이 많으니까요.

어쩌면 밀은 이 시대의 다른 지식인들처럼 비약적인 산업 발달과 함께 새로운 대중으로 떠오른 노동자 세력에 공포를 느꼈을지도 모르겠습니다. 밀의 생각은 식민지 무역으로 경제적 번영을 누린 영국 제국의 남성 엘리트 지식인이라는 태생적 배경과도 무관하지 않을 겁니다. 그는 학자였던 아버지 제임스 밀의 영향으로 누구보다 이른 엘리트 교육을 받은 인물로 어릴 때부터 라틴어, 그리스어를 익히고 고대철학과 고전, 문학, 경제학 등을 섭렵했습니다. 또한, 당대의 유명한 지식인들과 직접 교류하며 가장 진보적인 학문과 사상의 세례를 받았습니다. 그는 모두의 민의가 반영되는 민주주의를 생각했지만, 자신처럼 교육받은 엘리트 집단의 지적·도덕적 우월함에 대한 믿음으로부터는 자유롭지 않았는지도 모르겠습니다.

밀은 단순히 먹고 사는 육체적 문제만이 아니라 정신적인 만족도 중요하다고 강조했습니다. "만족해하는 돼지보다 불만족스러워하는 인간이 되는 것이 더 낫다"[104]라는 말은 밀의 유명한 명제이기도 합니다. 그는 그만큼 인간의 행복이 단순하지 않다는 점을 강조한 인물이죠. 먹고 사는 것만으로 행복을 말할 수 없음을, 인간의 행복이란 더욱 다양한 차원이 있음을 일찍부터 인지한 겁니다.

하지만 그에게 당대의 대중은 배고픈 인간보다 배부른 돼지에 가까워 보였을까요. 대중이 스스로 결정하기보다는 다른 사람의 여론에 기대어 판단할 거라고 그가 너무 성급하게 우려했을 수도 있습니다. 물론 대중이 다수의 여론에 기대는 경우란 언제든지 있을 수 있습니다. 하지만 밀이 중시한 지적 엘리트라고 해서 사정이 아주 다를지는 확신할 수 없습니다. 그들 역시 그들과 같은 지식을 공유한 사람들의 상식대로 행동할 우려가 있겠지요.

밀은 자유로운 인간과 행복한 사회라는 이상을 대의정부를 통해 성취할 수 있다고 보았습니다. 밀 사상의 일부는 더할 나위 없이 해방적이고 이상적이며 오늘날에도 참고할 부분이 있습니다. 하지만 그가 말하는 이상적인 민주주의 안에 여전히 포함되지 않는 부류가 있을 수 있다는 점을 상기할

---

104   존 스튜어트 밀, 『공리주의』, 서병훈 옮김, 책세상, 2007, 29쪽.

때, 그의 대의민주주의 모델이 그들만의 이상 국가 모델은 아니었는지 아쉬움이 남습니다.

5장

국가, 부르주아의 집행위원회, 프롤레타리아 독재

카를 마르크스, 『공산당 선언』

전주희

1. 혁명의 해 1848년에 태어난 저작, 『공산당 선언』

1848년 1월 말, 서른 살의 청년 마르크스는 런던의 '공산주의자 동맹'에 보낼 선언문을 급하게 작성합니다. 그가 마감기한인 2월 1일을 넘기지 않기 위해 밤을 새워가며 작성한 선언의 첫 문장은 역사상 가장 유명한 문장 중 하나가 되었습니다.

> "하나의 유령이 유럽을 떠돌고 있다. 공산주의라는 유령이."

프랑스 혁명 이후 다시 왕정으로 돌아가 버린 듯한 유럽의 보수적인 분위기 속에서 마르크스는 귀족을 몰아냈던 부르주아의 혁명, 그리고 부르주아를 몰아내는 프롤레타리아의 혁명을 써 내려갑니다.

그리고 마치 마르크스가 예언한 것처럼 1848년 유럽은 혁명의 소용돌이에 휩쓸립니다. 2월에는 파리에서 혁명이 일어나 입헌군주정을 붕괴시켰고, 3월 3일에는 독일의 라인란트가, 3월 12일에는 오스트리아의 빈, 3월 15일 독일의 베를린, 3월 18일 이탈리아의 밀라노로 혁명의 불길이 이어졌습니다. 영국의 역사학자 에릭 홉스봄은 1848년을 "유럽 전역에 불길처럼 일제히 번져간 이 자연발생적인 혁명의 물결만큼 이 시기의 반란분자들이 꿈꾸던 세계혁명의 문턱까지 가까이 다가선 예는 일찍이 없었다"[105]라고 평가합니다. 1848년 2월 혁명의 한 가운데서『공산당 선언』의 독일어 초판 1000부가 배포됐지만, 이 책이 1848년 혁명에 큰 역할을 하지는 못합니다.

  이 혁명들을 직접 촉발했다고 보기는 어려우나 사후적으로 보자면 1848년 2월 24일 전후 출간된 마르크스와 엥겔스의『공산당 선언』은 '혁명의 해'의 서두를 장식하는 선언이었습니다. 그리고『공산당 선언』은 코뮌주의 혁명의 전망을 "만국의 프롤레타리아트여, 단결하라!"로 끝맺고 있습니다. 마르크스에게 혁명이란 일국의 혁명이 아니라 국제주의internationalism적 혁명, 즉 세계혁명이었습니다. 물론 여기서 세계혁명이란 유럽의 주요민족이 중심이 되는 혁명이라는 점에서 유럽혁명을 일컫습니다. 어찌 되었건 프롤레타리아Proletariat에 의한 세계혁명(유럽혁명)의 전망에서 마르크스는

---

105   에릭 홉스봄,『혁명의 시대』, 정도영·차명수 옮김, 한길사, 1998.

1848년 혁명에 적극적으로 개입했습니다. 하지만 1848년 혁명을 일으킨 민중들은 무자비하게 진압되었고, 혁명은 실패로 귀결됩니다. 그러나 마르크스와 엥겔스가 써 내려간『공산당 선언』은 오히려 각국의 언어로 번역되어 퍼져나갔습니다. 그리고 공산주의 운동 역시 이 책과 함께 전 세계로 확산되었습니다.

『공산당 선언』은 '공산주의자 동맹'이라는 정치조직의 강령으로 작성된 글입니다. 이 단체는 마르크스가 만든 것도 아니고, 또 마르크스가 주도했던 것도 아닙니다. 청년 마르크스는 처음부터 사회주의자나 공산주의자가 아니었고 당시 진보적인 지식인들처럼 '청년 헤겔학파'로 활동했습니다. 마르크스는 급진적인 정치철학자로서의 헤겔을 부각하기 위해 청년 시기의 헤겔을 헤겔 사상의 핵심으로 보고 계승하고자 했습니다. 그러한 지적 활동으로 당시 독일의 전제 정치 체제 변혁을 지향한 겁니다. 하지만 얼마 지나지 않아 마르크스는 사회주의적 지향을 가지게 됩니다. 동시대의 진보적 지식인들보다 더 급진적인 글 때문에 마르크스는 독일에서 추방당합니다.

당시의 프랑스에는 마르크스뿐만 아니라 독일로부터 추방당하거나 자발적으로 망명한 급진적 활동가, 노동자들이 모여들었고, 그중에서 '의인 동맹'이라는 단체가 마르크스와 만납니다. 이 의인 동맹이 '공산주의자 동맹'으로 이름을 바꾸고 보다 체계적인 조직을 구성하기 위해 강령을 만들고자 했는데, 이때 두 명의 젊은 망명객에게 강령 작성을 요청합니다. 그렇게 작성된 것이 『공산당 선언』입니다.

이 이야기로 밝히려는 바는 두 가지입니다. 『공산당 선언』이 한 조직의 이념과 지향을 표명하는 강령이라는 점, 그리고 책의 제목에서도 나타나듯이 선언의 형태로 서술되었다는 점입니다. 주장은 선명하나 단순합니다. 주장을 뒷받침할 논리적인 서술방식을 채택하지 않았습니다. 그러니 여기에 나오는 마르크스의 국가관도 국가이론으로 불릴 수 있을 정도로 체계적으로 서술되어 있지 않습니다. 이 책뿐만이 아니라 그는 국가에 관한 종합적 이론을 남기지 않았습니다.

국가에 관한 주장 혹은 서술은 매우 파편적이고 간헐적으로 남아 있습니다. 청년 마르크스의 저작으로 분류되는 『헤겔 법철학 비판』(1843), 『유대인 문제에 대하여』(1844), 『신성가족』(1845), 『독일 이데올로기』(1945~46) 등이 대표적입니다. 초기 저작의 경우 헤겔의 국가철학 비판에 중심을 두다 점차 계급이론에 근거해 국가를 바라보게 됩니다. 『독일 이데올로기』에서 생산양식으로서의 자본주의와의 관계 속에서 국가를 바라보는 실마리가 나타나기 시작하며, 『공산당 선언』에서는 계급 적대에 기초한 국가관이 드러납니다. 특히 『공산당 선언』은 후에 러시아 혁명의 주역인 블라디미르 레닌 (Vladimir Il'Ich Lenin', 1870~1924)에 의해 혁명의 이론으로 재정의됩니다.

따라서 마르크스의 국가론을 하나의 이론으로 정식화할 수는 없지만, 1848년 혁명과 1917년 러시아 혁명으로 이어지는 공산주의 역사에서 마르크스부터 레닌까지의 국가에 관한 이론이 존재합니다. 그것이 혁명의 한 가운데에서 국가를 가장 첨예하게 사유했기에 오늘날에도 중요한 문제를 던지고 있다고 볼 수 있습니다.

이제 마르크스의 『공산당 선언』과 레닌의 『국가와 혁명』을 교차하며 계급 적대의 한 가운데에 놓인 국가를 생각해 봅시다.

2. 계급투쟁, 이제까지의 모든 역사

1) 부르주아 대 프롤레타리아

『공산당 선언』의 각 장 제목은 1장 부르주아와 프롤레타리아, 2장 프롤레타리아와 공산주의자들, 3장 사회주의와 공산주의 문헌, 4장 각각의 반정부 당들에 대한 공산주의자들의 입장으로 서술되어 있습니다. 그중 1장 '부르주아와 프롤레타리아'의 첫 문장은 "지금까지의 모든 사회의 역사는 계급투쟁의 역사이다"[106]로 시작합니다. 이 선언의 첫 문장과 첫 제목이 얼마나 파격적인가는 다른 선언들과의 비교로 충분할 것입니다.

가령 1789년 프랑스 인권 선언(인간과 시민의 권리선언[107])의 처음은 "인간은 자유롭고 평등한 권리를 지니고 태어나서 살 아간다"로 시작합니다. 미국의 독립선언서(1776)의 경우 이렇 습니다. "우리는 다음과 같은 것을 자명한 진리라고 생각한 다. 즉, 모든 사람은 평등하게 태어났고 조물주는 몇 개의 양 도할 수 없는 권리를 부여하였으며, 그 권리 중에는 생명과 자유와 행복의 추구가 있다."

자, 위의 두 선언문의 경우 초월적이고 보편적인 권리를 선 언의 근거이자 출발지점으로 확립해놓고 그에 기반해 선언 의 주장을 풀어갑니다. 반면 마르크스와 엥겔스는 지금까지 의 역사를 새롭게 규정하는 것으로부터 출발합니다.[108] "지금 까지의 모든 역사가 계급투쟁의 역사다." 이 문장은 1장의 제 목인 '부르주아 대 프롤레타리아'와 마주하며 근대 사회의 두 계급이 어떻게 형성되었고, 어떤 관계를 맺고 있는지를 곧바 로 서술합니다.

먼저 부르주아bourgeois는 누구일까요? 1888년 영어판에 붙 인 엥겔스의 주석에 따르면 "부르주아지란 사회적 생산 수단

---

106 카를 마르크스, 「공산주의당 선언」, 『칼 맑스 프리드리히 엥겔스 저작 선집』 1권, 박종철출판사, 1991, 400쪽.
107 1789년 인권 선언에 관한 자세한 논의는 이 책 7장 참조.
108 한형식, 『맑스주의 역사 강의』, 그린비, 2010, 74쪽.

의 소유자이면서 임금 노동을 사용하는 현대 자본가 계급을 말한다"라고 정의합니다. 하지만 부르주아가 처음부터 현대의 자본가 계급으로 등장하지는 않습니다. 마르크스는 중세시대 성 외곽에 거주하는 시민을 일컫던 부르주아가 어떻게 자본가 계급이 되었는지 자본주의의 형성 과정과 함께 서술합니다. 중세 시민의 일부였던 부르주아가 현대 국가의 지배적 계급인 부르주아가 되기 위한 역사적 과정은 곧 중세에서 자본주의가 형성하기 위한 조건이 어떻게 역사적이고 우연적인 사건들의 결합으로 나아가는가에 관한 탐색이기도 합니다.

우선 아메리카의 발견이 있습니다. 붕괴하던 봉건 사회와 그 안에서 태동한 생산방식의 혁명, 매뉴팩처에서 대공업의 전환으로 인해 중세시대 내내 유지되던 장원 중심의 작고 고립된 시장들은 폭발적인 수요와 생산량을 감당할 수 없었습니다. "대공업은 아메리카의 발견이 준비해 놓은 세계 시장을 만들어 내었다."[109] 아메리카라는 신대륙의 발견이 곧 세계시장의 발견인 것이 아닙니다. 우연히 발견된 불모지 아메리카를 대공업이 세계시장으로 만든 겁니다. 세계시장의 형성은 상업과 무역, 동업 등에 영향을 미쳤으며, 이들의 발전과 더불어 부르주아는 점차 근대 자본주의의 주인공으로 성

---

109 카를 마르크스, 「공산주의당 선언」, 『칼 맑스 프리드리히 엥겔스 저작 선집』 1권, 박종철출판사, 1991, 401쪽.

장합니다. 부르주아는 그들의 자본을 증식시켰으며, 중세로부터 내려오던 모든 계급을 뒷전으로 밀어냈습니다.

부르주아지의 형성에 경제적인 성장만 있는 것이 아닙니다. 부르주아는 역사의 무대 위에서 매번 가면을 바꾸고 배역을 수행하듯이 정치적 변화를 끌어냈습니다.

> 봉건 영주들의 지배하에서는 피억압자 신분이었고, 꼬뮌[110]에서는 무장 자치 단체였으며, 어떤 곳에서는 독립적인 도시 공화국, 또 다른 곳에서는 군주 국가의 납세 의무를 지닌 제3신분이었고, 그 다음 매뉴팩처 시대에는 신분제 군주 국가 혹은 절대 군주 국가의 귀족에 대한 대항 세력이었으며, 대군주 국가 일반의 주요 기초였던 이들 부르주아지는 대공업과 세계 시장의 형성 이후에는 마침내 현대 대의제 국가에서 배타적인 정치적 지배권을 쟁취하였다.[111]

피억압자에서 무장한 조직으로, 그리고 혁명의 주체이자 정치적인 권리를 획득한 제3신분으로 부르주아지는 봉건사회의 몰락과 새로운 사회를 여는 혁명의 기수가 됩니다. 이어

---

110 이후에 살펴볼 1871년 '파리코뮌'(노동자들의 봉기에 의해 수립된 혁명적 자치정부)과는 다른 것이다. 프랑스에는 중세 이래 코뮌이라는 주민자치제의 전통이 있다. 이때 언급된 코뮌은 부르주아가 '제3신분'으로 정치적 권리를 획득하기 이전, 프랑스에서 발생하고 있던 새로운 도시의 형태를 의미한다.

111 위의 책, 402쪽.

귀족들의 기득권을 몰아내고 대공업과 세계시장이라는 두 칼자루를 거머쥐며 '현대 대의제 국가'에서 지배적인 계급으로 등장합니다. 1789년 프랑스 혁명으로 시작되는 근대 시민 혁명은 곧 부르주아의 혁명이었으며, 이때 새로이 등장한 국가가 대의제 국가입니다. 이 시기에 부르주아지는 역사에서 혁명적인 역할을 수행합니다. 중세시대는 매우 촘촘한 신분의 층들이 존재했습니다. 봉건 영주, 가신家臣, 장인, 직인, 농노가 있었고, 이러한 계급 안에서도 다양한 등급이 존재했습니다. 부르주아들은 이러한 신분들을 몰아냈습니다. 그러나 결코 계급 대립을 폐기한 것은 아닙니다. 다만 새로운 계급들, 억압의 새로운 조건들, 투쟁의 새로운 형태들을 기존의 낡은 것들과 바꿔놓았을 뿐입니다. 마르크스는 부르주아의 혁명성을 긍정적으로 평가하는 듯하면서 특유의 냉소적이고 날카로운 지적을 덧붙입니다. "그럼에도 불구하고 우리 시대, 부르주아지의 시대는 계급 대립을 단순화시켰다는 점에서 특이하다."[112] 즉 부르주아와 프롤레타리아라는 두 개의 계급으로 분할됩니다. 이것은 곧 계급 대립이 이전 시기보다 더욱 첨예해질 수 있다는 것을 암시합니다.

또 다른 의미에서 부르주아는 혁명적입니다. 과거의 억압적 관계인 봉건적, 가부장적 관계뿐만 아니라 목가적 관계,

---

112   위의 책, 401쪽.

공동체적 관계들 역시 파괴했다는 면에서 그렇습니다. "부르주아지는 인격적 가치를 교환가치로 용해시켜 버렸으며, 문서로 보장된 혹은 정당하게 얻어진 수많은 자유들을 단 하나의 파렴치한 상업 자유로 바꾸어 놓았다. 한마디로 그들은 종교적, 정치적 환상에 의하여 은폐되어 있던 착취를 공공연하고 파렴치하며 직접적이고 무미건조한 착취로 바꾸어 놓았던 것이다."[113] 부르주아는 모든 경제적, 정치적, 사회적 관계에 근본적인 변화를 주도했고 촉진했으며, 그 가운데 혁명의 주체에서 지배적 계급으로 성장합니다. 그들이 주도한 혁명이란 역사적으로 전무후무한 것이어서 "이집트의 피라미드, 로마의 수로 및 고딕식 성당과는 완전히 다른 기적"을 성취했다고 말합니다. 1789년 프랑스 혁명으로 대표되는 근대 시민혁명의 기치인 '자유'를 단 하나의 상업적 자유로, 다시 말해 자본 증식과 자본에 의한 세계 질서 재편을 위해 다양한 인간의 노동을 상품의 교환가치로 단순화하고 자본주의적 착취를 전면화한 것. 이것이 역사상 전례가 없는 부르주아의 혁명이라고 마르크스는 고발합니다.

하지만 부르주아들이 과거 모든 세대를 합친 것보다 더 많고 더 거대한 생산력 창출만 한 것은 아닙니다. 동시에 그들은 프롤레타리아라는 새로운 계급을 만듭니다.

---

113   위의 책, 403쪽.

프롤레타리아는 라틴어로 정치적 권력이나 재산이 없는, 다만 자식밖에 남길 수 없는 자를 일컫는 멸칭이었습니다. 마르크스는 이 말을 사회학적 용어로 바꿔놓았습니다. 라틴어 proletarius로부터 프랑스어 prolétaire가 나왔으며 이 단어는 1789년경부터 널리 쓰이기 시작했습니다. 1832년에는 여기에 집합적 의미가 있는 접미사 −at를 더해 집단을 뜻하는 단어인 prolétariat가 만들어져 쓰이기 시작합니다. 1844년 마르크스는 『경제학 철학 초고』를 발표하면서 프롤레타리아라는 단어를 사용하기 시작합니다. 프롤레타리아는 근대 자본주의 사회에서 탄생한 무산계급 또는 노동계급이라고도 합니다. 마르크스에게 프롤레타리아 계급이란 자기 자신의 생산수단을 갖고 있지 않으며 오직 살기 위한 노동만을 필요로 하는 임금노동자 계급을 의미하지만, 자본−임노동 관계하의 계급일 뿐만 아니라 계급 철폐를 위한 정치적 주체로도 언급했습니다.

『공산당 선언』에서는 피억압자로서의 임노동자 계급의 의미보다는 자본주의적 계급 관계 아래 놓였지만 계급 관계를 철폐할 수 있는 정치적 주체로서의 프롤레타리아를 적극적으로 불러 세웁니다.

> 부르주아지는 자신에게 죽음을 가져올 무기들을 벼려 낸 것만이 아니다. 그들은 이 무기들을 쓸 사람들도 만들어 내었

다―현대 노동자들, 프롤레타리아들을.[114]

마르크스는 부르주아가 봉건주의를 타도할 때 쓴 무기들이 이제는 부르주아 자신을 겨눈다고 보았고, 그 역사의 방아쇠를 당길 수 있는 주체가 프롤레타리아라고 보았습니다. 봉건적 소유관계(신분)는 당시 이미 발전한 생산력을 감당하지 못하고 수많은 질곡을 낳으며 체제 위기를 증폭시켰습니다. 결국, 부르주아에 의해 봉건제의 잔재가 분쇄되었다고 한 마르크스는 당시의 자본주의를 분석하면서, 부르주아에게도 유사한 역사적 운동이 예고된다고 지적합니다. 부르주아가 그토록 강력한 생산력을 발전시켰지만, "주문을 외워 불러내었던 저승의 힘을 더 이상 감당할 수 없게 된 마법사"[115]처럼 부르주아 역시 생산력을 감당하지 못하는 위기를 겪고 있다는 겁니다. 그것이 곧 공황입니다.

과잉생산은 이제 인류의 축복이 아니라 하나의 전염병처럼 생산물뿐만 아니라 기존의 생산력을 연쇄적으로 파괴합니다. 공황이 도래하면 생산력은 부르주아적 소유관계에 봉사하지 않으며, 오히려 부르주아적 소유관계가 생산력의 장애가 되고 그들의 존립 조건 자체가 위태로워집니다. 이를 생산력과 생산관계의 모순이라고 합니다. 그렇다면 부르주아는

114 위의 책, 406쪽.
115 위의 책, 405쪽.

이 공황들을 어떻게 극복할까요? 한편으로는 대량의 생산력을 부득이하게 파괴함으로써, 다른 한편으로는 새로운 시장들을 획득하고 기존의 시장들을 더욱 철저히 착취함으로써 극복하지만, 자본의 위기는 해소되지 않고 더 큰 위기로 전환됩니다. 이 과정에서 자본가계급은 더 많은 이윤을 뽑아내기 위해 가내 수공업적 생산방식을 매뉴팩처로, 그리고 기계제 대공업으로 전환하며 생산력을 높여나갑니다.

우리는 보통 과학기술이 발전하면 인간이 노동의 수고로부터 자유로워져 더 행복한 삶을 살 거라고 막연히 낙관합니다. 그러나 자본주의의 초기에 이미 마르크스는 기계제 대공업의 생산력이 인류 모두에게 평등한 혜택을 가져다주지 않는다는 점을 간파했습니다. 『공산당 선언』에서 기계제 대공업은 과잉생산을 촉진할 뿐만 아니라 광범위한 프롤레타리아 계급을 양산하며 그들을 더욱 궁핍한 삶으로 내몰고 있다고 비판합니다. 마르크스의 후기 저작인 『자본』에 가서는 '기계와 대공업'이라는 장을 할애해 '기계의 발전이 인류 모두의 발전'이란 부르주아 이데올로기에 불과하다며 자본주의하에서의 기계가 어떤 역할을 하는지 분석합니다. 이는 과학기술에 역사성을 부여하는 것입니다. 과학기술은 역사, 정치와 무관하지 않으며 늘 특정한 역사적 조건에서 특정한 방향으로 발전합니다. 그래서 『자본』은 "자본주의적으로 사용되는 기계의 목적"116을 질문합니다. 통상 기계가 도입되면 하나의 상품을 만드는 시간이 단축되기 때문에 노동시간이 줄고 노동의 강도 또한 훨씬 수월해진다고 생각합니다. 하지만 마르크스가 강조하듯이 '자본주의적으로 사용되는' 기계의 목적은 정반대로 나아갑니다.

> 기계는 노동생산성을 높이기 위한[즉 상품생산에 필요한 노동시간을 단축하기 위한] 가장 강력한 수단이지만, 자본의 담지자로서는 무엇보다도 먼저 자신이 직접 장악한 산업에서 모든 자연적 한계를 초월하여 노동일을 연장하기 위한 가장 강력한 수단이 된다.[117]

자본주의적 기계는 건장한 남성 노동자나 숙련된 기술을 필요로 하는 노동을 단순한 노동으로 바꾸는 대신 저렴한 비용의 여성, 아동, 이주 노동자로 대체할 수 있습니다. 또한, 기계는 24시간 가동할 수 있으므로 인간이 감당할 노동시간의 한계를 극단적으로 늘립니다. 그래서 기계제 대공업 시대 노동자들은 15~16시간에 이르는 초장시간 노동과 열악한 저임금을 감수하며, 한편으로는 공장에서 쫓겨난 남자 어른을 대신해 여성과 아동들이 착취를 감수할 수밖에 없는 절대적인 빈곤에 처하게 됩니다. 프롤레타리아의 빈곤화, 이것은 프

---

116   카를 마르크스, 『자본』 1권, 강신준 옮김, 길, 2008, 506쪽.

117   위의 책, 545쪽.

롤레타리아 계급에 불행일 뿐만 아니라, 부르주아 계급에는 자신의 운명을 위협받는 재앙이 됩니다.

『공산당 선언』에서는 대공업이 프롤레타리아라는 계급을 창출했다고 말하는데 여기에서 중요한 것은 다른 중간 계급들, 즉 소공업가, 소상인, 수공업자와 농민 등은 대공업의 발전과 더불어 쇠퇴하고 몰락하는데 반해, 프롤레타리아트야말로 "대공업의 가장 고유한 산물"이자 가장 혁명적인 계급이라고 말한다는 점입니다. 왜 그럴까요? 중간 계급들은 자신의 몰락과 쇠퇴를 막기 위해 부르주아와 투쟁하지만, 역사의 방향에 역행할 뿐입니다. 그래서 혁명적이지 않고 보수적일 수밖에 없습니다.

반면 프롤레타리아 계급은 대공업이 발전하면 발전할수록 더 많이 양산되며, 이들이 거대한 과잉인구를 형성하면서 부르주아지라는 지배 계급을 위태롭게 합니다. "노동자는 빈민으로 되고 있고, 빈궁은 인구와 부보다 더 급속히 창궐한다. 이로써 부르주아지가 더 이상 사회의 지배 계급으로 머물러 있을 수 없으며, 사회에 그들 계급의 생활 조건들을 규제적 법칙으로서 강요할 능력이 없다는 것이 명백해진다."[118]

프롤레타리아가 사회 구성원의 일부가 아니라 점차 사회 전반의 계급으로 진전하면서, 부르주아 계급은 자신의 지배

---

118 카를 마르크스, 「공산주의당 선언」, 『칼 맑스 프리드리히 엥겔스 저작 선집』 1권, 박종철출판사, 1991, 411쪽.

력을 지속시키기 위해 프롤레타리아 계급을 착취함과 동시에 그들의 삶이 재생산되도록 해야 합니다.

부르주아 계급은 단순히 부자를 의미하는 것이 아닙니다. 그들의 목표는 자본의 증식이기 때문에 그들에게 프롤레타리아의 재생산-자녀의 출산과 양육, 그들의 신체와 정신을 포함한 삶 전체가 다음날 회복되어 착취가 가능한 수준의 재생산이 매우 중요합니다. 하지만 자본의 위기가 프롤레타리아 삶의 유지와 재생산의 위기로 전가되기 때문에 역으로 부르주아 계급의 위기로 전화한다는 것입니다. 여기서 『공산당 선언』의 유명한 글귀가 등장합니다.

부르주아지는 무엇보다도 자기 자신의 매장인을 만들어 낸다.[119]

프롤레타리아의 궁핍화 혹은 빈곤화는 부르주아들의 거대한 부의 축적을 의미합니다. 부르주아 계급의 존립과 지배의 본질적 조건은 사회 전체의 부를 개인의 수중으로 집중하는 것, 즉 자본의 형성과 증식이라고 할 수 있습니다. 그런데 공업의 진보는 노동자들을 고립시키기보다는 대규모로 모여들게 하고, 마르크스는 이것이 노동자들의 혁명적 단결을 가져

---

119   위의 책, 412쪽.

온다고 주장합니다. 자기 자신의 무덤을 파고 묻어줄 자, 프
롤레타리아를 만들어내는 부르주아의 몰락은 역사의 필연이
며, 동시에 프롤레타리아트의 승리가 불가피하다고 이야기합
니다. 그러면서 『공산당 선언』은 이렇게 끝맺습니다. "만국의
프롤레타리아여, 단결하라!"[120]

3. 국가, 부르주아 계급의 집행위원회

앞서 이야기한 대로 자본주의 붕괴의 필연성이 『공산당 선
언』의 핵심 주장입니다. 하지만 이것이 시간이 지나면 자본
주의가 자동으로 붕괴한다는 의미는 아닙니다. 역사는 하나
의 이상적인 목적으로 향하지 않습니다. 이런 목적론적 사유
는 역사를 신학적이거나 관념적으로 사고하는 것입니다. 반
면 마르크스는 역사를 하나의 유물론적 관점에서 파악하려
합니다. 이때 역사유물론은 미래가 필연적이고 물질적으로
결정되는 것이긴 하지만, 예정되거나 결정된 것은 아니며 그
것이 결정되어 있지 않은 한에서 특정한 경향성을 가진다는
것을 의미합니다. 요컨대 역사적 '경향'이란 반드시 실현되는
것도 아니며, 무슨 운명이나 섭리처럼 결코 자동으로 작용하

---

120   위의 책, 433쪽.

는 것이 아니라는 것입니다.[121] 그렇다면 역사적 필연성, 다시 말해 역사적 경향을 실현하려면 무엇이 필요할까요? '모든 역사는 계급투쟁의 역사'인 바, 계급 적대의 경향 안에서 계급 적대의 소멸로의 경향을 실천하는 것, 즉 프롤레타리아의 정치가 제기되어야 합니다. 그런데 이 프롤레타리아의 정치는 무슨 의미일까요? 부르주아와 다른 프롤레타리아의 의식, 프롤레타리아의 의지, 그리고 프롤레타리아의 독자적인 결사 형태를 의미하는 것일까요? 물론 이 모든 요소가 프롤레타리아의 정치를 구성하는 것이기는 합니다만, 더욱 중요한 것은 역사적인 조건 속에서 정치를 사유하는 것입니다.

따라서 부르주아와 프롤레타리아라는 계급투쟁의 한가운데에서 작동하는 국가는 과연 무엇인지, 어떤 기능을 수행하는지가 중요해집니다. 『공산당 선언』에 아주 간명하고 명확하게 국가의 정의가 제시되어 있습니다.

> 현대의 국가 권력은 부르주아 계급 전체의 공동 업무를 처리하는 하나의 위원회일 뿐이다.[122]

이것은 『공산당 선언』 1장에서 부르주아의 역사적 형성을

---

121 에티엔 발리바르, 『역사유물론 연구』, 이해민 옮김, 푸른미디어, 1999, 79쪽.

122 카를 마르크스, 「공산주의당 선언」, 『칼 맑스 프리드리히 엥겔스 저작 선집』 1권, 박종철출판사, 1991, 402쪽.

다루며 내린 정의입니다. 부르주아는 자본가 계급이라는 경제적 위상만을 가지고 있지 않습니다. 그것은 무엇보다 지배계급으로 조직된 부르주아지이며, '근대 대의제 국가'로 조직된 부르주아지입니다. 따라서 국가는 지배계급 그 자체입니다. 여기에서 모든 인민을 대표한다, 혹은 대의한다는 근대 국민국가의 중립성이 기각됩니다. 동시에 프롤레타리아 정치란 곧 부르주아의 편에 선 국가를 프롤레타리아의 것으로 만드는 것을 의미합니다. 다시 말해 국가는 결코 인민의 일반의지를 대표하거나 대의하는 중립적인 것이 아닙니다. 국가는 계급 지배의 수단이며, 특히 부르주아지의 계급 지배 수단입니다. 또한, 국가는 프롤레타리아트를 착취하고 억압하는 장치입니다. 따라서 프롤레타리아트 혁명은 부르주아지가 장악한 국가권력을 탈취하는 것으로부터 시작합니다.

이러한 정식은 훗날 러시아 혁명을 주도한 레닌에 의해 더욱 날카롭게 다뤄집니다. 레닌은 『국가와 혁명』에서 국가를 통치나 지배가 아닌 혁명과의 관계 속에서 사유합니다. 레닌 역시 국가를 "화해 불가능한 계급 적대의 산물"[123]로 파악합니다. 언뜻 매우 역설적인데, 국가를 계급이 잠정적으로라도 타협하거나 화해한 산물이 아니라, 거꾸로 화해 불가능한 계급 적대의 산물로 규정합니다. 레닌은 오히려 국가를 타협의

---

123   V.I.레닌, 『국가와 혁명』, 김영철 옮김, 논장, 1988, 16쪽.

산물로 바라보는 것은 부르주아의 이데올로기에 불과하다고 강하게 비판합니다. 레닌은 만약 부르주아지들의 주장대로 계급 간의 화해가 이뤄졌다면, 오히려 국가는 필요하지 않았을 거라면서 "국가란 계급 사이의 대립이 객관적으로 바라보았을 때 결코 화해될 수 없을 경우에, 그리고 화해될 수 없기 때문에 발생한 것이다"[124]라고 말합니다. 레닌은 한 계급이 다른 계급을 통치하고 지배하기 위한 기관이며, 갈등을 화해시키는 것이 아니라 갈등을 조절함으로써 오히려 억압을 정당화하고 갈등을 해결 불가능한 상태로 놓는 것으로 국가의 본질을 이해합니다. 그러면서 『공산당 선언』에서 마르크스가 언급했으나, 1917년 러시아 혁명의 한가운데 왜곡되고 잊힌 하나의 구절을 포착합니다.

> 프롤레타리아트는 자신의 정치적 지배를 이용하여 부르주아지로부터 모든 자본을 차례차례 빼앗고, 모든 생산 도구들을 국가의 수중에, 즉 지배계급으로 조직된 프롤레타리아트의 수중에 집중시키며, 가능한 한 신속히 생산력들의 양을 증대시키게 될 것이다.[125]

---

124 위의 책, 18쪽.

125 카를 마르크스, 「공산주의당 선언」, 『칼 맑스 프리드리히 엥겔스 저작 선집』 1권, 박종철출판사, 1991, 420쪽. 강조는 필자.

레닌은『국가와 혁명』에서 위의 문장을 인용하면서 마르크스의 망각된 말이자, 국가에 대한 '가장 흥미로운 규정'으로 "국가, 즉 지배계급으로 조직된 프롤레타리아트"라는 명제를 길어 올립니다. 레닌은 이를 '프롤레타리아 독재'라는 개념과 결부시키는데, '프롤레타리아 독재'라는 개념은『공산당 선언』에 아직 출현하지 않은, 마르크스와 엥겔스가 파리코뮌 이후부터 사용한 개념으로, 레닌에 의해 "마르크스주의의 가장 뛰어나고 가장 주요한 개념"[126]으로 다시금 생명력을 얻습니다. 이것은 뒤에 가서 본격적으로 다루겠습니다.

우선 마르크스와 레닌의 주장에 따라 프롤레타리아가 혁명을 일으켜 국가권력을 장악했다고 생각해봅시다.

마르크스가 "이제까지의 모든 사회의 역사는 계급투쟁의 역사이다"라고 선언하면서 수행한 분석의 핵심은, 부르주아와 프롤레타리아의 적대는 자본주의적 착취에 기초한다는 것이었습니다. 그리고 부르주아 혁명은 계급 관계를 단순화했지만, 결코 계급 적대를 폐기하지는 않았다는 것입니다. 그렇다면 프롤레타리아의 혁명은 적대의 조건인 착취를 끝내야 합니다. 착취란 좋은 자본가이든 나쁜 자본가이든 상관없이 자본주의적 경제구조에서 필연적이기 때문에, 개별적인 저항이 아니라 프롤레타리아 국가의 구성을 통한 착취의 종식을

---

126   V.I.레닌,『국가와 혁명』, 김영철 옮김, 논장, 1988, 37쪽.

생각하게 됩니다. 착취의 폐기란 곧 계급 적대의 폐기이며, 나아가 부르주아와 프롤레타리아라는 계급의 구별이 사라진다는 것을 의미합니다.

> 계급적 차이들이 소멸되고 모든 생산이 연합된 개인들의 수중에 집중되면, 공권력은 그 정치적 성격을 상실하게 될 것이다.[127]

계급 적대가 소멸하면 개인들은 착취에 입각한 지배-피지배 관계가 아니라 '연합된 개인'들로서 새로운 관계를 맺습니다. 연합된 개인이란 낡은 부르주아 사회를 대체할 "각인의 자유로운 발전이 만인의 자유로운 발전의 조건이 되는 하나의 연합체"[128]를 말합니다. 하지만 『공산당 선언』에서 이 규정은 추상적인 차원에서만 언급되고 있을 뿐입니다.

그런데 이러한 사회에서 국가는 무엇일까요? 위 인용문에서 언급한 '공권력'이란 곧 국가를 의미하므로, 연합된 개인들의 사회에서 국가는 정치적 성격을 상실하게 된다는 것입니다. 앞서 국가란 지배계급의 이익을 대변하는 국가이므로, 계급 대립이 사라진 사회에서는 더 이상 지배계급의 이익을

---

127 카를 마르크스, 「공산주의당 선언」, 『칼 맑스 프리드리히 엥겔스 저작 선집』 1권, 박종철출판사, 1991, 420~421쪽.
128 위의 책, 421쪽.

대변하는 국가란 존재할 필요가 없음을 뜻합니다.

다시 말해 계급 관계의 소멸이란 곧 국가의 소멸이기도 합니다. 그런데 마르크스가 "모든 계급투쟁은 정치 투쟁이다"[129]라고 말한 것을 상기해봅시다. 모든 계급투쟁은 정치투쟁이며, 부르주아 계급의 정치적 지배는 곧 이 계급의 국가권력을 의미합니다. 반면에 프롤레타리아 정치는 국가권력에 대항하는 계급투쟁을 의미합니다. 그런데 계급 관계의 소멸 이후 국가가 소멸한다면 곧 계급투쟁도 소멸하며, 이는 궁극적으로 정치의 소멸입니다. 따라서 '연합된 개인들의 사회'란 착취도 계급 적대도 국가도 없는 사회이고 동시에 정치가 부재한 사회입니다. 정치적 실천이 없는 사회, 모든 정치와 무관한 비정치적인 사회란 어떤 사회일까요? 지상에 존재할 수 없는 유토피아거나 혹은 모든 정치적 실천이 비정치적인 것으로 간주되는, 부르주아 사회와는 또 다른 형태의 억압적 사회가 아닐까요? 물론 마르크스가 정치의 종언을 선언한 것은 아닙니다. 하지만 이러한 논리적 귀결은 『공산당 선언』에서 제시한 마르크스의 사유에 어떤 공백이 있음을 의미합니다.

부르주아 국가에서 '연합된 개인들의 사회'로의 이행을 위해 마르크스는 생산양식 전체 변혁의 조치를 나열합니다.

---

129   위의 책, 409쪽.

1. 토지 소유의 몰수와 지대의 국가 경비로의 전용.

2. 고율의 누진세.

3. 상속권의 폐지.

4. 모든 망명 분자들 및 반역자들의 재산의 압류.

5. 국가 자본과 배타적인 독점권을 가진 국립 은행을 통한
국가 수중으로의 신용의 집중.

6. 운송 수단의 국가 수중으로의 집중.

7. 국영 공장과 생산 도구들의 증가, 공동 계획에 의거한 토
지의 개간 및 개량.

8. 모두에게 동등한 노동 강제, 산업 군대, 특히 농업을 위한
군대의 육성.

9. 농경과 공업 경영의 결합, 도시와 농촌 간의 차이의 점차
적 근절을 위한 노력.

10. 모든 어린이에 대한 공공 무상 교육. 오늘날과 같은 형태
의 어린이들의 공장 노동 폐지. 교육과 물질적 생산의 통일
등등.[130]

이러한 나열 다음 "발전과정 속에서 계급적 차이들이 소멸
되고 모든 생산이 연합된 개인들의 수중에 집중되면…"이라
는 서술이 이어집니다. 하지만 이 조치들과 연합된 개인들의

---

130   위의 책, 420쪽.

사회 사이에는 엄청난 간극이 있습니다. 지배계급으로 조직된 프롤레타리아, 즉 프롤레타리아 국가가 어떻게 비국가, 비정치적인 연합된 개인들의 사회로 이행하는지에 대한 언급이 없습니다. 단지 프롤레타리아에 의한 정치권력의 획득이 필연적 단계로 설정되어 있을 뿐입니다. 프롤레타리아가 권력을 장악한다면 그것은 또 다른 정치적 지배가 아닌지, 프롤레타리아에 의한 정치적 지배는 과연 그 '정당성'을 어떻게 보장할 수 있는지에 관해 무수한 질문이 뒤따르게 됩니다.

이것은 또한 혁명에 관한 생각과 결부됩니다. 혁명을 마치 하나의 거대하고 단절적인 사건처럼 사고한다면, 그래서 1789년 프랑스 혁명을 바스티유 감옥 공격이라는 단일한 사건으로 간주한다면, 혁명은 이전과 이후를 절단하는 칼날 같은 것으로 생각될 것입니다. 물론 혁명이 혁명 이전과 이후를 가르는 중요한 사건을 포함하지만, 그것만으로 환원될 경우 혁명 이후에 모든 것이 갑자기 뒤바뀌어 있어야 한다는 비현실적 결론에 도달하게 됩니다. 따라서 혁명은 곧 계급투쟁이지만, 혁명 이후에 계급투쟁이 소멸한다는 주장은 지나치게 도식적이거나 추상적입니다. 레닌은 『국가와 혁명』에서 국가가 아닌 '연합된 개인'이라는 정의가 추상적인 수준에 머물러 있다고 여러 번 언급합니다. 즉 '타도된 부르주아의 국가기구를 무엇으로 대체할 것인가?'에 대한 답변으로서 말입니다. 레닌은 "1847년에 『공산당 선언』에서, 이 문제에 대한 마르크스의 답변은 아직도 순전히 추상적 수준에 머물러 있었다. 정확히 말해서 그 답변은 임무를 설정하고는 있지만 혁명 과정에서 그 임무를 수행하기 위한 구체적인 방법은 제시하지 않은 답변이었다"[131]라고 평가합니다.

마르크스는 『공산당 선언』 이후 역사적으로 전개된 프롤레타리아의 정치적 실천을 통해 사유의 공백이 무엇이었는지 깨닫게 됩니다. 그 실천이란 바로 1971년 파리코뮌의 경험입니다. 이제 마르크스가 스스로 정정한 내용이 무엇인지 살펴봅시다.

4. 프롤레타리아 독재:
파리코뮌의 교훈, 마르크스의 정정

1871년 파리 시민과 노동자들의 봉기로 수립된 혁명적 자치정부 파리코뮌Commune de Paris은 1870~1871년에 걸친 프로이센과의 전쟁에서 패하자 프랑스 정부의 무능함과 패전 이후의 경제적 정치적 위기에 반발해 프랑스 민중이 일으킨 봉기이자 노동자 민중이 파리 시청을 점거하고 독자적인 선거를 실시해 수립한 정부의 이름입니다. 파리코뮌 기간은 1871

---

131   V.I.레닌, 『국가와 혁명』, 김영철 옮김, 논장, 1988, 57쪽.

년 3월 28일 성립 선포 후 5월 28일까지로 짧았지만, 역사상 가장 혁명적이면서도 가장 민주적인 자치정부였습니다.

마르크스는 파리코뮌의 성립 후인 1871년 4월부터 이 전무후무한 사건이 무엇을 의미하는지 정리하기 시작했습니다. 파리코뮌의 역사적 정치적 의미를 매우 날카롭고도 정열적으로 써 내려간 마르크스의 저작은 『프랑스 내전』이라는 제목으로 세상에 나옵니다. 35쪽 분량의 이 소책자는 프랑스 정부군과 독일제국, 오스트리아-헝가리 제국, 벨기에, 영국의 연합군대에 의해 파리코뮌이 무자비하게 진압당한 직후 6월 중순에 런던에서 처음 간행되었고, 곧이어 유럽 각국어로 번역되어 순식간에 유럽 전역에 퍼졌습니다. 마르크스는 『프랑스 내전』에서 파리코뮌을 "계급지배 그 자체를 제거해야 하는 공화제의 명료한 형태"[132]이자, 노동자 계급 통치의 "마침내 발견된 정치형태"[133]로 말합니다. 그런데 마르크스는 『프랑스 내전』을 쓴 후 『공산당 선언』의 1872년 독일어판 서문을 통해 『공산당 선언』 일부를 정정합니다. 『선언』을 쓴 지 25년이 지났지만, 『선언』은 여전히 유럽 각국에서 출판되고 있었습니다. 마르크스와 엥겔스는 각국에서 재판을 거듭할 때마다 서문을 덧붙였는데 그중 하나가 1872년 독일

---

132 카를 마르크스, 「프랑스에서의 내전」, 『칼 맑스 프리드리히 엥겔스 저작 선집』 4권, 박종철출판사, 1995, 64쪽.

133 위의 책, 67쪽.

어판 서문입니다. 재판을 인쇄할 때마다 본문을 수정할 수도 있었지만, 그들은 "『선언』은 역사적 문서이며, 우리는 그것을 더 이상 변경할 권리가 없다"[134]라고 이야기합니다. 이미 저자들만이 아닌 모든 사회주의자와 공산주의자, 노동자 계급과 민중의 텍스트가 된 셈입니다. 그래서 저자들은 본문에 수정을 가하지 않은 채 서문에서 정정의 내용과 그 이유를 밝힙니다.

> 『선언』 자체가 천명하고 있는 바와 같이, 이러한 원칙들의 실천적 적용은 언제 어디서나 당대의 역사적 상황들에 의존하게 될 것이고, 그러므로 Ⅱ절 끝에서 제시된 혁명적 방책들에 특별한 중요성이 있는 것은 결코 아니다.[135]

마르크스가 언급한 '혁명적 방책들'이란 위에서 인용한 10개의 조치입니다. 앞서 말했듯이 10개의 조치와 그 이후 도래할 '연합된 개인들' 사이의 간극이 있음을 다시 확인합시다. 이어서 서문을 좀 더 읽어보겠습니다.

> 오늘날 이 부분은 여러 가지 점에서 다르게 서술되어야 할

---

134 카를 마르크스, 「공산주의당 선언」, 『칼 맑스 프리드리히 엥겔스 저작 선집』 1권, 박종철출판사, 1991, 370쪽.

135 위의 책, 369쪽.

것이다. 지난 25년에 걸친 대공업의 엄청난 발전, 그리고 이와 함께 진전된 노동자 계급의 당 조직에 비추어 볼 때, 그리고 우선 2월 혁명의 실천적 경험 및 더 나아가 프롤레타리아트가 처음으로 2개월간 정치권력을 장악했던 파리코뮌의 실천적 경험에 비추어 볼 때, 이 강령은 몇몇 군데에서 오늘날 낡은 것이 되어 버렸다. 특히 코뮌은 "노동자 계급이 기존의 국가기구를 단순히 장악하여 그것을 자기 자신의 목적을 위해 가동시킬 수는 없다"는 것을 증명해 주었다.[136]

저자들은 위에서 따옴표 안에 든 말―"노동자 계급이 기존의 국가기구를 단순히 장악하여 그것을 자기 자신의 목적을 위해 가동시킬 수는 없다."―을 『프랑스 내전』에서 가져왔습니다. 『공산당 선언』 정정의 의미, 그리고 그것의 결정적인 계기로서 파리코뮌의 경험, 그리고 정정이 핵심적으로 의미하는 바가 무엇인지 매우 예리하게 포착한 이는 레닌이었습니다. 레닌은 『국가와 혁명』에서 "그 정정의 의미를 『공산당 선언』을 읽은 100명의 사람 중 아마도 99명까지는 안 되더라도 적어도 90명까지는 모르고 있을 것"이라면서 이 정정이야말로 마르크스가 "파리코뮌에서 얻은 매우 근본적인 교육을 아주 중요하게 인정하고 있다"라는 것을 보여준다고 강조합니다.

---

136   위의 책, 369~370쪽.

레닌은 왜 『공산당 선언』의 1872년 정정이 매우 중요하며 본질적인 의미가 있다고 말할까요? 그것은 다름 아닌 "프롤레타리아 독재"라는 용어와 결부된다고 파악했기 때문입니다. 프롤레타리아 독재 개념은 『공산당 선언』에는 등장하지 않습니다. 그 개념은 『선언』이 쓰인 후에 비로소 마르크스에 의해 사용되고 정의됩니다.

프랑스의 철학자 에티엔 발리바르에 따르면 마르크스의 프롤레타리아 독재 개념 사용은 두 시기로 구별됩니다.[137]

먼저 제1시기는 1848년부터 1852년까지 쓰인 텍스트들, 『신 라인 신문』, 『프랑스에서의 계급투쟁』, 『루이 보나파르트의 브뤼메르 18일』에서 다뤄지며, 프롤레타리아 독재에 소극적인 정의를 부여합니다. 마르크스는 근대국가가 실현하는 부르주아 독재(의회제 민주주의 포함)에 프롤레타리아 독재를 대립시킬 필요성을 언급합니다. 그는 앞선 정치적 혁명들, 특히 당시에 잇따라 일어나는 프랑스 봉기들이 지향했던 것처럼 '기존의 국가장치'를 이용하거나 '완성'하는 것이 아니라, 그것을 '파괴'해야 한다고 말합니다.

제2시기는 파리코뮌의 경험이 결정적입니다. 파리코뮌을 비극적 패배로, 노동자 민중의 역사적 좌절로 평가하지 않고 파리코뮌의 '보편적 의의'를 추출합니다. 즉 파리코뮌을 중심

---

137 프롤레타리아 독재 개념의 시기 구분은 에티엔 발리바르, 『역사유물론 연구』, 푸른미디어, 1989, 91~92쪽 참조.

으로 한 프랑스 내전 속에서 프롤레타리아 독재의 적극적인 정의를 부여할 수 있게 됩니다.

레닌이 마르크스의 '프롤레타리아 독재' 개념을 보다 정교하게 다듬으려는 시도는 바로 국가와 혁명 사이의 문제, 『공산당 선언』에서 마르크스 사유의 공백으로 남는 문제, 그리하여 레닌이 마르크스의 사유를 추상적이라고 지적하며 도출된 '혁명 과정에서 타도된 부르주아 국가를 대체하는 것은 무엇이며, 이는 어떻게 구축할 것인가'의 문제에 관한 나름의 해결방안 모색이었습니다.

또한 『공산당 선언』의 정정은 『공산당 선언』에서 내린 국가에 대한 정의 변경을 포함합니다. 국가란 부르주아의 집행위원회에 불과하므로 혁명을 통해 프롤레타리아가 국가를 장악하면 프롤레타리아 계급의 의도에 따라 얼마든지 사용할 수 있다는 것은 마르크스의 도구적 국가관을 드러냅니다. 이는 혁명이론 역시 단순화합니다. 혁명이란 단지 국가를 빼앗으면 되는 일이기 때문입니다.

레닌은 『국가와 혁명』에서 엥겔스의 논의를 참조해 '국가의 파괴'와 '국가의 소멸'을 구별하면서 국가와 혁명의 관계를 보다 복잡한 것으로 만듭니다. 이는 마르크스주의에서의 국가와 혁명 이론을 정교화하는 것인 동시에 정세적인 작업이었습니다. 러시아 혁명의 한가운데에서 레닌은 국가의 무조건적인 '폐지'를 주장하는 무정부주의자들과 국가의 폐지 없이 평면적이고 점진적인 변화라는 차원의 (점차적인) '소멸'을 주장하는 개량주의 세력 사이에서 그 두 편향을 비판합니다. 그리고 폭력 혁명을 통한 부르주아 국가의 파괴, 그리고 그 후에 이뤄지는 국가 '사멸'의 과정을 복합적으로 파악하려 합니다.

그는 엥겔스의 『반뒤링론』을 참조하며(엥겔스의 국가 폐지, 국가 소멸의 구별 역시 파리코뮌의 영향임을 언급하고 있습니다) 국가를 폐지하는 것은 프롤레타리아의 혁명을 통한 부르주아 국가의 폐지를 의미하고, 국가의 소멸이란 혁명 이후 남아있는 프롤레타리아 국가라는 잔존물이 마치 나뭇잎이 말라죽듯이(withering away) 소멸하는 것이라고 말합니다. 즉 부르주아 국가는 '소멸'하는 것이 아니라, 혁명 과정에서 프롤레타리아에 의해 '폐지'되는 것입니다. 그리고 혁명 후에 소멸하는 것은 프롤레타리아 국가입니다. 프롤레타리아 국가의 소멸은 곧 국가 일반의 폐지이며, 이것은 곧 '자유로운 인민들의 연합'의 형태가 될 것입니다.

레닌의 이러한 구별은 폭력 혁명과 혁명 이후의 지속적이고 영속적인 혁명의 과정을 동시에 포함합니다. 혁명을 단순화하지 않을 뿐만 아니라 점진적인 개혁으로 대체하지도 않습니다. 레닌은 "폭력 혁명 없이 부르주아 국가를 프롤레타리아 국가로 대체할 수는 없다"라고 단호하게 말합니다. 또한, "프롤레타리아 국가, 즉 국가 일반의 폐지는 사멸이라는 과정을 거치지 않고는 불가능하다"[138]라고 덧붙입니다.

이런 차원에서 『공산당 선언』에 프롤레타리아 독재 개념이 등장하지 않는 것으로 국가에 관해 해명하지 못한 두 가지 문제를 알 수 있습니다. 하나는 프롤레타리아 혁명에 있어 현존하는 국가 장치 파괴의 즉각적인 필연성이 명확하게 제시되지 않은 것이며, 다른 하나는 국가의 파괴 및 '소멸'을 위한 실천적인 조치들이 『선언』에 결여된 것입니다. '국가 일반의 폐지'는 '자유로운 연합들'이라는 비국가적 전망으로서만 선언하고 있을 뿐입니다. 따라서 『선언』에는 혁명을 위한 국가의 적극적인 이용—'조치들'의 실행—만이 언급돼 있습니다.[139]

국가를 둘러싼 혁명에서 국가에 대한 혁명으로의 전화, 즉 프롤레타리아 국가의 수립과 국가 일반의 소멸이라는 과정 전반이 혁명 과정에서 국가를 어떻게 사고하고 실천할 것인가의 문제를 더 구체적이고 복잡하게 만들었습니다. 그렇다면 프롤레타리아 독재는 무엇이며 이러한 혁명의 과정에서 행하는 역할은 무엇일까요?

프롤레타리아 독재란 곧 프롤레타리아 국가이면서 동시에 국가가 아닌 것, 비국가입니다. 마르크스는 『고타 강령 비판』 (1875)에서 프롤레타리아 독재를 다루는데, 이것은 자본주의로부터 계급 없는 공산주의 사회로 이행하기 위한 과도기이

---

138   V.I.레닌, 『국가와 혁명』, 김영철 옮김, 논장, 1988, 34~35쪽.

139   에티엔 발리바르, 『역사유물론 연구』, 푸른미디어, 1989, 94쪽.

고, 1872년 파리코뮌에서 프롤레타리아독재의 국가 형태가 역사적으로 발명되었으며, 이것이 본질적으로 노동자 계급의 정부라고 말합니다. 다시 말해 프롤레타리아 독재란 부르주아 국가를 폭력 혁명에 의해 폐지하며 등장한 프롤레타리아 국가이면서 동시에 국가 일반의 폐지와 계급 없는 공산주의 사회로 나아가기 위한 실천적이고 과도기적인 권력입니다. 그런데 마르크스는 프롤레타리아 정부 혹은 프롤레타리아 국가라는 단어 대신 왜 하필 '독재'라는 단어를 선택했을까요?

프롤레타리아 독재의 의미를 파악하기 위해 우리는 다시 '국가'의 문제로 돌아가야 합니다.

레닌은 『국가와 혁명』에서 마르크스의 『공산당 선언』과 『프랑스 내전』에 나타난 국가 개념을 비교, 분석하고 국가장치와 국가권력을 구별하면서 국가를 한층 복잡한 것으로 사유합니다.

근대 시민혁명으로 태동한 국가의 지배계급은 부르주아입니다. 그런데 우리는 이를 부르주아 국가가 아닌 '국민 국가' 혹은 대의민주주의에 입각한 대의제 국가라고 이야기합니다. 이는 부르주아 계급이 자신의 지배력을 행사하는 방식과 관련이 있습니다. 부르주아 권력은 '간접적'으로 프롤레타리아 지배를 행사합니다. 이를 정식화하면 '왜 일반적으로 부르주아는 국민 국가라는 형태로, 그리고 고유한 제도를 가지는 근대 대의제 국가를 통해 정치적 지배를 유지하고자 하는가'

라는 문제입니다.

근대 이후 국가의 제도는 프롤레타리아 계급에'만' 적용되지 않습니다. 법은 모든 구성원에게 적용되어야 합니다. 지배 계급이 군주나 왕이라면 법의 위에 존재하므로 이들의 지배는 직접적입니다. 반면 근대 이후의 지배 권력은 국가를 매개로 지배를 행사합니다.

우선 자본주의 사회에서 자본가 계급은 노동자 계급에 경제적 지배를 행사합니다. 경제적 지배는 직접적인 노동과정을 포함한 생산관계를 통해 관철됩니다. 하지만 자본주의적 생산관계의 지속을 위해서는 경제적 지배만으로 충분하지 않습니다. 『자본』에서 마르크스가 언급했듯이, 노동자들은 공장 안에서 착취를 당하면서도 다음날 자발적으로 '관계자 외 출입금지' 팻말이 걸린 공장 문 앞에 다시 섭니다. 이러한 노동자들의 자발성은 정치적이고 법·제도적인 장치에 의해 지속적으로 수행되어야 합니다. 가령 교육을 통해 노동의 중요성, 근면하고 성실한 태도 등을 끊임없이 일깨우고, 노동은 능력의 창조적인 발현이며 게으름은 '죄'라는 통념을 만듭니다. 이는 경제적 지배가 아닌 정치적 영역에서 형성됩니다.

다른 면에서 보자면 지배계급이 부르주아라고 할지라도, 이는 부르주아 계급의 이름으로, 즉 한 집단이 다른 한 집단에 행사하는 것으로 지배가 표현되지 않습니다. 국회의원이나 행정가들이 자신을 부르주아 계급으로 표명하지도 않을 뿐더러 그들의 권력 행사가 단일한 부르주아 계급의 의지로서 표출되지도 않습니다. 그들은 늘 '국익의 차원에서' 혹은 '국민을 대표하여' 권력을 수행할 뿐이라고 이야기합니다. 예를 들어 '세금'은 직접적인 착취 관계에 따른 잉여가치가 아니지만, 국가 차원의 독자적인 경제 형태입니다. 세금을 누구에게 어떤 방식으로 거둬들이고, 또한 어떻게 사용하느냐의 문제는 '계급적'일 수 있습니다. 하지만 그 방식은 국가를 매개로 한 간접적인 계급적 지배의 형식을 띠고 등장합니다.

요컨대 국가의 정치권력은 한 계급의 다른 계급과의 관계라는 형식으로 나타나지 않으며, 또 그렇게 실현되지도 않습니다.[140]

이 지점에서 정치권력은 '국가장치'를 통해 자신의 지배력을 행사합니다. 즉 부르주아 계급은 자신의 지배력을 행사하기 위해 '국가장치'를 이용하며, 그렇기 때문에 국가장치의 기능 속에서 계급 관계는 은폐되어 버립니다. 교육기관이나 언론기관, 입법기관, 재판소 등 다양한 국가장치를 떠올려보면 이해하기 쉽습니다. 이것들은 모두 '계급적'이지 않으며, '국민의 이익'을 위해 봉사하는 기관으로 나타납니다. 따라서 정치인들의 입에서 종종 나오는 '국익의 차원에서' 혹은 '국민의 이름으로'라는 표현이 기만이거나 거짓말인 것만은 아

---

140 위의 책, 99쪽.

닙니다. 바로 근대 국가의 지배 메커니즘을 가장 잘 표현한 것이기 때문입니다. 오늘날의 프롤레타리아인 '우리'가 자본가와 마찬가지로 자유롭고 평등한 개인이라는 것은 가상이 아닌 것 같습니다. 국민으로 태어나, 학교에 다니며, 군에 입대하고, 선거에 참여하고, 때로 국회의원이 되거나 공무원이 되는 것이 자본가 계급만은 아닙니다. 하지만 바로 그 이유 때문에 국가의 지배 메커니즘은 계급 관계의 환상이나 몰이해를 낳습니다. 우리는 자유롭고 평등한 시민인 동시에 프롤레타리아이거나, 부르주아입니다. 우리는 자유롭고 평등하지만, 동시에 착취당하거나 착취합니다. 국가장치의 기능은 부르주아의 대표자를 전 '인민'의 대표자로, 노동자 민중의 대표자로 전환하는 겁니다.

5. 정치의 새로운 실천

이제 국가권력과 국가장치로 구별된 복잡한 국가와 관련해 혁명의 문제를 생각해봅시다. 프롤레타리아 독재는 이러한 차원에서 국가와 혁명 모두를 복잡하게 하며, 따라서 정치적 실천의 차원에서 국가, 그리고 혁명의 문제를 제기합니다.

자본주의에서 공산주의로의 이행은 국가의 소멸=정치의 소멸이 아닙니다. 그 시기는 아주 풍부하고 다양한 정치적 형태를 창출하는 시기입니다. 레닌은 이 시기를 '프롤레타리아 독재'로 규정합니다. 통상 독재는 민주주의의 죽음과 정치의 소멸을 연상시킵니다. 하지만 레닌은 이 개념을 뒤집는데, 이는 프롤레타리아 정치의 전복적인 측면과도 연관됩니다. 레닌은 마르크스가 쓴 『루이 보나파르트의 브뤼메르 18일』을 독해하며 역사적으로 등장한 이전의 모든 혁명과는 다른 프롤레타리아 혁명의 의미를 정초합니다.

레닌은 "모든 혁명은 국가기구를 제거하기보다는 오히려 완성시켰다"라는 마르크스의 분석을 인용하면서 『공산당 선언』에 나타난 추상적이고 일반적인 수준에 머문 국가 개념이 더 구체적이며 실천적인 일보를 내디뎠다고 평가합니다. 그러면서 "이전의 모든 혁명이 국가기구를 개선했던 반면에, 앞으로의 혁명은 국가기구를 파괴하고 타도해야 한다"[141]라는 주장을 전개합니다.

과거의 모든 역사에서 혁명은 왕의 목을 치면서 또 다른 왕을 세웠습니다. 그러면서 국가기구는 세련되고 정교한 통치에 적합한 형태로 점차 완성됩니다. 하나의 계급이 국가권력을 장악하면 그 권력은 반드시 국가장치를 강화했습니다. 가령 과거 봉건제시대의 왕이나 군주의 지배력이 아무리 억압적이었더라도 오늘날 현대 국가의 정교한 통치에 비할 수

---

141   V.I.레닌, 『국가와 혁명』, 김영철 옮김, 논장, 1988, 42쪽.

는 없습니다.

프롤레타리아 혁명은 국가의 완성이 아닌 국가의 소멸로 나아가야 합니다. 이것이 지배 관계의 종식과 관련되기 때문입니다. 따라서 프롤레타리아가 국가권력을 획득한다는 것은 이제까지와는 다른 정반대의 길을 여는 것입니다. 즉 국가권력 강화의 목적은 역설적으로 국가장치의 약화여야 합니다. 정확히 '지배계급으로 조직된 프롤레타리아 계급'은 국가장치에 반대하는 투쟁을 수행해야 합니다.

그렇다면 교육이나 전기, 수도처럼 공통의 삶을 위해 필요한 제도를 국가장치와 함께 없애버리자는 이야기인가 하는 직관적인 궁금증이 생길 수 있습니다. 그러니까 이것은 국가장치의 파괴가 어떻게 가능하냐는 질문입니다. 이를 위해서는 국가장치와는 다른 새로운 유형의 조직이 발명되어야 합니다. 레닌에게 그것은 노동자 정치조직이었고 러시아 혁명 당시에 등장한 노동자 소비에트, 병사 소비에트, 농민 소비에트와 같은 자율적이고 자치적인 조직들이었습니다. 이들이 국가장치의 지배하에 있는 것이 아니라 거꾸로 이들 조직이 국가장치를 통제합니다. 이와 더불어 새로운 형태의 국가장치를 발명해야 합니다. 억압이 목적인 국가장치의 폐기와 함께 자율적이고 자치적인 정치를 수행할 수 있는 조직이 국가장치의 기능을 흡수하고 변경해야 합니다. 가령 파리코뮌, 노동자-병사 소비에트, 그리고 우리나라의 경우 1980년 광주에서 도시적이고 민중적인 질서를 다시 확립하기 위한 민주주의적 조치들은 비국가인 동시에 국가의 기능을 새로운 형식과 내용으로 대체한 역사적 형식들이라고 볼 수 있습니다.

따라서 '과도기'라 칭하는 프롤레타리아 독재는 단순히 국가의 파괴를 의미하지도, 자연스러운 국가의 소멸 과정을 의미하지도 않습니다. 그 시기에 프롤레타리아 권력은 점차 소멸하거나 약화하는 것이 아닙니다. 반대로 프롤레타리아 국가권력은 끊임없이 강화되어야 합니다. 이 힘으로 기존의 억압적이고 전문화된 국가장치를 대체할 새로운 정치적 실천을 수행하고 새로운 정치적 형식을 발명하며, 매우 복잡하고 다양한 민주주의를 실현하면서 이제까지 없던 새로운 민주주의를 발명해야 합니다. 이러한 과정은 계급 적대의 소멸 위에서, 무계급의 사회에서 일어나는 것이 아닙니다. 혁명이 모든 반대자를 제거하고 숙청해 계급사회를 없애버린다는 것은 매우 의도된 왜곡입니다. 혁명은 무엇보다 새로운 정치의 발명이며 새로운 주체의 형성 과정입니다.

따라서 이러한 과도기에는 반혁명적이거나 과거로 복귀하려는 다양한 시도(이것은 부르주아 계급뿐만 아니라 프롤레타리아 계급 자신에 의해서도 시도될 수 있습니다)에 맞서 새로운 정치를 실행하는 장–새로운 계급투쟁의 장이 열려야 합니다. 이런 의미에서 '독재'는 거꾸로 사용되고 보다 적극적으로 사용됩니다. 정치를 힘의 사용인 동시에 힘의 전복이라고 말한다면 프롤레타리아의 독재란 새로운 정치의 장을 열기 위한 힘의 결집과 사용을 의미합니다. 그 때문에 독재는 민주주의의 반대 항이 아니며, 부르주아 민주주의와는 다른 새로운 민주주의의 형식을 창출하는 능력이라고 말할 수 있을 것입니다.

6장

모두가 평등한 국가는 가능한가

T.H. 마셜, 『시민권』

정우준

시민권은 공동체의 완전한 구성원에게 부여되는 일종의 지위입니다. 따라서 동등한 지위를 가진 사람들은 지위가 부여하는 권리와 의무의 측면에서 평등합니다. [···] 반면에 사회계급은 불평등한 체계입니다. 그것은 또한 시민권과 마찬가지로 여러 가지 이상과 신념, 가치에 기반을 둘 수 있습니다. 따라서 시민권이 사회계급에 영향을 미칠 때, 대립하는 원칙 사이에서 갈등이 나타날 것이라고 예상하는 것은 당연합니다. ─『시민권』[142]

1. 요람에서 무덤까지, 새로운 국가를 요구하다

"요람에서 무덤까지"라는 말을 들어보셨나요? 1942년 12

---

142   본문에 인용된 구절은 모두 T.H. 마셜 『시민권』의 인용이다.

월 2일 자 영국 신문 『데일리 미러』의 기사 "요람에서 무덤까지의 플랜Cradle to Grave Plan"에서 시작된 이 표어는 국가에 대한 시민의 새로운 요구를 표현하는 말입니다. 국가에 대한 시민의 이 같은 요구는 '베버리지 보고서'로 알려진 「사회보험과 관련 서비스」라는 상징적인 보고서를 통해 국가에 반영됩니다. 영국의 주교였던 윌리엄 템플은 1941년 전후 국가의 역할에 대한 열망을 담아 새롭게 나타날 국가의 모습을 '복지국가welfare state'로 명명합니다.

20세기 이전까지만 해도 빈곤과 불평등은 개인이 해결해야 하는 것이었습니다. 누군가 빈곤하고 불평등한 대우를 받는 것은 그 사람이 게으르고, 무능하고, 무식하기 때문이라고 생각한 겁니다. 그렇기에 국가와 시민들은 가난한 사람들을 가혹하게 대했습니다. 국가는 빈민을 노동원workhouse에 수용해 강제 노역을 시키고, 갖은 핍박을 줬습니다. 이처럼 빈곤과 불평등은 국가가 나서서 해결해야 할 '사회문제'가 아니라 '가난이라는 죄'로 처벌받아야 할 '범죄'였습니다.

빈곤이 범죄라는 생각은 20세기에 들어 조금씩 변화합니다. 빈곤과 불평등의 원인이 개인의 무능력 때문이 아니라 사회구조 탓이라는 생각이 퍼진 것입니다. 그 전환은 1873년 오스트리아에서 시작돼 런던까지 영향을 미친 경제 위기에서 비롯됩니다. 흔히 '영국 대공황(1873~1896)'이라 불린 경제 위기는 많은 사람을 빈곤의 나락에 빠뜨렸습니다. 회사들이 파산하며 일자리가 사라졌고, 사람들은 노동을 통해 소득을 얻을 수 없게 되었습니다. 1889년이 되자 런던 인구 3분의 1이 빈곤 상태에 처합니다. 사람들은 개인의 능력과 상관없이 빈곤해질 수 있다는 것을 깨달았습니다. 빈곤에 관한 생각의 변화는 1909년 영국 왕립빈민법위원회의 보고서를 통해 국가에 반영됩니다. 관료와 학자들이 국가가 빈곤 해결에 적극적으로 나서야 한다고 주장하기 시작한 겁니다. 빈곤과 불평등은 '사회문제'가 되었습니다.

두 차례의 세계대전은 사람들 간의 불평등을 완화하고 누구나 행복한 삶을 누리기 위해 국가가 개입해야 한다는 생각을 더욱 확산시킵니다. 전쟁은 일상적인 삶을 불가능하게 만들었습니다. 일터와 상점은 잿더미가 됐고 생필품은 부족했습니다. 이런 상황에서 국가는 시민의 생존을 위해 빵과 우유를 제공해야 했고, 폭격으로 사라진 집을 대신해 사람들의 거처를 마련해야 했습니다. 시민의 삶을 위해 확대된 역할을 수행한 거죠. 이는 생존과 더 나은 삶을 위해 국가가 나서는 것이 옳다는 생각을 사람들에게 심어주었습니다. 이제 빈곤은 처벌 대상이 아니라 국가가 자신의 역할을 제대로 하지 못했기 때문에 생긴 문제로 여겨졌습니다. 2차 대전이 끝나갈 무렵에 사람들은 국가는 독일과 같은 '무력국가power state'나 '전쟁국가warfare state'가 아닌 국민의 삶을 책임지는 복지국가가 되어야 한다고 생각하게 됩니다. 그렇다면 전후 나타난 새로운 지향으로서의 복지국가란 어떤 국가일까요? 복지국가의 역할을 체계적으로 정리한 사람이 우리가 앞으로 함께 살펴볼 토마스 험프리 마셜(Thomas Humphrey Marshall, 1893~1981)과 그의 책 『시민권과 사회계급citizenship and social class』(국역판 『시민권』)입니다.

영국의 사회학자 마셜은 두 차례의 세계대전 이후 빈곤을 해결하고 평등한 국가를 만들고자 노력한 사람입니다. 「사회보험과 관련 서비스」 보고서의 작성자인 베버리지의 동료이기도 했던 그는 역사 속에서 국가의 역할이 지속해서 변화했음을 알아챕니다. 그가 태어났던 19세기 말 국가의 역할과 삶의 대부분을 보낸 20세기 국가의 역할은 완전히 다른 것이었습니다. 그 차이는 앞서 나타난 빈곤과 불평등에 대한 사람들의 입장과 관련됩니다. 그가 『시민권』을 출간한 1950년 국가의 가장 중요한 목표는 '평등'이었습니다. 사람들은 같은 시민 간의 평등한 대우를 원했고, 국가는 시민의 요청에 따라 평등을 보장하기 위한 법과 제도를 만들기 시작했습니다.

마셜이 보기에 전쟁 후 등장한 '평등한 국가'에 대한 요구는 일시적인 것이 아니었습니다. 사람들은 오랫동안 권리라고 인정받지 못한 것들을 권리로 만들기 위해 싸웠습니다. 법 앞에서의 평등이나 참정권과 같은 것들을 위해 말이죠. 두 차례의 세계대전 이후 시민의 요구로 부각된 사회경제적 평등은 새로운 권리를 국가로부터 보장받기 위한 싸움의 연장

선에서 등장한 것이었습니다. 권리를 확보하기 위한 싸움은 언제나 국가를 변화시켰습니다. 마셜은 근대 국가 탄생 이후 300년 동안 사람들이 보장받고자 한 권리를 관찰함으로써 변화하는 국가의 모습을 살핍니다. 그리고 그 긴 역사 속에 등장한 권리들을 묶어 '시민권Citizenship'이라 이름 붙입니다. 마셜을 시민권 이론의 선구자라고 하는 것은 이처럼 시민이 요구한 권리를 시민권이라는 이름으로 체계화하고, 시민권이 '국가의 제도'를 통해 어떻게 실현되었는지 정리했기 때문입니다.

시민권은 18세기에는 '자유'라는 이름으로, 19세기에는 '투표(정치)'라는 이름으로 등장했습니다. 20세기에 시민권은 새로운 것을 요구하게 됩니다. 바로 '평등'입니다. 빈곤을 해결하고 평등을 보장받고자 한 것이죠. 이 같은 20세기의 평등 개념은 18~19세기의 평등 개념과 다른 것이었습니다. '자유'와 '투표(정치)'가 이룩한 평등을 새롭게 만드는 것이었기 때문입니다.

앞으로 우리는 마셜의 『시민권』을 읽어나가며 시민권의 발전으로 인해 국가가 변화하는 모습을 살펴볼 것입니다. 또 '평등'이라는 이름으로 20세기에 새롭게 주장되는 권리는 무엇이며, 그 권리를 통해 국가는 어떻게 변화했는지 알아볼 것입니다. 그래서 우리가 살아가는 국가가 평등할 수 있는지 질문하려고 합니다. 과연 모두가 평등한 국가란 무엇일까요? 우리는 국가를 통해 평등이라는 목표를 달성할 수 있을까요?

2. 시민권, 국가를 변화시키다

우리나라는 헌법 11조 2항을 통해 "사회적 특수계급의 제도는 인정되지 아니하며, 어떠한 형태로도 이를 창설할 수 없다"라고 규정하며, 모두가 '국민'이라는 동일한 지위를 누린다고 명시합니다. 하지만 같은 국가에 살더라도 그 국가의 모든 사람이 평등한 것은 아닙니다. 신문과 뉴스에서 재벌, 유력 정치인, 법조인 등과 일반 시민이 결코 평등하지 않음을 볼 수 있습니다. 100년 전 영국에서도 지금의 우리나라에서도 사람들은 평등하지 않습니다. 그렇다면 불평등은 국가 내에서 어떻게 나타날까요? 또 그 불평등을 해결하기 위한 수단으로 마셜이 이야기한 시민권은 무엇일까요?

마셜은 자본주의 경제 시스템에서 나타나는 불평등의 양상을 '사회계급social class'이라고 부릅니다. 마셜의 계급 개념은 생산수단의 유무로 계급을 정의하는 마르크스의 계급 개념보다 더 넓은 의미를 가집니다. 마셜에 따르면 계급은 같은 사회 속에서 살고 있음에도 조건의 차이나 능력의 차이로 인해 재산과 소득 같은 물질적인 격차가 발생하고, 그 격차가 지속됨으로써 생기는 사람들 간의 차별과 분리를 뜻합니다. 마셜에게 사회계급은 두 가지 다른 형태로 나타납니다. 첫 번째 계급 형태는 자본주의 이전 시기에서 나타난 사회계급으로 위계에 기반한 것입니다. 즉 귀족, 평민, 농노와 같이 명확하게 구분되는 세습 집단의 신분 체계가 그것이죠. 두 번째 계급 형태는 자본주의 이후 경제구조, 교육제도, 사유재산제도와 관련된 여러 가지의 상호작용으로 발생하는 것입니다. 마르크스가 지적한 계급과 유사한 두 번째 계급 형태는 사회경제적 차이 때문에 국민이 분화된 것이며 분화의 원인으로 인해 분화가 영속화됩니다.

마셜이 살던 시기는 두 번째 형태의 사회계급이 두드러진 시기였습니다. 그가 보기에 사회계급으로부터 비롯되는 격차는 매우 부당한 것입니다. 마셜과 동시대를 살았던 영국의 학자 리처드 토니는 사회계급을 만들어내는 가장 대표적인 이유가 '부의 상속'이라고 말합니다. 본인이 결정할 수 없는, 선천적으로 주어진 혈통이라는 우연적인 요소가 격차를 만들고 그것이 영속화되기 때문입니다. 재벌의 세습 경영이 일상적으로 일어나는 우리나라의 상황을 떠올리면 사회계급의 부조리를 더욱 잘 알 수 있습니다. 경제적인 부분과 더불어 그로부터 비롯되는 교육, 의료, 문화생활과 같은 여러 측면에서 불평등이 나타납니다.

주거는 사회계급의 양상이 도드라지게 나타나는 영역 중 하나입니다. 미국의 할렘Harlem을 들어본 적이 있을 겁니다.

뉴욕에 있는 할렘은 빈민들의 주거 밀집지역입니다. 값싼 집을 찾는 미국 내 유색인종들이 주로 거주하는 곳이죠. 뉴욕의 부자들은 주로 빈민이 거주하는 할렘을 피해 도시 외곽에 삽니다. 경제적 격차로 인해 주거 영역이 분리되는 거죠. 우리나라에도 강남 고급 주거지와 '달동네'나 '빈민촌'이라고 불리는 열악한 주거지가 분리된 모습을 볼 수 있습니다. 주거뿐만 아니라 여러 영역에서 이런 현상이 고착되어 대물림된다면 시민의 삶 전체에 불평등한 차이가 발생합니다.

그렇다면 시민 간의 격차와 분리는 어떤 결과를 가져올까요? 국가의 구성원들이 차별적인 계급으로 나눠진다면 사람들은 자기 계급의 이익만을 위해 활동할 것입니다. 사회계급 내에 유리한 지위를 가진 사람은 자신의 지위를 지키기 위해 그렇지 못한 이들의 성장을 바라지 않을 수 있습니다. 그 결과 사회계급 내 불리한 지위를 지닌 사람들의 삶은 악화될 가능성이 커집니다. 하나의 국가에서 모두 시민이라 불리지만 '하나의 국가, 두 개의 시민'이 되는 것입니다. 이런 상황이 지속된다면 두 개의 시민은 '하나의 국가'라는 허상을 내던지고 내전 상태에 빠져들어 국가는 유지될 수 없을 것입니다. 그것은 '폭동', '혁명', '내전' 등 다양한 결과를 필연적으로 가져올 것입니다.

하나의 국가에 상이한 계급들이 존재하는 상황이 인류 역사에서 낯선 것만은 아닙니다. 17세기 이전까지 불합리한 사회계급 체계는 국가에 의해 적극적으로 허용되었습니다. 왕, 귀족, 평민, 노예라는 신분에서 알 수 있습니다. 같은 계급끼리의 결혼만이 허용되고, 의복이나 가질 수 있는 직업에도 계급 간 차이가 존재했습니다. 하지만 17세기 말부터 '시민'이라는 지위 속에서 모든 사람이 평등하고, 평등한 시민이기에 모두가 누려야 할 권리가 있다는 사상이 널리 퍼졌습니다. 시민들은 그 권리의 목록을 새롭게 만들고 투쟁하며 국가라는 장치를 통해 실현해 나갑니다. 마셜이 정의한 '시민권'은 시민의 투쟁이 확보한 권리 목록을 정리한 것입니다.

시민권은 한 공동체의 구성원이라면 누구나 시민citizens으로 평등하게 대접받고, 동등한 지위에 따라 동등한 권리가 있다는 생각에서 비롯됩니다. 신분에 따라 달리 대우받는 것이 아니라 재산, 소득, 직업, 사는 지역에 상관없이 평등한 권리를 행사할 수 있어야 한다는 것입니다. 우리나라 역시 헌법 10조를 통해 "모든 국민은 인간으로서의 존엄과 가치를 가지며, 행복을 추구할 권리를 가진다. 국가는 개인이 가지는 불가침의 기본적 인권을 확인하고 이를 보장할 의무를 진다"라고 규정하고 있습니다. 국가는 이를 위해 법 앞에서의 평등, 자유롭게 이동할 권리, 원하는 교육을 받을 권리 등을 동등하게 보장할 의무를 가집니다. 이처럼 시민권은 시민의 오랜 투쟁의 역사 속에서 국가가 보장해야 할 '당연한 권리'로 인식되고, 국가 존속의 이유는 시민권을 모든 사람에게 구체적으로 제공해야 하기 위함입니다. 국가가 모든 시민을 위해 관공서, 공립학교, 공립병원을 제공하는 것은 그 때문입니다.

그렇다면 우리가 시민으로서 보장받아야 할 권리는 무엇일까요? 마셜은 우리가 가진 권리를 역사적으로 추적합니다. 시민이 역사 속에서 스스로 자신의 권리라고 주장한 내용과 국가가 그것을 제도화한 내용의 계보를 관찰함으로써 시민권의 목록을 알 수 있다는 것입니다. 그 결과 마셜은 시민권을 역사 속 주장에 따라 공민권, 정치권, 사회권으로 나눠 파악합니다. 그리고 이 모든 권리가 국가와 사회에 의해 보장받을 때 우리는 '완전한 시민권full citizenship'을 얻고, 비로소 국가 내에서 평등한 하나의 시민으로 존재할 수 있다고 말합니다.

> 제가 시민권을 세 가지로 쪼개서 살펴보고자 하는 것은 사회학자의 전형적인 방식입니다. 그러나 이번 분석은 논리적인 방식보다는 역사적인 방식이 더 적합할 듯합니다. 저는 시민권의 세 부분을 공민적, 정치적, 그리고 사회적인 부분 또는 요소라고 부르고자 합니다.

시민권의 각 부분을 설명하기 전에 우리가 알아야 할 것은 시민권의 각 부분이 서로 다른 시대의 요구 속에서 만들어진 것이라는 점입니다. 시민권은 각 국가 혹은 시민이 마주한 특정한 역사적 상황과 조건 속에서 각기 다른 형태로 나타납니다. 그렇기에 시민권의 역사를 살필 때 마셜이 살았던 영국과 우리나라라는 조건, 현재와 과거라는 시간의 차이를 고려하면서 읽어야 할 것입니다. 이제 구체적인 시민권의 각 항목을 살펴보겠습니다.

먼저 공민권civil right입니다. 아마 공민公民이란 용어가 낯설 것입니다. 사전적 정의에 따르면 공민이란 "국가 사회의 일원으로서 그 나라 헌법에 의한 모든 권리와 의무를 가진 자유민"입니다. 쉽게 '국민'을 생각하면 됩니다. 이때 중요한 것은 법입니다. 공민권에 의해 보장되는 권리는 '공정한 대우를 받을 권리'입니다. 공정한 대우는 곧 모두가 동일한 법을 적용받을 때 가능합니다. 누구나 법이라는 공정한 절차 안에서 권리를 보장받고, 권리가 침해될 때 법에 호소할 수 있어야 한다는 거죠. 공정한 대우의 결과는 바로 '자유'입니다. 신분제의 굴레에서 벗어나 언론, 사상, 신앙, 신체의 자유 그리고 당시 공민권의 가장 핵심이었던 재산을 소유하고 동등한 주체로서 계약을 맺을 권리를 '공민권'이라는 이름으로 시민들이 요구한 것입니다. 그렇기에 공민권은 우리가 흔히 소극적 자유라 부르는 '자유권'이라고도 할 수 있습니다.

지금은 당연한 이야기처럼 들리지만, 법 앞에서의 평등과 누구로부터 간섭받지 않을 자유라는 요소는 신분제의 굴레에 있던 사람들에게 매우 중요한 것이었습니다. 과거 법은 왕이나 귀족들에 의해 자의적으로 해석되거나 적용됐습니다.

또 법관은 왕이 임명하거나 돈으로 사고파는 직업이었습니다. 그러니 법의 적용이 공평할 리 없었습니다. 같은 죄를 지어도 귀족이냐 평민이냐에 따라서 적용되는 법이 달랐고 의복이나 거주지, 심지어 결혼도 신분에 따라 다른 규칙이 적용됐습니다. 그러니 사람들이 법 앞에서의 평등과 자유를 원한 것은 당연한 일이었습니다. 17, 18세기에 일어난 영국의 명예혁명, 프랑스의 프랑스 혁명은 공민권을 획득하기 위한 저항의 역사이기도 합니다. 앞서 이야기한 평등한 국민에 대한 헌법의 정의는 공민권이 국가를 통해 실현된 결과입니다.

두 번째 시민권의 요소는 '정치권'입니다. 모두가 국민으로서 동등한 지위에 있다면 정치에 참여할 권리 역시 모두에게 주어져야 한다는 것입니다. 공평한 법 집행은 만인에게 평등한 법으로부터 시작됩니다. 정치권은 평등한 법을 만들기 위해 자신들의 대표자를 스스로 뽑을 수 있고, 자신이 정치의 대표자가 될 수 있는 권리입니다. 간단히 말해 선거권과 피선거권에 제한이 없어야 한다는 겁니다. 일종의 '정치 참여의 평등'이라고 할 수 있습니다.

공민권이 발전하고 있던 18세기 프랑스와 영국조차 정치의 권리는 소수만이 가질 수 있는 특권이었습니다. 마셜이 살던 영국만 해도 19세기 중반까지 정치권은 어느 정도의 재산이 있는 남성만이 가진 권리였습니다. 영국의 경우 20세기 초반에 와서야 재산과 성별에 상관없이 모두가 정치의 권리를 누릴 수 있었습니다.

정치의 권리는 '선거'를 통한 정치에만 한정되는 것이 아닙니다. 이는 지역사회와 직장에서도 매우 중요하게 나타납니다. 우리가 흔히 '집회 결사의 자유'라고 부르는 부분 역시 정치권의 핵심 요소이기 때문입니다. 주기적인 선거만이 정치가 아니라 권리를 위해 집단행동을 하는 것 역시 정치의 권리라는 거죠. 이것이 곧 나올 '사회권'의 형성에 중요한 부분이기도 합니다. 자신의 권리가 침해당했거나 새로운 권리를 요구하기 위해 시민은 집단으로 행동합니다. 집회와 시위라고 불리는 행위를 통해서입니다. 또 노동자들은 대부분의 시간을 보내는 일터 안에서 적절한 임금과 노동조건을 확보하기 위해 노동조합을 만듭니다. 왜냐하면, 기업주는 노동자에 비해 절대적인 권력의 우위를 점하고 있기 있습니다. 결국, 노동자들이 집단적으로 나서지 않는다면 기업주의 권력에 눌려 노동자의 권리를 얻을 수 없을 것입니다.

정치권의 확산으로 국가는 평등한 정치 참여를 보장해야 했습니다. 이에 따라 시민은 민주적인 선거제도와 집회와 결사의 자유를 보장할 많은 제도와 법을 고안하게 됩니다. 공직 참여 기간에 궁핍해지지 않도록 공직자에게 급여를 지급하고, 다양한 계층이 국회에 진출할 수 있게 하는 비례대표제 등이 국가 제도로 실현되는 정치권의 구체적인 사례가 될 수 있습니다. 또 결사의 자유를 침해하는 기업과 정부의 행동을 제한할 여러 노력이 법과 제도에 의해 뒷받침되기 시작합니다.

시민권의 마지막 부분은 '사회권'입니다. 사회권은 "사회에서 일반적으로 받아들여지는 수준의 문명화된 삶을 영위할 수 있는 권리"입니다. 국가가 시민에게 먹고사는 것과 같은 최소한의 생존만 보장할 것이 아니라 공동체 내에서 다른 사람들과 충분히 생활할 수 있도록 보장해야 한다는 것입니다. 누군가 어떤 이유로 사회적인 삶이 힘들다면 국가는 다양한 제도를 마련해 인간이 누려 마땅할 것들을 제공해야 합니다. 우리는 사회권이 국가를 통해 '복지'라는 형식으로 실현되는 것을 볼 수 있습니다. 사람들은 질병, 장애, 실업, 노령 등 여러 가지 이유로 삶의 위기를 겪을 수 있습니다. 이때 국가는 사람들의 더 나은 삶을 위해 의료, 교육, 주거 등을 제공함으로써 그 사람이 삶을 유지하게 하고, 재기할 수 있도록 도와야 합니다. 국가의 이런 의무는 사회권이 국가를 통해 실현되었기 때문입니다.

마셜에게 사회권은 다른 시민권에 비해 매우 특별한 위치를 차지합니다. 마셜이 주로 활동하던 20세기에 사회권이 시민권 중 가장 핵심적인 부분으로 새롭게 등장했기 때문입니다. 17~19세기를 거치면서 공민권과 정치권은 시민권으로 어느 정도 인정받습니다. 하지만 사회권은 시민권으로 인식되지 못하거나 매우 부차적인 것으로 치부됩니다. 앞서 이야기한 것처럼 빈곤과 불평등을 개인의 탓으로 여기는 사회 풍토가 오래 지속했기 때문이죠. 하지만 점차 사람들은 사회권이라는 이름의 새로운 시민권을 주장하게 됩니다.

공민권, 정치권, 사회권은 각각 18, 19, 20세기 시민의 가장 큰 요구였습니다. 이 요구들은 요구를 넘어 국가의 '법과 제도'로 실현됩니다. 시민을 위한 법과 제도는 몇몇 정치인의 손에서 만들어지는 것이 아닙니다. 18세기부터 이어진 시민의 저항과 투쟁으로 이루어진 것입니다. 프랑스 대혁명, 차티스트 운동 그리고 노동자들의 대규모 투쟁이 국가의 기능과 목적을 변화시켰습니다. 시민권이 발달하자 사람들은 조금씩 평등을 알고 이를 중시하게 됩니다. 공민권의 발달로 법 앞에서의 평등을 경험했고, 과거 신분에 따라 달리 취급받던 이들이 공동체의 성원이라는 유대감을 가졌습니다. 정치권의 발달 역시 평등을 추구하는 노동조합과 정치집단을 만들게 해주었습니다. 이처럼 시민권의 발전은 평등의 개념을 점차 확산시킵니다. 20세기에 이르면 사람들은 사회경제적 부분의 평등을 통해 '실질적 평등'을 실현하고자 합니다. '사회권'이 바로 그것입니다.

다음으로 넘어가기 전에 주의할 점이 있습니다. 공민권과 정치권, 사회권이 각 시기에 완성되어 더 이상 그 권리들을 고민하지 않아도 되는 것이 아니라는 점입니다. 공민권은 18세기에 정의된 것이지만, 법 앞에서의 평등이 실현된 것은 아닙니다. 재산과 지위의 차이는 여전히 다른 판결을 만들어내고 있습니다. 정치 참여의 권리 역시 마찬가지입니다. 일반 시민이 국회에 진출하거나 여성이 공직에 진출하는 것은 지금도 매우 어려운 일입니다. 그렇기에 시민권의 세 가지 요소가 변하지 않고 고정된 권리라고 생각해서는 안 됩니다. 새로운 시대에 맞춰 시민권의 목록은 더 많은 자유와 더 많은 평등을 위해 늘 갱신되어야 합니다. 그리고 갱신되고 추가된 시민의 권리를 법과 제도에 반영해 국가의 역할로 기입해야 합니다. 마치 사회권이 더 많은 공민권과 정치권을 추구하기 위해 필수적인 것처럼 말입니다.

3. 20세기의 시민권, 사회권

공민권과 정치권의 발전은 동등한 조건을 시민에 제공한 것처럼 보였습니다. 하지만 그것은 어디까지나 법률상의 평등에 불과했습니다. 실제로 모든 사람이 평등한 것은 아니었습니다. 사람들은 집단 간의 위계를 발견합니다. 할렘과 같이 빈민과 부자의 주거지역은 분리됩니다. 주거의 분리뿐만 아니라 교육 영역에서의 분리도 나타납니다. 리처드 토니는 교육의 차별을 부의 상속과 더불어 사회계급을 만드는 주요한 이유로 거론합니다. 부의 상속이 지위 간의 격차를 즉각 만든다면 교육에서의 차별은 지위 간의 격차를 지속시키기 때문입니다. 교육 영역의 분리는 직업과 소득의 격차도 만들고, 직업과 소득의 격차는 다시금 교육 영역에서의 분리를 만들어내는 악순환에 빠지게 됩니다. 교육 수준에 따라 직업 선택의 기회가 제한되고, 일부 고소득 직업을 제외하면 많은 사람은 비정규직과 같은 열악한 처우의 직업을 가질 수밖에 없게 됩니다. 결국, 법률상의 평등에도 불구하고 시민은 삶에서 불평등을 경험합니다. 이처럼 실질적으로 평등이 확보되지 않을 때 우리는 그것을 '형식적 평등'이라 부릅니다.

> 이렇게 명백한 불평등은 공민권의 결함이 아니라 사회권의 부족에 원인이 있는 것인데, 19세기 중반에는 사회권이 침체된 상태였습니다. 〔…〕 법 앞의 평등은 존재하지 않았습니다. 분명히 권리는 존재했지만, 권리를 실현할 방법은 자주 손이 닿지 않는 곳에 있다는 것이 드러났습니다.

20세기 초 시민권의 확대에도 불구하고 사람들은 여전히 불평등을 경험했습니다. 재산, 소득이라는 경제적 요소로부터 비롯되는 새로운 집단 간 차이가 나타났기 때문입니다. 우리가 흔히 부자와 빈자 혹은 자본가계급과 노동계급이라고 부르는 경제적 사회계급 체계가 등장한 겁니다. 사회권은 경제 영역에서 비롯된 불평등을 해소하기 위해 시민이 요청한 시민권입니다. 경제적 불평등의 해결 없이는 법적, 정치적 평등이 형식에 불과하다는 것을 깨달았기 때문입니다. 마셜의 말처럼 "분명히 권리는 존재했지만, 권리를 실현할 방법은 자주 손이 닿지 않는 곳에 있다는 것이 드러난" 것입니다.

사회권이 새로운 과제로 떠오르자 어떻게 경제 제도에 개입해 만연한 불평등을 해결할 수 있는지가 국가의 중요한 과제가 되었습니다. 그것이 가능할 때, 비로소 공민권과 정치권이 실질적으로 행사될 수 있기 때문입니다. 사회권의 진면목을 보기 위해 20세기 등장한 사회권이 과거의 사회권과 어떻게 다른지 살펴보고, 사회권이 경제 제도 내의 평등한 시민권 확보를 위해 무엇을 했는지 알아봅시다.

국가가 나서기 전까지 종교기관이나 지역사회의 공동체가 경제적으로 어려운 사람을 돕는 역할을 했습니다. 우리가 흔히 '자선charity'이라고 부르는 것이죠. 하지만 자선으로 빈곤을 해결하거나 경제적 불평등을 해소할 수는 없었습니다. 왜냐하면, 자선은 돕는 사람의 선의에 모든 것이 달려 있기 때문입니다. 자선을 중단한다고 해서 처벌받는 것도 아니니 가난한 사람들은 따질 수도 없었습니다. 과거의 사회권이 마셜이 이야기한 20세기의 사회권과 가장 크게 다른 지점은 그것이 '권리'가 아니라는 점입니다. 사회권이 권리가 아닐 때 그것은 받을 자격이 있는 사람과 없는 사람을 심사하게 됩니다. 마땅히 누릴 권리가 아니기에 자선을 받기 위해서는 자신이 얼마나 불쌍한지, 무엇이 결핍되었는지를 내세워 자격을 증명해야 했습니다. 그 결과 자선의 수혜 대상은 노인, 장애인, 아동 등 매우 선별적인 대상에 국한될 수밖에 없었습니다.

하지만 20세기에 등장한 사회권은 자선과 다릅니다. 사회권은 '권리'로서 '모든 사람'에게 제공되어야 합니다. 사회권을 보장받는 이유는 그가 불쌍해서가 아니라 '시민'이기 때문입니다. 만약 국가가 사람들에게 경제적 삶을 보장하지 않는다면 그것은 국가가 책임을 다하지 못한 것입니다. 그러니 가난한 사람들은 과거와 달리 도와주는 사람에게 자신의 궁핍함이나 가난을 호소할 필요가 없습니다. 사회권이 보장된 나라에서 시민은 자신의 경제적 삶의 보장을 국가에 당당히 요청할 수 있게 됩니다. 권리로서의 사회권을 국가가 모든 사람에게 보장할 때 우리는 이 국가를 '보편적 복지국가'라 명명하며 국가의 역할이 사회권의 실현임을 볼 수 있게 됩니다.

앞에서 저는 20세기의 시민권과 자본주의 계급체계는 전쟁 상태에 있다고 말씀드렸습니다. 이러한 문구는 아마도 좀 지나친 감이 있지만, 시민권이 자본주의적 계급체계에 수정을 가하려고 했다는 점은 분명합니다. 그러나 비록 지위의 원칙이 계약과 갈등하는 원칙이라 할지라도, 시민권 안으로 몰래 들어온 계층화된 지위체계가 외부경제 세계의 이질적인 요소라는 가정을 정당화해서는 안 됩니다. 현대적 형태의 사회권은 지위가 계약에 침입하고, 시장가격이 사회정의에 종속되며, 자유로운 협상을 권리 선언으로 대체하는 것을 의미합니다. 하지만 이러한 원칙들은 오늘날 시장의 작동에 있어 매우 낯선 것입니까? 아니면 이미 계약체계의 내부에 견고하게 자리를 잡고 있는 것입니까? 저는 그것들은 분명히 자리 잡고 있다고 생각합니다.

권리로서 인간다운 삶을 유지해야 한다는 사회권의 역할은 모두에게 물질적인 도움을 주는 것에 그치지 않습니다. 사회권의 진면목은 경제 제도에 개입하는 시민권이라는 점에 있습니다. 마셜은 이를 "20세기의 시민권과 자본주의 계급 체계는 전쟁상태"에 있다고 표현합니다. 물론 마셜은 자본주의 자체를 붕괴시키려 한 사회주의자는 아니었습니다. 그런데도 자본주의로부터 비롯된 불평등을 해소하는 것이 국가 역할 중 가장 급선무임을 전쟁상태라는 말로 '선언'한 겁니다. 전쟁상태가 발생하는 까닭은 사회권이 경제 제도에 개입하는 것을 넘어 자본주의와 상반되는 원리를 가졌기 때문입니다. 시장에서 비롯되는 자본주의는 사회계급이라는 불평등을 만들어냅니다. 부의 상속, 교육제도의 차별, 자본가와 노동자의 불평등한 권력 관계가 그것을 유지, 지속시킵니다. 하지만 시민이 원하고 국가를 통해 실현하자고 하는 사회권은 평등을 추구합니다. 자본주의와 사회권은 추구하는 것이 상반되기 때문에 전쟁상태에서 충돌할 수밖에 없습니다. 결국, 사회권은 자본주의와의 전쟁 속에서 "지위가 계약에 침입하고, 시장가격이 사회정의에 종속되며, 자유로운 협상을 권리 선언으로 대체"하고자 합니다. 그렇다면 사회권은 사회계급과의 전쟁 속에서 구체적으로 무엇을 보장하려 했을까요?

정치 참여가 확대되면서 국가가 감시받고 권력이 다수에게 분배된 것과 달리 일터에서 시민의 자유는 제한적이었습니다. 경제 영역에서 권력은 소수에만 집중되어 있었습니다. 경제 영역의 불평등이 가장 잘 드러나는 곳은 앞서 이야기한 부의 상속과 더불어 동등한 두 주체가 자유롭고 평등하게 맺은 것처럼 보이는 노동계약입니다.

국가는 자본주의의 태동과 함께 시민의 직업 선택의 자유를 법률로 보장했습니다. 형식적으로 모든 사람이 자유롭게 직업을 선택하고 고용주와 노동계약을 맺을 수 있게 된 거죠. 하지만 우리는 이내 노동계약이 평등한 계약이 아님을 깨닫습니다. 임금 등 노동조건을 정하는 것도, 채용과 해고를 결정하는 것도 모두 고용주만이 가진 권리였습니다. 또 회사의 이익을 공평하게 나누는 것도 아닙니다. 회사가 아무리 돈을 많이 벌어도 노동자가 가질 수 있는 몫은 매우 적었습니다. 심지어 고용주가 노동계약을 어겨 언제든지 해고될 수 있는 노동자는 아무 말도 할 수 없는 경우가 대다수였습니다. 그 결과 경제 영역은 힘 있는 자들이 좌지우지했고, 이 같은 권력 차로 인해 극심한 불평등이 나타나게 됩니다. 다수였지만 노동자계급은 힘이 없었습니다. 그러니 겨우 목숨을 부지할 정도의 저임금과 불량한 주거환경, 교육조차 받지 못하는 일이 다반사였습니다.

모든 시민은 자유롭게 이동할 권리가 있습니다. 하지만 하루 대부분을 직장에 있어야 하는 노동자에게 이동할 자유는 없었습니다. 직업 선택의 자유는 보장되었지만, 교육받지 못한 노동자에겐 저임금 일자리만 주어졌습니다. 정치 참여의 권리는 모두에게 존재했지만, 투표일에도 쉴 수 없는 노동자에겐 허울 좋은 권리에 불과했습니다.

이런 상황에서 사람들은 국가가 경제 영역에 개입할 것을 요청합니다. 같은 시민임에도 고용주와 노동자가 전혀 다른 대접을 받고 있었기 때문입니다. 허울 좋은 자유의 이름으로 이뤄지는 계약과 시장가격은 이제 시민권이라는 지위와 사회정의라는 이름 아래 교정됩니다. 시민은 대표적으로 임금과 노동시간의 변화를 위해 투쟁하기 시작합니다. 시민은 적정한 임금 보장을 위해 최저임금제도minimum wage를 요구하고, 19세기만 해도 최소 하루 15시간이던 노동시간을 줄이자며 법과 제도를 주장하게 됩니다. 20세기 시민권과 자본주의 계급체계가 전쟁상태에 있다고 한 까닭은 바로 이 때문입니다. 경제 영역에서의 불평등을 교정하기 위해 시민이 사회권이라는 이름으로 이윤만을 추구하는 시장 원리를 제어하기 시작한 것입니다. 사회권은 차별을 해결하려는 시민의 계급투쟁을 통해 점차 국가의 역할로 받아들여지게 됩니다.

이제 사회권은 이전까지 시민권이 개입하지 못했던 경제 영역에 개입하기 시작합니다. 그렇지만 사회권이 기존의 경제 제도 전반을 바꾸는 것은 아닙니다. 사회권의 발전과 관계없이 자본주의는 경제체제의 기본원리로 작동합니다. 하지만 시민이 사회권을 통해 자본주의가 만든 불평등한 사회계급 체계를 '수정'한 겁니다. 경제 영역의 불평등에 관심을 기울이지 않는다면 기존에 성취한 공민권과 정치권조차 형식적인 것이 될 수밖에 없으니 말입니다. 사회권의 이 같은 부각은 국가의 역할을 크게 바꿉니다. 사회경제적 평등이 국가의 주요한 목표가 된 거죠. 사회권이 법과 제도로서 보장되고, 그것을 주요한 목표로 삼는 새로운 국가형태를 우리는 앞서 이야기한 윌리엄 템플의 용어를 빌려 '복지국가'라고 부릅니다.

4. 보편적 복지국가, 불평등에 도전하다

두 차례의 세계 대전이 끝날 무렵, 시민은 복지국가를 통해 사회권을 보장받고자 합니다. 앞서 언급한 베버리지 보고서는 당대의 조건과 상황 속에서 사회권을 보장하기 위한 국가의 설계도였습니다. 베버리지 보고서 이외에도 각국의 시민들은 사회권의 보장을 국가에 요구합니다. 국가는 이에 부응하고 사회계급이라는 불평등한 지위를 해소하기 위해 사회권을 법률화, 제도화함으로써 복지국가라는 이름을 얻습니다. 복지국가는 '복지' 제도를 통해 빈곤을 해소하고 불평등을 해결하고자 합니다. 사회권이 복지라는 이름으로 제도화된 겁니다. 그렇다면 사회권은 복지라는 제도에서 어떻게 드러날까요? 또 복지국가에서 이뤄낸 평등은 무엇을 의미할까요?

복지국가의 '복지'는 가난한 사람들'만'을 위한 국가의 '최소한의 노력'이 아닙니다. 그렇게 된다면 소수의 복지 수혜자는 가난한 사람이라는 원치 않은 낙인을 가질 수밖에 없습니다. 우리는 이를 '선별적 복지'라고 이름 붙일 수 있습니다. 국가가 엄격한 기준을 가지고 일부의 사람에게만 최소한의 복지를 제공하기 때문입니다. 반면, 복지국가는 복지가 '모든' 사람에게 '보편적'으로 제공됨과 동시에 '행복한 삶'을 위한 '충분한' 복지를 보장하는 국가입니다. 우리는 이런 복지국가를 '보편적 복지국가'라고 합니다. 보편적 복지국가는 보편적 원리에 입각해 소득이 없거나 중단된 사람 혹은 그럴 예정인 사람 모두에 적절한 급여를 제공합니다. 또 각자 원하는 직업과 충분한 소득을 얻을 수 있도록 교육 및 사회서비스를 제공합니다. 이를 통해 모든 사람이 삶을 살아갈 수 있는 충분한 조건을 획득합니다. 보편적 복지국가에서 시민 모두 절대적으로 동등한 생활을 영위할 수는 없지만, 나와 내 가족 그리고 이웃이 국가 혹은 사회 내에서 적절한 생활수준을 유지할 수 있고, 만약 어떤 위험으로 고통을 겪더라도 회복할 수 있으며, 나아가 더 큰 성공이 가능하다는 기대를 품을 수 있습니다.

복지국가를 생각할 때 우리는 한 가지를 염두에 두어야 합니다. 복지국가는 국가의 역할이 '복지'라 불리는 사회권의 실현에 있다는 점에서 국가의 역할을 설명할 수 있는 명칭이지만, 모든 복지국가가 동일한 사회권을 실현하고 있지는 않습니다. 스웨덴과 우리나라를 복지국가라 부를 수 있는 까닭은 두 나라 모두 국가의 역할을 복지에 집중하기 때문입니다. 우리나라의 가장 많은 지출이 복지 분야에서 일어난다는 것을 사실로 증명할 수 있습니다. 하지만 한국과 스웨덴을 동일한 복지국가라 하기 곤란한 점이 있습니다. 두 국가 간의 '사회권의 실현' 정도가 너무나 다르기 때문입니다. 그럼에도 불구하고 사회권의 실현을 목표로 하는 국가라는 역할의 측면에서 두 나라를 동등하게 복지국가로 묶을 수 있고, 에스핑앤더슨의 '탈상품화decommodication' 개념으로 사회권의 정도를 비교할 수 있습니다.

자본주의 사회에서 우리 모두 '노동'을 합니다. 노동은 국민의 4대 의무에도 포함됩니다. 하지만 의무라는 도덕적 명령 이전에 자본주의 사회에서 노동하지 않으면 살아갈 수 없습니다. 필수적인 재화를 구매하는 데 노동 소득이 필요하기 때문입니다. 이런 의미에서 우리는 마트에서 파는 하나의 상품과 같은 처지가 됩니다. 이른바 '노동시장'에 하나의 상품으로 전시되어 자신의 노동력을 판매하는 거죠. 우리는 이를 '노동력의 상품화'라고 합니다. 노동력을 판 순간 9시에 출근해 6시에 퇴근할 때까지 노동자는 노동력을 구매한 회사에 노동력이라는 상품을 제공하게 됩니다. 하지만 우리가 늘 자신의 노동력을 상품으로 판매해 소득을 얻고, 그 소득으로 생활을 유지할 수 있는 것은 아닙니다. 실업, 질병, 노령, 장애 등 다양한 위험이 우리의 상품 가치를 떨어뜨리거나 상품으로서의 가치를 아예 없앱니다. 고장 난 핸드폰처럼 상품으로서의 가치가 사라지는 겁니다. 노동력을 더 이상 상품으로 판매하지 못하면 소득을 얻을 수 없는 소득 상실을 겪습니다. '탈상품화'는 바로 이때 사회권 실현의 정도를 측정할 하나의 기준이 됩니다. 한 시민이 노동시장에서 노동력 상품을 일시적·영구적으로 판매할 수 없을 때도 자신의 삶을 유지할 수 있는 것. 그게 바로 탈상품화의 권리이자 사회권의 권리입니다. 사회권이 실현되는 사례를 대표적인 '탈'상품화 시민인 노인의 가상의 삶으로 살펴보겠습니다.

노인이 되면 정년퇴임 등의 이유로 일하지 않게 됩니다. 이전까지 큰돈을 벌어놓지 않은 이상 소득이 매우 적어질 수밖에 없습니다. 심지어 어떤 노인은 소득이 전혀 없을 수도 있습니다. 많은 노인이 빈곤에 빠질 테고 노인 간의 불평등뿐만 아니라 세대 간 불평등이 발생할 수밖에 없습니다. 그러므로 국가는 노인들에게 적절한 소득을 보장하고, 행복한 삶을 누릴 수 있게 해야 합니다. 예를 들어 노령연금과 같은 국민연금을 통해 젊은 시기 번 돈의 일부를 적립해 노후 자금으로 쓰도록 강제합니다. 또 그조차도 하지 못한 노인을 위해 국민기초생활보장제도를 마련해 빈곤의 늪에 빠지는 것을 막아줍니다. 그뿐이 아니죠. 노인이 겪는 어려움 해결에 필요한 서비스도 제공합니다. 요양이 필요한 노인을 위해 요양보호사를 파견하거나 요양보호시설을 짓는 것처럼 말입니다.

노인뿐만이 아닙니다. 앞서 요람에서 무덤까지라는 표어를 이야기했죠. 복지국가에서는 갓 태어난 아이부터 임종을 앞둔 노인까지 모든 사람의 행복한 삶을 위해 여러 가지 제도를 운용합니다. 이처럼 적절한 제도의 혜택을 받으며 모두가 행복한 삶을 누리는 동시에 더 큰 노력으로 더 좋은 서비스를 누릴 기회 역시 제공받음으로써 국가 내에서 일종의 '평등'을 성취할 수 있게 되는 것입니다.

복지국가는 이처럼 빈민층의 수준을 부분적으로 끌어올리는 것에 머물지 않습니다. 빈곤한 사람뿐만 아니라 경제 영역에서 각종 이유로 노동의 상품화에서 배제되는 사람들이 빈곤에 빠지지 않도록 노력하기 때문입니다. 탈상품화를 위한 노력이죠. 이를 위해 노동자, 기업, 국가라는 경제 주체 모두가 법과 제도를 만들기 시작합니다. 물론 이 과정은 모두 시민의 투쟁과 저항 덕분임을 기억해야 합니다. '전쟁상태' 기억하시죠? 결국, 시민의 이러한 노력은 국가가 법과 제도를 통해 모든 시민에게 기회의 평등을 제공하고, 결과의 평등을 보장하기 위해 최대한 노력하도록 강제합니다.

이처럼 복지국가는 시민의 권리로서 시민이 요청한 사회권을 수용함으로써 자신의 기능을 확장해나갑니다. 사회복지, 공공보통교육, 국립병원, 공공임대아파트 및 도시계획의 역할을 수행하게 된 거죠. 이렇게 사회계급이라는 경제적 불평등이 점차 완화됩니다.

복지국가의 불평등 완화가 가장 잘 드러나는 영역은 교육입니다. 공교육 체계 안에서 모든 사람에게 동등한 교육 기회가 있습니다. 하지만 그 속에서 각자의 차이가 다른 결과를 낳습니다. 경제 수준에 따른 사교육의 격차나 좋은 학군, 어학연수 같은 변수 때문입니다. 하지만 교육 성취의 차이가 곧 불평등으로 나타나지는 않습니다. 일터의 작업환경과 노동조건은 국가에 의해 개선되었고, 이에 따라 일터 간의 격차는 줄어듭니다. 생산직 노동자나 사무직 노동자 모두 일정 수준 이상의 소득과 노동환경을 보장받은 것입니다. 또 교육 성취가 낮아 직업을 갖기 어려운 사람들은 자신에게 적합한 직업훈련을 받을 수 있고, 그에 따라 적절한 직장을 찾을 수 있게 됩니다. 결국, 교육 성취와 무관하게 시민이라면 누구나 충분한 소득을 얻고, 자신의 소득을 통해 행복한 삶을 누릴 기회가 보장되는 것입니다. 복지국가는 경제 영역에 개입함으로써 임금과 노동환경을 개선하고, 각종 제도를 만들어 빈곤과 불평등을 해소하는 것입니다. 시민은 사회권을 주장하고 국가를 통해 실현함으로써 사회계급이라는 불합리한 분리와 격차를 제거하게 되었습니다.

교육의 예에서 알 수 있듯이 복지국가는 사회계급과의 전쟁 속에서 사회권이라는 이름으로 평등을 추구한 국가입니다. 이때 평등은 모든 사람의 재산과 소득이 똑같아지는 평등을 의미하지 않습니다. 그렇지만 우리는 복지국가에서 '시민권'을 평등하게 누릴 수 있습니다. 마셜은 이를 '지위의 평등'이라고 정의합니다. 복지국가로부터 비롯되는 지위의 평등 속에서 시민은 국가가 제공하는 여러 가지 복지제도를 통해 높은 수준의 자유를 동등하게 누릴 수 있게 됩니다. 그 결과 불합리한 불평등을 제거할 수 있습니다. 특정 인종, 지역, 성별을 이유로 차별을 겪는 것이 아니라 시민이라면 누구나 적절한 수준을 보장받을 수 있게 된 겁니다. 이처럼 사회권의 발전으로부터 비롯된 복지국가에서 모든 시민은 정치에 참여할 기회를 얻고, 자유를 누릴 수 있는 여러 조건을 얻습니다.

우리는 절대적인 평등을 목표로 하지 않습니다. 평등주의 운동에는 내재적인 한계점들이 있습니다. 그러나 그 운동은 이중적인 것입니다. 그것은 어떤 부분에서는 시민권을 통해서, 다른 부분에서는 경제체계를 통해서 작동합니다. 두 경우 모두 목표는 정당화 될 수 없는 것으로 여겨지는 불평등을 제거하는 것입니다. 그러나 정당성의 기준은 다릅니다. 전자에 있어 기준은 사회정의이고, 후자의 경우는 경제적 필요성과 결합된 사회정의입니다. [···] 계급 간 격차는 명확한 경제적 부작용이 없을 경우에만 존재할 수 있을 것이며, 인정될 수 있는 수준의 계급차별을 넘어서는 수준의 경제적 차이는 존재할 수 없게 될 것입니다.

여기서 처음의 질문으로 돌아갈 필요가 있습니다. 모두가 평등한 국가는 가능할까요? 이 질문에 마셜은 복지국가는 자본주의와 그로부터 비롯된 사회계급이라는 불평등에 대한 하나의 '도전'이며, 그 도전으로부터 경제적 불평등은 점차 쇠퇴할 거라고 답할 것입니다. 복지국가는 경제 영역에서의 평등을 '부분적'으로 달성함으로써 많은 변화를 이뤄냈습니다. 수백 년 동안 이어진 경제적 불평등을 상당 부분 완화했습니다. 20세기의 역사적 상황과 조건 속에서 사회권은 복지국가라는 이름으로 불평등에 도전하는 법과 제도를 만들어낸 것입니다.

또한, 사회권의 발전은 경제적 불평등이라는 현실을 드러내 주었습니다. 사회권이 불평등을 완벽하게 해결하지는 못했지만, 그간 숨겨졌던 사회경제적 불평등을 해명하고 설명할 수 있는 계기와 근거를 마련했습니다. 즉 사회권은 경제적 불평등으로부터 비롯되는 교육, 의료, 주거 그리고 소득에서의 불평등한 격차를 복지국가를 통해 '사회문제'화했고, 이를 해결하기 위해 국가의 역할을 변화시켰습니다.

5. 평등과 자유의 충돌, 시민권의 새 국면

20세기에 본격적으로 시작된 평등에 대한 요구는 '사회권'이라는 시민의 새로운 권리를 만들었습니다. 그리고 탈상품화를 위해 노력했죠. 사회권의 발전 속에서 국가는 모든 시민의 행복한 삶의 조건 마련에 힘써야 했습니다. 시민은 사회권을 추구하는 정당과 정치인을 지지했고, 그들은 시민의 요구에 따라 새로운 국가를 만들고자 노력했습니다. 국가가 앞장서 빈곤을 해소하고 불평등을 완화한 것입니다. 20세기 이후부터 대두된 사회권과 사회권의 제도적 실현인 복지국가는 많은 국가의 목표가 됩니다. 2차 세계대전이 끝나고 전쟁의 상처가 어느 정도 아문 1960년부터 복지국가가 절정을 이룬 1970년대 중반까지 사회권의 실현을 위한 국가의 노력은 대단했습니다. 경제협력개발기구(OECD) 회원국은 매해 8%씩 사회복지 지출을 늘렸고 사람들은 그 기간을 영광의 30년이라 부르며 칭송했습니다.

시민권 획득을 위한 국가의 역할은 점차 확대되었고, 2차 세계대전 이후 본격적으로 발전한 복지국가 속에서 공민권, 정치권, 사회권이라는 '시민권의 삼각대'가 서로를 보충하며 시민의 자유와 평등에 크게 이바지합니다. 불평등은 완화되고 시민이라면 누구나 자유롭고 평등한 삶을 기대하게 됩니다. 하지만 시민권의 삼각대는 곧 균열에 직면합니다. 공민권, 정치권, 사회권이라는 각 권리의 지속성과 합법성을 서로 보완하던 체계가 무너지기 시작한 겁니다.

1970년대 이후 사회권을 반대하는 이들의 목소리가 힘을 얻기 시작합니다. 이들은 빈곤을 해소하고 더 나아가 불평등한 경제 체계를 조정함으로써 개인의 자유와 평등을 신장한다는 사회권의 취지를 부정합니다. 오히려 사회권이 개인의 자유를 침해하는 요소라는 것이죠. 더불어 사회권의 옹호자였던 대다수 사람도 회의적으로 변합니다. 세계대전 이후 계속된 경제 성장으로 '풍요로운 사회'가 도래했기 때문입니다. 풍요로운 사회에서 사람들은 평등의 실현이 아닌 더 많은 것을 소유할 자유를 중시하게 되었습니다. 이제 최소한의 삶, 적정한 삶보다는 더욱 많이 가지고 끊임없이 소비하는 것이 사람들의 관심사가 된 겁니다. 사회권의 보장 속에서 나타난 복지국가는 시민 사이의 위험 분담과 자원 분배를 통한 협력적 소비를 중시한 국가였습니다. 그리고 이를 위해 자본주의 경제를 조정했습니다. 하지만 풍요로운 사회 속에서 복지국가의 비판자들은 사회권 실현을 위한 시민의 요구와 국가의 노력을 부정하게 됩니다. 불평등은 능력의 차이에 따른 합리적인 분배 결과이며, 위험은 각 개인이 알아서 처리해야 할 것이 되었습니다. 이에 따라 국가는 사회권을 최소한의 범위로 축소하게 됩니다. 시민권이 변화하자 국가의 모습이 또 다시 바뀌게 된 겁니다. 1979년 영국의 총리로 취임한 대처는 "사회 같은 건 없다(There is no such thing as society)"라는 말로 이제 사회권이 국가가 보장해야 할 시민의 권리가 아님을 천명합니다.

더불어 시민권 내에도 균열이 발생합니다. 삼각대처럼 서로를 안정적으로 지켜주던 공민권, 정치권, 사회권이 대립하는 가치로 인식되기 시작했습니다. 가장 대표적인 갈등은 공민권과 사회권의 대립입니다. 공민권은 법 앞에서의 평등을 의미하는 동시에 소유와 계약의 자유를 의미했습니다. 사람들이 사회권을 회의하게 된 80년대 이후 시민권이라는 평등한 지위를 통해 시장가격과 계약을 제어하려던 사람들의 노력은 불필요한 것으로 치부되었습니다. 평등은 자유를 해치는 것이 되었고, 더 큰 자유를 위해 사람들은 평등을 기꺼이 희생했습니다. 경제 권력을 규제해 평등을 실현하려던 복지국가는 '규제 완화'라는 이름으로 경제 권력의 고삐를 풀어주게 되었습니다. 사회권이 점차 공민권에 의해 위축된 수십 년 간 우리는 사회권이 만든 평등이 몰락하고 다시 불평등이 도 래한 모습을 볼 수 있습니다. 상위 1%가 대다수 부를 소유 하고, 같은 직장에서 정규직, 비정규직, 자회사라는 이름으 로 차별적 처우를 받고 일하며, 개천에서 용 난다는 계층 사 다리는 붕괴한 지 오래입니다. 용인될 수 없는 불평등은 점차 커지고 '특권'이라는 이름의 새로운 사회계급이 만들어지고 있습니다.

공민권과 사회권의 충돌이 처음 있는 일은 아닙니다. 공민 권과 사회권은 시민권의 요소들임에도 불구하고 18세기에 이 미 한 차례 거대한 전투를 치렀습니다. 그 싸움에서 '시장의 자유'로 대표되는 공민권이 승리했고, '평등'으로 대표되는 사 회권은 20세기가 될 때까지 거대한 침묵 속에 있을 뿐이었 습니다. 두 시민권의 대립은 칼 폴라니의 『거대한 전환』에 잘 나타납니다. 18세기 국가 주도의 계획 사회와 시장의 자유로 운 힘을 기반으로 하는 경쟁적 경제 사이에 충돌이 일어났고 스핀햄랜드법[143]으로 대표되는 사회권은 패배합니다. 그 결과 1834년 신빈민법이 탄생하고, 국가는 임금체계의 영역에 개

---

143 1795년 잉글랜드남부 버크셔주의 치안판사들이 스핀햄랜드에서 구빈법의 원외구제를 목적으로 실시한 것이다. 빵의 가격과 가족의 수에 따라 최저생활기준(speenhamland bread scale)을 선정해 실업자 및 저임금노동자에게 구빈세에 의한 수당을 지급하는 과도적인 임금보조 제도이다. [출처] 네이버 지식백과

입하거나 자유시장의 힘에 간섭하려는 모든 시도를 포기합니다. 최소한의 사회권은 사라지고 시민이 빈민으로서 자비를 구하기 위해서는 공민권과 모든 정치권을 박탈당합니다. 국가에 의해 구호 받으려면 시민으로서의 자유와 정치에 참여할 권리를 포기해야 했습니다. 글의 서두에서처럼 빈곤=죄라는 공식이 정립된 겁니다.

1970년대 말부터 공민권과 사회권이 다시금 대립하고 과거 스핀햄랜드법이 철폐될 때처럼 사회권이 또다시 패배한 지금, 우리는 조지프 스티글리츠의 책 제목처럼 '불평등의 대가'를 치르고 있습니다. 지금 마셜의 『시민권』을 다시 읽어야 하는 까닭은 우리가 시민권, 특히 사회권이라는 국가의 역할을 다시 한번 되새길 필요가 생겼기 때문입니다. 시민권의 세 요소, 공민권, 정치권, 사회권은 모두 함께 보장되어야만 '완전한' 시민권이 될 수 있습니다. 개인의 자유와 평등은 자유와 평등이라는 허울 속에 개인을 방치한다고 해서 가능한 것이 아닙니다. 정치 참여의 평등을 위해서는 정치에 관심을 둘 수 있는 조건을 사람들에게 만들어줘야 합니다. 시민이라면 단순히 먹고사는 것만이 아니라 공동체의 의사 결정에 참여할 권리가 있습니다. 자유와 평등을 향유하기 위한 사회경제적 삶의 보장이 필요합니다. 사회권은 개인의 선택의 자유를 침해하는 것이 아니라 더 많은 자유를 누릴 수 있도록 뒷받침해주는 것입니다. 실질적 자유를 위한 평등, 그것이 바로 사회권을 실현하고자 한 시민의 궁극적 목표였습니다.

물론 마셜이 『시민권』을 쓴 1950년으로부터 70년이 지난 지금, 시민권과 사회권은 그간의 비판과 역사 속에서 새롭게 생각되어야 합니다. 그것은 바로 국가의 역할과 관련된 것입니다. 영국의 주교 템플은 전쟁국가 독일과의 대비를 통해 복지국가라는 이름으로 시민권 특히 사회권이 실현된 국가를 꿈꿨습니다. 그리고 그것은 일정 정도 현실화되었습니다. 하지만 우리 시대는 신자유주의라는 이름으로 사회권이 패배한 역사적 경험을 한 후입니다. 그렇다면 우리는 다시 복지국가를 '회복'해 평등한 국가를 만들 수 있을까요? 『시민권』의 해설을 쓴 영국의 마르크스주의 사회학자 톰 보토모어는 누가 사회권을 더욱 필요로 하고, 더 큰 평등을 위해 노력하는지 살펴야 한다고 말합니다. 우리는 보토모어의 질문을 되새길 필요가 있습니다. 마셜이 살던 20세기에 사회권은 대두하는 노동계급의 탈상품화를 위한 사회보험과 공공부조를 통해 실현되었습니다. 또 노동계급이 평등한 교육을 받아 노동계급이 아닌 다른 계급이 될 수 있는 조건을 구축했습니다. 하지만 우리가 이야기할 사회권이 마셜이 이야기한 사회권과 같은 걸까요? 그저 과거의 사회권을 '회복'하면 평등한 국가가 될 수 있을까요? 아닙니다. 우리는 21세기의 사회권을 생각하며 보토모어의 말처럼 과거와는 다른 산업구조에서 비롯되는 '현재의 노동계급'과 노동자가 아닌 시민이 원하는 '새로운 사회권'이 무엇인지 고민해야 합니다. 프랑스 혁명에서조차 배반당하고 20세기 초반까지 정치의 권리를 획득하지 못했으며 사회권의 실현에도 불구하고 복지국가에서조차 '집안의 노동자'로 머물 수밖에 없던 '여성의 사회권'은 마셜이 이야기한, 20세기 복지국가가 실현한 사회권과 동일하지 않을 겁니다. 또 같은 나라에 살지만 난민, 이주민, 외국인노동자 등 각기 다른 이름으로 불리는 국민국가 안 '비국민'의 사회권도 우리가 기억하는 복지국가의 사회권과 같지 않습니다.

사회권은 자본주의 세계의 불평등에 도전한 시민의 요청에서 비롯되었습니다. 사회계급이라는 차별적인 분리와 격차를 넘어 평등한 국가를 만들고자 한 것입니다. 그리고 그러한 국가를 우리는 '복지국가'로 이름 붙이고 만들어나갔습니다. 21세기에 이른 지금 시민 간의 불평등은 경제 제도의 모순과 국가의 역할 방기 속에서 여전히 존재하고 심지어 더욱 심해지고 있습니다. 그렇기에 신자유주의 시대에 잃어버린 시민권, 특히 사회권이 다시금 절실해졌습니다. 하지만 우리가 꿈꾸고 만들어야 할 평등한 국가는 20세기의 복지국가와 다를 것입니다. 우리는 복지국가를 실현한 사회권의 상상력을 넘어서야 합니다. 복지국가의 미래를 서술한 에스핑앤더슨의 책 제목은 『끝나지 않은 혁명』입니다. 우리는 사회권, 그리고 모든 시민권에 대해 평등을 위한 끝나지 않은 혁명을 기획해야 합니다.

시민은 늘 투쟁을 통해 시민권의 목록을 늘려왔습니다. 그것은 기술의 변화와 같은 시대의 변화뿐만 아니라 더 큰 평등을 위한 시민들의 요구 때문이었습니다. 우리는 여전히 평등한 국가를 꿈꾸고, 모두가 행복한 나라를 원합니다. 아니 더 많은 평등을 위한 국가를 만들고자 합니다. 20세기를 지나 21세기에 이른 지금, 시민권은 고정된 당연한 권리가 아니라 평등한 국가를 만들기 위해 여전히 요구되어야 하고 새롭게 구성되어야 하는 것입니다. 그때 그것이 '복지국가'이건 다른 이름으로 불리던 모두가 평등한 사회를 '국가'를 통해 이뤄낼 수 있을 것입니다.

7장

인권 선언과 봉기의 정치

「인간과 시민의 권리선언」

박임당

1. 1789년, 인권의 봇물이 터져 나오다

1789년 8월 26일 선포된 「인간과 시민의 권리선언」(이하 「선언」)은 서문과 인권에 관한 17개의 조항으로 구성되어 있습니다. 「선언」의 주체들은 18세기 당시 프랑스의 정치·경제적 상황이 품은 모순을 비판하고 그에 대항하는 인간으로서의 권리, 즉 인권을 주장했습니다. 인간이란 무엇인지, 인권을 보장하기 위해서는 국가의 어떠한 역할이 필요한지 그 원칙을 세우고 있는 것입니다.

인권human rights은 인간이라면 누구나 가지는 보편적인 권리를 지칭합니다. '모든 인간은 자유롭고 평등하다.' 오늘날 의심의 여지 없이 자명한 것으로 여겨지는 이 명제가 '인권'이라는 단어에 축약되어 있습니다. 인권은 "모든 인간을 어떤 종류로 다루는 것에 대한 도덕적 요구"[144]로 해석될 수 있습니다. 그렇기에 인권은 하나의 지역이나 국가에 한정할 수 없는, 더 광범위하게 적용해야 하는 개념입니다. 전지구적 차원의 문제들을 연결해야 하는 개념인 셈이죠. 그런 점에서 인권은 우리 눈앞에 드러나는 첨예한 정치적 사안과 동떨어진, 추상적인 어떤 것으로 오해되곤 합니다. 하지만 인권은 그 실현 과정에서 구체적인 삶에 필요한 실질적인 권리를 다루기 때문에 우리의 삶과 동떨어진 추상적인 것만은 아닙니다.

인권 개념은 발생 당시 무척 큰 반향을 일으켰습니다. 그 반향은 한 국가의 시민과 그들의 삶에 일어난 커다란 변화의 소용돌이였습니다. 역사적으로 한 국가나 체제를 부수고 새로운 체제가 등장하는 사건을 일컫는 다양한 표현이 있습니다. 그렇지만 혁명이라는 이름을 붙인 사건은 그리 많지 않습니다. 인권은 프랑스 혁명의 한가운데에서 태어난 개념이자, 사건이고, 투쟁이었습니다. 그만큼 파격적이고 전복적인 열망이 인권이라는 개념에 응축되어 있는 것입니다.

「선언」을 통해 제기된 인권은 무엇보다 정치적인 권리와 맞닿아있는 개념입니다. 혁명 이전에 인권은 당연한 개념이 아니었습니다. 혁명 이전의 프랑스 사회는 신분에 따라 누가 정치적인 권리를 가질 수 있는 시민인지 이미 정해져 있었습니

---

144 이종은, 『평등, 자유, 권리』, 책세상, 2011, 558쪽.

다. 모든 인간에게 정치적 권리가 있다는 것은 감히 상상하기 어려운 일이었을 겁니다.

하지만 혁명과「선언」을 통해, 정치적 권리가 없던 이들이 스스로 정치적 권리를 부여함으로써 혁명 이전의 거대한 체제를 부수어버렸습니다. 이들은 인권이 사회의 기본 원리가 되어야 한다고 선포했습니다. 그리고 국가는 인권 보장을 위한 제도화의 토대로 소환됩니다. 여기서「선언」의 미덕은 국가가 시민으로 인정하지 않는 이들이 스스로 시민의 권리를 요구했다는 점입니다. 봉기라는 투쟁의 방식을 통해 국가의 바깥에서 관철된 시민의 요구가 국가를 재구성했다는 사실을 역사적으로 각인할 수 있게 되었던 거죠.

인권이 한 사회의 원리가 된다는 것은 어떤 의미일까요? 자유와 평등의 실현을 개인 단위로만 고려해선 안 된다는 의미입니다. 자유와 평등을 개인의 차원에서만 고려할 때, 이들 가치는 마치 개인의 권리 대 또 다른 개인의 권리 경합을 거쳐 실현되는 것으로 오인될 수 있습니다. 누군가의 자유를 실현하기 위해 다른 누군가의 자유를 배제할 위험이 생기는 거죠. 결국, 자유와 평등은 개인적 차원뿐만 아니라 집단적 차원에서 실현되어야 합니다. 이를 위해 국가는 더 이상 특정 신분을 배제하는 방식으로는 존속할 수 없게 되었습니다.「선언」은 자유와 평등에 관한 새로운 관점도 열어 보인 셈입니다.

그러나 역사적으로 어떠한 국가나 제도도 자유와 평등에 관한 시민의 요구를 완전하게 실현하지는 못했습니다. 따라서 이런 질문을 해볼 수 있습니다. 우리 사회는 모든 인간의 평등하고 자유로운 삶을 보장하고 있나요? 만약 그렇지 않다면, 어떠한 방식으로 우리의 권리를 요구하고, 국가를 변화시킴으로써 자유롭고 평등한 삶으로 나아갈 수 있을까요? 이 질문에 대답하기 위해 우리는 1789년으로 돌아갈 필요가 있습니다. 최초의 인권이 구성된 사건의 현장을 방문하기 위해서입니다. 그리고 그 과정에서 선언된 「인간과 시민의 권리선언」을 함께 읽어보겠습니다.

「선언」은 권리를 구성하는 데 있어 시민의 능동적인 힘의 중요성을 보여주는 중요한 계기가 된 사건입니다. 우리는 「선언」을 통해 정초된 시민의 역할은 무엇이었는지, 「선언」을 계기로 국가는 어떠한 역할을 수행하게 되었는지 함께 살펴보려 합니다. 그리고 인권이 선언되는 것을 넘어 지속성을 담보하는 데 필요한 조건은 무엇인지도 알아보겠습니다.

2. 혁명의 전운이 왕의 국가를 감돌다

「인간과 시민의 권리선언」은 프랑스 혁명기였던 1789년에 국민의회를 통해 선포되었습니다. '국민의회'는 당시 혁명 세력들이 자발적으로 만든 의회를 말합니다. 의회는 주로 국가의 법 제정 임무를 하는 기관입니다. 입법 활동은 의회를 구성하는 의원들에 의해 이루어지고, 의원들은 선거를 통해 정해지는 것이 보편적인 의회의 구성 방식입니다. 그런데 혁명기 프랑스의 국민의회는 조금 달랐습니다. 선언의 발의자들이 자신들을 "프랑스 인민의 대표자"로 칭하며, 자발적으로 의회를 구성했던 것입니다. 그리고 '우리에게는 정치적 권리가 있다'라고 스스로 선포합니다. '선언'이라는 방법으로 말입니다.

프랑스 혁명[145]의 원인이 되었던 당대의 상황을 먼저 살펴봅시다. 프랑스는 혁명 이전까지 왕정 사회였습니다. 18세기의 국왕이었던 루이 14세는 태양왕으로 잘 알려져 있죠. 또한, 뿌리 깊은 신분제 사회였습니다. 제1신분은 가톨릭 성직자, 제2신분은 귀족, 그리고 제3신분은 평민 계급이었습니다. 신분에 따라 요구되는 역할과 권리도 달랐습니다. 제1신분은 사회의 도덕과 규범을 세우고 감시하는 역할을 했고, 제2신분은 귀족과 왕족으로 왕정 운영과 국가의 행정을 담당했습니다. 혁명을 주도했던 제3신분은 상공업자인 부르주아와 도시 노동자, 수공업자, 농민을 포괄하는 평민 신분으로 당시 프랑스 인구의 대부분을 차지하는 계급이었습니다. 제3신분

---

145   프랑스 혁명의 역사적 배경에 관해서는 노명식, 『프랑스 혁명에서 파리 코뮌까지, 1789~1871』를 참조해 서술.

의 구성을 보면, 경제력이나 활동 반경, 교육 수준 등에서 균등한 집단이 아니었음을 알 수 있습니다. 이들의 이질적 구성은 혁명을 주도하는 역할에 있어서 다른 효과를 발휘하게 됩니다.

루이 14세의 절대 권력은 집권 이전부터 축적된 국부를 바탕으로 했습니다. 당시의 왕은 신이 내리는 것이라고 했다죠. 왕이 곧 국가요 왕의 말은 곧 법이 되는 사회였던 것입니다. 하지만 왕의 절대권을 아무리 신이 내렸다고 한들, 다른 신분과의 관계 역시 권력에 영향을 미치는 중요한 요소였을 것입니다. 왕의 세력이 막강할 수 있었던 건 달리 말하면 왕의 세력을 위협할 만큼 큰 세력이 당시에는 없었다는 뜻이기도 하기 때문입니다.

당시 프랑스 사회는 인구와 농업 생산이 증가하고 있는 경제적 번영기였습니다. 상업은 활기를 띠고 물가는 상승하면서 빈부의 차는 극심해졌습니다. 상인과 지주들은 자본력을 바탕으로 크게 성장했습니다. 경제력을 바탕으로 성장한 이들 부류를 부르주아지라고 부릅니다. 이들은 몰락한 귀족의 토지를 사들이며 귀족의 정치 세력을 약화시켜 왕권을 강화하는 데 일조했습니다. 귀족의 하향세와 부르주아지의 상향세가 대립을 이루면서 어느 수준에 이르러서는 두 세력 간의 평형이 이루어졌습니다. 어느 세력도 왕을 견제할 만큼의 영향력을 가지지 못했다는 뜻입니다. 두 세력의 팽팽한 대립 위에서 군림하던 강력한 왕권을 절대군주권이라고 하며, 당시 18세기의 프랑스 사회를 앙시앵레짐Ancien régime, 즉 구체제라고 합니다.

구체제 하에서 루이 14세는 베르사유 궁전을 증축해 호화롭게 치장하고 침략전쟁을 일삼았습니다. 패전과 사치스러운 궁정 생활로 인해 루이 14세의 말년에는 경제 상황이 극도로 나빠졌습니다. 결국, 루이 14세의 사후 절대 왕권은 약해지고 이를 틈 타 부르주아지들은 더 많은 토지를 사들였고, 더 많은 부르주아지가 지주가 될 수 있었습니다. 절대주의는 대단원을 향해 달려가고 있었습니다. 부르주아지들은 토지와 상업적인 영향력을 바탕으로 자본주의적 이윤을 축적했고, 자유로운 기업가의 꿈을 꾸게 되었습니다. 낡은 신분제에 대한 불만도 함께 키워나가고 있었지요.

설상가상으로 1775년부터 경기가 갑자기 불황으로 접어들고, 농작물의 흉작이 해를 거듭하여 식량 부족이 만성화되기 시작했습니다. 끔찍한 불황이었습니다. 이러한 상황에서 아무리 직업이 있다고 한들, 경제적으로 어렵지 않은 사람은 거의 없었을 것입니다. 특히 경제 불황의 직격탄을 맞은 이들은 대부분 제3신분의 노동자들이었습니다. 한 나라가 제대로 유지되기 위해서는 노동자의 역할이 필수적입니다. 제3신분 역시 프랑스의 경제 활동 전반에서 주요한 역할을 도맡아 왔습니다. 프랑스 인구의 98%를 차지하는 이들은 농업, 공업, 상업 등 각자의 영역에 종사하며 프랑스 내의 생산과 유통 전반을 책임지는 사람들이었습니다. 노동자들은 불황에도 아랑곳없이 열심히 일했지만, 경제 상황은 계속 나빠져만 갔습니다.

이중 부과되는 세금도 어려움을 더했습니다. 영주에게 공조를 바쳤을 뿐만 아니라 왕이 부과하는 세금 또한 내야 했기 때문입니다. 교회에도 십일조를 내야 했고, 간접세 또한 내야 했습니다. 당시 농민이 왕에게 올린 진정서에 따르면, 이들은 전체 수입의 80~90%를 세금으로 빼앗기고 있었다고 합니다. 생계를 위해 노동을 하고 돈을 벌었지만, 생존 자체가 위협받는 모순된 상황에 놓여 있었던 것입니다.

당시 프랑스 정부의 잘못된 의사결정도 만성적인 재정적자를 불렀습니다. 1778년 미국 독립전쟁의 참전은 국고에 큰 손실을 냈습니다. 1786년에 영국과의 통상조약은 프랑스 내의 곡가 폭등과 공업제품 수출 타격을 가져옵니다. 정부의 잘못된 의사 결정으로 나라의 경제가 휘청했고, 그 폐해는 고스란히 제3신분에 돌아갔습니다.

구체제의 특혜를 누리던 성직자, 귀족들은 경제 불황도 예외였습니다. 이들에게는 면세의 특권이 있었기 때문입니다. 두 신분이 경제적 어려움을 비껴갈 수 있던 것은 이들이 높은 신분으로 태어났다는 단지 그 이유 하나 때문이었습니다.

한 국가에 닥친 경제적 상황이 특정한 신분에게만 고통이 된다면, 그 체제가 합리적이라고 말할 수 있을까요? 부르주아지의 불만도 마찬가지였습니다. 제3신분처럼 자신들에게 부과된 신분제의 사슬에서 벗어날 수 없었기 때문입니다. 자본을 어마어마하게 불리고 있었지만, 재산과 실력에 비례하지 않는 신분제도는 그들에게 당연히 못마땅했습니다. 이러한 모순에 따른 부르주아지의 분노는 프랑스 혁명의 도화선이 되었습니다. 부르주아지가 제3신분의 투사로 분해 혁명의 주도 세력으로 나서게 된 거죠.

당시 왕이었던 루이 16세는 재정 위기를 해결하기 위해 1789년 5월 5일 베르사유궁에서 '삼부회'를 소집합니다. 삼부회는 왕의 권한으로 소집된 각 신분의 대표자들이 의사결정을 위해 투표하는 방식이었습니다. 그런데 신분제에 기반하고 있었기 때문에 투표권은 불평등하게 배분되었습니다. 삼부회는 이렇게 진행됩니다. 우선 왕이 특정한 사안에 관해 회의를 소집합니다. 해당 사안을 각 신분이 회의하고 그 결과를 정합니다. 결과는 신분별로 단 하나의 표, 총 3표로 결정됩니다. 여기서 문제는 프랑스의 국민 대부분이 제3신분이었다는 점입니다. 국민 98%의 의사가 단 1표로 대표되고, 나머지 특권층의 의사가 2장의 표로 대표되니 이는 당연히 제3신분에게 불리한 표결 방식이었습니다. 특권층에게 유리한 결과가 도출될 것은 불 보듯 뻔했죠. 삼부회를 거치고 나면 왕실의 재정난마저 제3신분이 떠맡게 될 상황이었습니다.

당연히 제3신분의 대표자들은 이러한 표결 방식에 불만을 품지 않을 수 없었습니다. 삼부회에 참석하기 위해 호화로운 베르사유궁에 들어간 제3신분은 자신들의 세금이 낭비되는 현장을 비로소 목격합니다. 국가 재정 파탄의 원인 또한 똑똑히 보게 되죠. 삼부회의 개회식에서 왕은 또다시 이들을 실망시킵니다. 개회사를 진행하는 동안, 제3신분에게 불리한 삼부회의 표결 방식을 개선하겠다는 언급이 한 번도 없었기 때문입니다. 루이 16세는 오로지 국가의 재정문제를 해결하기 위해 세금을 더 내달라고 호소했을 뿐입니다. 제3신분의 대표자들은 자신들의 입장은 안중에도 없이 자신들을 이용하려고만 하는 왕의 태도에 매우 분노했습니다. 이대로 삼부회가 진행되었다간 더 강도 높은 수탈에 시달리고, 고혈을 짜내야 할 위기에 처한 겁니다. 제3신분은 이날 밤 모여서 저항의 뜻을 모읍니다. 신분의 구별이 없는 표결 방식으로 회의가 집행되지 않으면 삼부회에 더이상 참석하지 않기로 한 겁니다. 제3신분은 그렇게 한 달 이상을 두 신분과 대립합니다.

그리고 6월 17일, 제3신분의 대표들은 '국민의회Assemblé Nationale'를 성립합니다. 여기서 눈여겨볼 것은 이들이 제3신분만의 의회를 만든 것이 아니라는 것입니다. '국민의회'라는 이름에서도 알 수 있듯, 특정한 신분만을 위한 의회가 아닌 프랑스 전체를 대표하는 의회였습니다. 국가가 유지하고 있던 불평등한 신분제와 불합리한 질서들을 모두 바로잡겠다는 강력한 의지의 표현이었습니다. 또한 '국민의회'를 통해 자신들의 권리를 스스로 만들겠다는 선언이기도 했습니다. 혁명이 시작된 것입니다.

3. 프랑스 혁명: 시민의 봉기가 발발하다

제3신분의 혁명적 행보에 사상적 영향을 끼친 사람이 있습니다. 프랑스의 급진적인 사제였던 E.J. 시에예스Emmanuel-Joseph Sieyès입니다. 제1신분에 속하는 성직자였던 시에예스가 어떻게 제3신분에게 사상적인 영향을 미칠 수 있었을까요?

프랑스 혁명은 계몽주의를 계기로 일어납니다. 계몽주의는 17세기 후반에 시작되어 18세기에 전성기를 누린 사상으로, 특권과 권위주의에 문제의식을 가지고 있었습니다. 이러한 사회의 결함을 바로잡기 위해 합리적인 입장과 비판하는 태도를 보급해야 한다는 것이 계몽사상의 주장이었습니다. 개인의 자유와 과학과 경험, 합리를 바탕으로 이성을 중시한 사상운동이었던 겁니다. 이러한 계몽주의 사상은 프랑스 혁명 상황에서 신분제의 부당함을 타개하는 자유와 평등의 근거로 작용할 수 있었습니다.

시에예스의 행보도 이러한 계몽사상의 일환이었습니다. 시에예스는 삼부회 소집이 알려지자 자신의 정치적 입장을 담은 팸플릿을 작성해 배포했습니다. 1788년 발표된 『제3신분이란 무엇인가』에서 그는 이렇게 말했습니다.

> 1. 제3신분이란 무엇인가? 모든 것.
> 2. 정치적으로 제3신분은 현재까지 무엇이었나? 무(無).
> 3. 제3신분은 무엇을 요구하는가? 그 무엇이 되는 것.[146]

시에예스는 질문합니다. "누가 프랑스의 전체 국민인가?" 세습 받은 권력으로 정치권력을 독점하는 이들인지, 아니면 다른 누구인지 말이죠. 제3신분은 프랑스 내의 모든 노동을 담당했습니다. 상업과 농업과 공업 등 모든 분야에 제3신분의 손을 거치지 않은 곳이 없었습니다. 일하지 않는 제1신분과 제2신분이 소비하는 자원 또한 제3신분의 노동의 결과물이었죠. 사실상 프랑스라는 나라가 한 나라로 기능하도록 자원을 생산하고 순환시키는 주춧돌 역할을 하는 이들이 제3신분이었던 겁니다. 그렇기에 시에예스는 이들을 두고 '모든 것'이라고 강조했습니다. 그런데도 이들의 권리는 '무(無)'에 가까웠습니다.

시에예스는 또 한 번 묻습니다. "시민은 어떠한 권리를 가지는가?" 이에 시에예스는 제3신분이 정치적인 권리를 가지

---

146   E.J.시에예스, 박인수 옮김, 『제3신분이란 무엇인가』, 책세상, 2003.

는, "그 무엇이 되는 것"을 요구하고 나설 때라고 답합니다. 실질적인 프랑스의 진정한 주인으로서 정치적 권리를 행사하는 사람은 다른 누구도 아닌 제3신분이어야 한다는 것입니다.

그 무엇이 되기 위해 우선해야 하는 것은 바로 특권 신분의 제거입니다. 시에예스에 따르면 특권 신분들은 사회 제도나 질서에서 예외적인 존재로 국민 전체에 유익하지 않을 뿐만 아니라, 부담을 지우는 존재들입니다. 프랑스 전체 국민은 사회적 생산에 필요한 노동을 수행하고 세금을 부담합니다. 반면 귀족 집단은 이러한 의무에서 면제되었으면서도 최상위의 생산물들을 소비하며 전체 국민을 힘들게 할 뿐이었죠.

귀족에게도 대표는 있었습니다. 그렇지만 귀족 대표는 오로지 귀족을 위해서만 일합니다. 귀족 대표의 임무는 무엇일까요? 귀족을 위해 일한다는 것은 전체 국민의 이익과는 유리되는 활동임이 분명합니다. 결국, 그들은 특정한 계층만의 이익을 보호하기 위해 존재했던 것입니다. 그렇기에 시에예스는 이들의 특권을 제거함으로써 전체 국민의 이익에 부합하는 평등한 사회를 만들어야 한다고 역설합니다. 이를 위해 특권 신분을 제거하고 정치적 권리를 전체 시민의 것으로 돌려놓아야 했던 겁니다.

주의해야 할 점은 특권 신분의 제거가 누군가의 정당한 권리를 빼앗는 문제가 아니라는 사실입니다. 귀족들이 가지고 있던 권리는 공통의 이익에 반하는 권리이고, 누군가의 권리를 배제하는 특권이었습니다. 그러므로 이들의 특권을 박탈하는 것은 원래 그렇게 되어야 했던, 공통의 이익에 준하는 시민의 권리를 복원하는 일입니다. 그리고 바로 그러한 조건에 부합하는 전체 국민이 제3신분이며, 이들에게 정치적 권리가 필요하다는 것이지요.

시에예스는 어떤 영역에서든 무한한 자유나 권리가 있을 수 없다고 말합니다. 『제3신분은 무엇인가』를 통해 시에예스가 말하고자 한 것은 불평등한 자유와 권리의 분배에 관한 문제 제기였습니다. 이러한 영향력 아래 결성된 것이 바로 프랑스 인민을 대표하는 '국민의회'였습니다. 제3신분의 이러한 행보에 위협을 느낀 왕은 한밤중에 제3신분의 회의장을 폐쇄해 버립니다.

그러나 회의장에서 쫓겨났다고 포기할 이들이 아니었지요. 제3신분은 싸움을 멈추지 않았습니다. 이들은 테니스코트로 장소를 옮겨 투쟁을 이어나갔습니다. 궁전 내의 가장 비정치적인 공간에서 정치적 권리를 위한 싸움이 벌어지고 있었습니다. 이들은 바로 이어서 선언을 준비했습니다. 자신들의 의지를 반영한 프랑스의 헌법이 제정될 때까지 이 장소를 떠나지 않겠다고 선언한 것입니다. 이것이 바로 '테니스코트의 선언'입니다.

테니스코트의 선언 이후 파리의 상황은 날로 험악해졌습

니다. 왕은 국민의회를 해산시키기 위해 비밀리에 외국 군대를 투입하려 했고, 물가는 폭등해 국민은 생활고를 견디기 더 어려워지고 있었습니다. 성난 파리 군중은 7월 14일, 봉건제의 상징과도 같은 바스티유 감옥을 습격해 점령합니다. 이들은 형무소 관리와 파리 시장의 목을 베었습니다. 이를 시작으로 폭동이 거리를 휩쓸던 몇 일간 귀족과 관리 등 최소한 100명이 시민에 의해 처형됐습니다. 그리고 마침내 8월 17일, 루이 16세는 자신의 왕위만이라도 지키기 위해 군대를 물리고, 파리의 군중이 임명한 관리와 '국민의회'를 승인합니다.

이렇게 혁명의 커다란 흐름은 일단락됩니다. 그리고 국민의회는 8월 12일부터의 토론을 통해 8월 26일 「인간과 시민의 권리선언」을 선포합니다.

인간과 시민의 권리선언(1789)[147]

국민의회를 구성하고 있는 프랑스 인민의 대표자들은 인권에 대한 무지, 망각 또는 멸시가 공공의 불행과 정부의 부패를 가져오는 유일한 원인이라고 생각하여, 엄숙한 선언으로 사람의 자연적이고 양도할 수 없는 신성한 권리들을 제시하기로 결정했다. 그것은 이 선언을 모든 사회구성원 앞에 항

---

147   나종일 편역, 『자유와 평등의 인권선언 문서집』, 한울아카데미, 2012.

상 제시해둠으로써 그들이 끊임없이 그들의 권리와 의무를
되새기도록 하고 입법권의 행위와 집행권의 행위가 모든 정
치제도의 목적과 언제든지 비교될 수 있게 함으로써 더욱
존중받도록 하고, 앞으로 시민의 요구가 간결하고도 명백한
원칙에 바탕을 둠으로써 언제나 헌법의 유지와 모두의 행복
을 지향하도록 하기 위해서이다. 따라서 국민의회는 최고존
재 앞에 그리고 그 후원 아래 다음과 같은 인간과 시민의
권리를 인정하고 선언한다.

「선언」의 서문에는 봉건제도가 사라지고 등장할 새로운 국
가의 상이 제시됩니다. 선언의 주체는 자신을 "프랑스 인민의
대표자"로 선포하고 이전까지 정부의 무능함을 비판합니다.
그동안의 프랑스 정부가 "인권에 대한 무지, 망각 또는 멸시"
를 일삼느라 국가로서의 제 역할을 하지 못했을 뿐만 아니라
부패로 얼룩져 있다고 말입니다. 이러한 문제를 해결하기 위
해 국민의회는 "사람의 자연적이고 양도할 수 없는 신성한 권
리"가 무엇인지 '선언'한 것입니다. 이로써 자신들의 존엄을
회복하고 국가의 모순을 바로잡고자 했습니다.

이들은 국가나 기존 사회질서가 부여하던 권리에서 벗어나,
스스로 권리를 선포하고 나섰습니다. 그리고 이를 국가가 어
떻게 보장해야 하는지에 대한 역할도 시민이 결정하겠다고 했
습니다. 「선언」은 시민의 봉기와 투쟁을 통해 국가와 체제를

바꿔낼 수 있다는 사실을 확인시켜준 사건이었던 셈입니다.

「선언」에 따르면 인권은 "사람의 자연적이고 양도할 수 없는 신성한 권리들"을 의미합니다. 인간이라면 누구나 가지고 태어나는 보편적 권리이자 한 사람에게 귀속된 권리라는 뜻입니다. 혁명기 이전에도 '인권'이라는 개념이 존재했을지도 모릅니다. 그러나 이를 누구나 누린 것은 아니었습니다. '인권'을 보장하는 것이 국가의 의무도 아니었습니다. 무엇이 권리인지, 권리를 가질 수 있는 인간은 누구인지에 관한 협소한 정의와 그에 따르는 차등적인 권리의 질서가 있었을 뿐입니다.

이 질서에 따르면 제3신분은 권리 없이 의무만 지고 있었습니다. '인간'이었으나 정치적 권리를 가진 '시민'은 되지 못했던 겁니다. 그러한 의미에서 제1신분과 제2신분이 가지는 권리는 인권이라기보다는 특권에 가까운 것이었습니다. 평등과 자유에 기반한 보편성이 생략된 권리는 인권이라는 이름에 걸맞지 않습니다. 신분제에 따른 권리의 차등을 없애고 모두가 평등한 사회로 나아가기 위해서는 누가 인간이 되어야 하고 권리는 누구에게 귀속되어야 하는지 정의될 필요가 있었습니다. 「선언」이 바로 그 역할을 담당한 것입니다.

「선언」을 통해 인간은 곧 시민이 되었습니다. 인간이라면 누구나 자유롭고 평등한 권리를 누려야 한다는 뜻이었지요. 그러기 위해 국가는 '인권'을 보장하는 임무를 띠게 됩니다. 더 이상 '인권'은 국가가 자신의 보호 아래 있는 힘없는 이들에게 베푸는 아량이 아니었습니다. 이제 국가는 국민 위에 군림하는 것이 아니라, 인권을 실현하고 보장하는 제도적인 역할을 부여받게 되었습니다.

프랑스는 왕이 주인인 국가가 아닌, 시민이 주인인 국가로 다시 태어났습니다. 시민과 국가, 그리고 인권의 새로운 관계가 규정된 것입니다. 시민의 힘으로 국가라는 제도를 새롭게 구성해내는 방식으로 말입니다. 이를 위해 필요한 것은 국가의 원칙을 다루는 '헌법'을 제정하는 일이었습니다. 새롭게 태어나는 국가에 걸맞은 새로운 원칙이 제도화될 필요가 있었던 겁니다.

4. 주권자의 선언으로부터 헌법이 시작되다

「선언」은 새로운 시대가 나아가야 할 방향과 원칙을 담고 있기에 혁명 이후의 사회를 재구성하는 과정에서 그 거점으로 활용되어야 합니다. 선언이라는 형식은 원칙을 실현하는 힘을 담지하고 있지만, 원칙들이 실제로 운영되는 과정에서는 다른 형식으로 변주되기 마련입니다. 선언의 효력은 선언의 발표 시점에서 끝나는 것이 아닙니다. 선언은 선언이 표명한 원칙들이 실제로 사회 속에서 구현됨으로써 생명력을 유지할 뿐만 아니라 새로운 해석을 부여받게 됩니다. 따라서 선언을 기준점 삼는 특정한 제도가 요구됩니다. 「선언」을 살아 있는 것으로 구체화하는 방안으로서 또 「선언」의 원칙을 지속성 있게 보장하기 위해서 요구된 것이 바로 헌법이었습니다.

헌법은 한 국가의 기본 원칙으로, 국민의 기본권과 국가의 역할, 국가 조직의 원리와 정치 체제, 국가와 시민의 관계 등을 담고 있습니다. 한 국가의 원리가 시민의 혁명과 「선언」으로부터 시작되었다는 점은 곱씹을수록 놀랍습니다. 제3신분은 혁명 이전에는 어떠한 정치적 권리도 자격도 없는 계급이었음에도 「선언」과 혁명을 통해 스스로 시민의 권리를 선포했던 것입니다. 프랑스 전체 국민을 대표하는 의회를 세우고, 헌법을 제정할 수 있는 권력, 즉 '주권'을 스스로에 부여했습니다. 아무런 권리도 자격도 없던 자들이 권리를 주장하고 나섬으로써 국가의 원리 자체가 바뀌는 혁명적 순간이 헌법을 통해 드러나는 셈입니다. 혁명과 「선언」을 거쳐 새롭게 등장할 국가는 「선언」의 원칙들을 법적으로 조직화하는 역할을 수행하게 되었습니다. 헌법은 「선언」이 단 한 번의 사건으로 그치는 것을 막기 위해 필수적인 후속 조치였던 거죠. 그렇기에 「선언」에는 헌법의 제정과 이행에 관한 내용이 포함되어 있습니다.

제3조

모든 주권의 근원은 본질적으로 국민에게 있다. 어떤 단체나 개인도 국민으로부터 분명히 유래하지 않는 권한을 행사할 수 없다.

제3조에서는 주권의 본질, 주권을 행사하는 주체가 '국민'이라고 정확히 지목하고 있습니다. 헌법은 한 국가의 법이기에 '국민'이라는 표현을 사용했습니다. '국민'은 정치적인 권리를 가지는 사람으로서의 '시민'의 성격을 일부 포함하고 있으나, 영토적 경계에 기댄 한정적 개념입니다. 하지만 더 이상 정치적 권리의 영역이 특권층만의 것이 아니라는 점에 주목한다면 구체제로부터 커다란 도약이 이루어졌음을 알 수 있습니다. 현재 우리나라 헌법의 제1조에서도 바로 이러한 내용을 명시하고 있습니다. "대한민국의 주권은 국민에게 있고, 모든 권력은 국민으로부터 나온다."(대한민국헌법, 1조 2항)

여기서 '주권'은 국가적인 문제에 의사 결정을 내릴 수 있는 힘을 의미합니다. 제3조에 따르면 이러한 주권은 오로지 국민에게 있습니다. 따라서 국가 내에서 발생하는 모든 권력은 그 본질을 따라가다 보면 최종적으로 국민으로부터 나온다는 것을 알게 됩니다. 법치국가라면 대부분 헌법이 존재하고, 다른 모든 법은 헌법의 하위 법이 됩니다. 법원에서 판결을 내릴 때도 사건에 해당하는 법의 내용이 헌법과 배치될 경우 최상위법인 헌법을 따르게 되어 있습니다. 이처럼 헌법은 모든 법의 근본이 되는 법입니다.

헌법의 내용이 주로 시민의 권리와 그 보장 방법에 관해 쓰였다는 점을 주목합시다. 이는 바로 인간으로서의 권리, 즉 '인권'이 근대 국가를 형성하는 핵심적인 정신이라는 의미입니다. 구체제하에서 국가는 왕이나 귀족과 같은 특권층의 권리를 보장하기 위해 존재했습니다. 억압과 피억압의 관계를 존속시키는 단위로서, 권리를 차등 배분하는 것이 국가의 주요한 역할이었지요. 그러나 헌법이 제정된 이후에 국가는 보편적 인권의 보장을 위한 역할을 수행해야 합니다. 이를 최초로 마련한 사건이 프랑스 혁명과 「선언」이었습니다.

그렇다면 「선언」에서의 인권은 무엇에 근거해 규정되는 것일까요? 무엇이 인권이며, 인권이 실현된 사회는 어떤 모습일지에 관해 누가 규정할까요? 바로 시민의 의지에 기반을 둡니다. 따라서 헌법 또한 시민의 의지를 제대로 반영할 필요가 있을 것입니다. 다음의 제6조는 바로 그러한 내용을 담고 있습니다.

제6조

법은 일반의지의 표현이다. 모든 시민은 자기 자신이, 또는 대표자를 통해 법 제정에 참여할 권리가 있다. 법은 보호하는 경우이든 처벌하는 경우이든 모든 사람에게 동일한 것이어야 한다. 모든 시민은 법의 눈으로 볼 때 평등하므로, 그들의 능력에 따라서, 그리고 그들의 품성과 재능의 차이 이외에는 다른 차별 없이, 모든 고위직, 모든 공적 지위와 직무에 똑같이 취임할 수 있다.

"법은 일반의지의 표현"이라는 것은, 국가의 법이 시민의 뜻을 반영한다는 말입니다. 절대군주의 의지 대신 시민의 통일적이고 분할할 수 없는 '일반의지'가 그 자리를 대신합니다. 이제 시민이라면 누구나 법을 제정하는 데 평등하게 참여할 수 있어야 합니다. 왕의 말이 곧 법이 되는 사회, 특권층의 이해관계에 부합하는 것만이 법이 될 수 있는 시대에 종말을 고하는 선언입니다. 이제 법은 더 이상 왕의 명령을 수행하는 수단이거나 백성을 지배하기 위한 도구가 될 수 없습니다. 법이 특권층을 위한 질서를 표현하던 것에서 시민의 일반의지를 표현하는 것으로 변화하는 계기가 「선언」이었죠.

법의 성격을 표현한 핵심적인 단어가 바로 '일반의지'입니다. 이 개념은 프랑스의 철학자 루소가 처음 사용했습니다. 1761년에 발표된 루소의 『사회계약론』은 프랑스 혁명의 사상적 기반을 마련했다고도 평가받지요. 여기서 개인은 자유로운 상태입니다. 그런데 자유로운 상태를 유지하기 위해서는 사람들이 개개인으로 존재하는 것보다 사회를 구성하는 것이 더 안전한 방법이겠죠. 개인인 국가는 시민의 자유와 이익을 자신의 힘만으로 지켜내기 어렵기 때문입니다. 따라서 개인들은 공동의 힘을 마련하기 위해 사회를 만드는 평등한 계약에 동의하게 됩니다.

그렇지만 모든 구성원이 정당하다고 인정할 수 있는 사회제도를 만드는 일은 쉽지 않습니다. 자칫하다가는 개인의 자유가 침해될 수 있기 때문입니다. 따라서 모두가 수긍할 만한 정당한 사회제도와 법률을 만들어야 개인들이 계약서에 사인할 것입니다. 이 계약에 참여한 사람들은 이제 자신들의 모든 힘과 이익을 국가에 맡기고, 국가는 시민의 '일반의지'에 따라 힘을 행사합니다. 여기서 '일반의지'란 보편적이고 단일한 의지를 말합니다. 사회계약을 통해 만들어진 국가에서 사람들은 자신의 사적 이익보다 공동의 이익을 위한 판단을 내려야 합니다.

'일반의지'가 법을 통해 표현된다는 말은 무슨 뜻일까요? 이는 법이 바로 이러한 집단적 의지의 표현이 되어야 한다는 뜻입니다. 모든 시민은 법 제정에 참여할 권리가 있습니다. 그리고 모든 시민의 의지는 '법'을 통해서 마치 하나의 의지인 것처럼 표현됩니다. 그래야만 사람들은 법 제정에 참여하는 경우나 법에 따라 처벌받는 경우 모두에 있어서 평등할 수 있습니다.

당시 시민들은 프랑스 혁명과「선언」을 통해 국민의 권리를 보장하는 국가의 역할을 제시했습니다. 그런데 단지 선언을 했다고 해서 모든 것이 곧바로 실현되는 건 아닙니다. 선언의 진면목은 실질적인 실천이 뒤따를 때에야 발휘됩니다.「선언」

은 선포된 후에 생명력이 다하는 문서와 같은 것이 아니기 때문입니다. 만약 제대로 된 실천이나 제도가 만들어지지 않으면 '선언'에 모였던 시민의 요구는 흩어져 버리거나 왜곡될 위험이 있습니다.

따라서 「선언」은 헌법을 제정함으로써 강력한 제도적 실천이 뒤따를 것을 서문에 명시했습니다. 분명한 원칙을 세움으로써 시민의 권리가 잘 실현되고 있는지, 국가의 행위가 자신들이 규정했던 역할을 벗어나지는 않는지 점검할 수 있게 하려고 말입니다. 제16조에서 이러한 헌법의 역할이 강조됩니다.

> 제16조
> 권리의 보장이 확보되어 있지 않고, 권력의 분립이 확정되어 있지 않은 사회는 헌법이 없는 사회다.

헌법이 시민의 권리를 보장하는 근거가 되어야 한다는 거죠. 당시 시민은 「선언」을 통해 새로운 국가와 새로운 법을 제정할 권리를 스스로에 부여했습니다. 그런데 혁명기의 상황은 새롭게 등장한 권리의 보장을 장담할 수 없을 만큼 혼란스럽기 마련이었습니다. 권리가 박탈되거나 침해되지 않도록 제도적 장치가 필요한 상황이었죠. 따라서 권리의 이행책이자 보호책으로서 헌법이 등장하게 됩니다.

그리고 헌법이 제정되더라도 이후에 유지·존속되어야만 시민의 권리가 무너지는 것을 방지할 수 있습니다. 만약 권력이 한 사람이나 기관에 집중될 경우 공동의 의지에 반하는 결정을 내릴 수 있기 때문입니다. 이러한 이유로 '권력의 분립'은 헌법을 통해 확정될 필요가 있었습니다. 이처럼 제16조는 인권이 보장될 수 있는 사회를 위해서는 권력이 분산되어야 하며, 이를 위해 헌법이 필요하다고 이야기하고 있습니다.

정리해봅시다. 시민은 「선언」에 혁명의 목소리를 담았습니다. 「선언」의 주체들은 스스로 주권을 부여하고 새로운 사회의 원칙을 천명했습니다. 이러한 「선언」의 메시지는 그것이 실현되기 위해서 제도적인 힘을 빌릴 필요가 있었고 그렇게 등장한 것이 헌법입니다. 「선언」의 강조점이 혁명성에 있다면, 헌법은 실효성과 지속성에 그 강조점이 있습니다.

물론 헌법이 「선언」의 정신을 담아냈다고 한들 둘 간의 차이는 분명히 존재합니다. 선언은 기존의 법과 체제를 중단시키고 등장한 시민의 혁명적인 계기와 관련이 있는 반면, 헌법은 국가의 장치로 기능합니다. 당시 헌법 역시 혁명과 「선언」을 제도화 혹은 국가화하는 작업의 일환으로써 불러들인 것이기에 선언의 혁명성을 모두 포괄할 수는 없었습니다. 「선언」과 헌법은 등치될 수 없었던 것입니다.

그럼에도 헌법은 혁명 이후의 새로운 사회를 준비하는 단계에서 꼭 필요한 기능을 수행했습니다. 혁명의 정신을 제도화하고, 시민 간의 평등한 관계를 규정하고, 공동의 의지를 반영하도록 하는 법을 국가의 원리로 정초한 것입니다.

5. 자유 없는 평등도, 평등 없는 자유도 없다

「선언」의 가장 핵심적인 가치는 무엇일까요? '선언'은 과거와의 단절이면서, 동시에 새로운 시대를 당겨오는 행위입니다. 새로운 사회의 원리는 무엇인지, 과거의 무엇이 달라져야 하는지, 인권이 실현되기 위해서는 어떤 조건들이 필요한지 「선언」에 담겨있습니다. 「선언」은 그 답이 인간의 평등한 자유를 보장하는 것, 즉 '인권'이라고 정의합니다.

'인권'은 인간으로 태어났기 때문에 가지는 권리를 의미합니다. 정치적 권리를 가진 '시민의 권리'와 생물학적 인간이기 때문에 가지는 권리인 '인간의 권리'로 구분하려는 것이 「선언」의 목적이 아님을 주의해야 합니다. 선언의 이름이 「인간과 시민의 권리 선언」이라는 점은 인간의 권리와 시민의 권리가 두 개의 구별되는 권리인 것으로 오독될 여지가 있습니다. 실제로 「선언」을 그와 같이 해석하는 철학자들 사이에서는 「선언」을 비판하는 근거로 자주 등장하는 부분이기도 합니다.

그러나 프랑스의 철학자 에티엔 발리바르는 인간의 권리와 시민의 권리를 등치시키고자 하는 것이 「선언」의 본 목적임을 명시합니다.

> 「선언」을 다시 읽어보면, '인간의 권리'와 '시민의 권리' 사이
> 에 현실적으로 내용상의 어떤 편차도 어떤 차이도 존재하지
> 않음을 알게 된다. 즉 그 둘은 정확히 동일한 것들이다. 그
> 결과 적어도 그들이 자신들이 갖고 있는 권리의 성격과 외연
> 에 의해 실천적으로 '정의되는' 한-그런데 그렇게 하는 것이
> 바로 「선언」의 목적이다-인간과 시민 사이에도 편차나 차이
> 는 존재하지 않는다.148

　「선언」은 귀족이나 지식인, 전쟁 영웅 등 시민이 될 수 있
는 특정한 인간의 상을 구별해 설정하지 않습니다. 오히려
'인간'이라는 범주 속에 지위와 계급, 재산을 불문한 사람들
을 모두 포함시킴으로써 권리의 적용 범주를 확대하고 있죠.
구체제와 비교했을 때 엄청나게 혁명적인 생각이 아닐 수 없
습니다. 보편적인 인간 그 자체가 정치적인 주체로 대두되어
야 한다는 파격적인 주장이었기 때문입니다. 이제 정치는 특
별한 사람들만의 권리가 아니게 되었습니다.
　인간의 권리와 시민의 권리를 동일한 것으로 만드는 것은
실천적인 힘이라는 점 또한 중요합니다. 「선언」에서 인간과 시

148　에티엔 발리바르, 「'인간의 권리'와 시민의 권리: 평등과 자유의 현대적 변증법」,
　　『'인권의 정치'와 성적 차이』, 윤소영 옮김, 공감, 2003, 17쪽.

민은 동일한 것으로 등장하지만, 현실에서 이러한 등치가 실현되는 것은 좀 더 시간이 필요한 일입니다. 그렇기에 인간 내부에 있는 차이의 요소들이 배제의 양상을 띠지 않도록 살피고 보완하는 것이 이후의 중요한 과제가 됩니다. 실천을 통해 인간의 권리를 시민의 권리와 등치시키는 것. 여기서 실천이란 시민의 봉기와 투쟁의 방식일 수도 있고, 정치적 권리를 둘러싼 제도를 그 목적에 맞게 만들고 수정하는 것도 됩니다.

> 제1조
> 사람은 자유롭게, 그리고 평등한 권리를 누리게 태어나고 또 그렇게 생존한다. 사회적 차별은 오직 공공의 이익에 입각하는 때에만 가능하다.

'평등한 자유'를 실현하는 한에서 인간의 권리와 시민의 권리는 등치될 수 있습니다. 반대로 인간의 권리와 시민의 권리를 동일화함으로써 평등한 자유가 실현되는 것이라고 말할 수도 있겠네요. '평등한 자유'. 이 표현 역시 자유와 평등이 서로 등치되는 관계를 보여줍니다. 이는 자유와 평등에 관한 전혀 새로운 관점입니다. 통상 자유와 평등은 구별되는 것이며 서로를 배제하고 제약한다고 알려져 있습니다. 개인의 자유를 확대하다 보면 불평등이 초래될 수 있고, 평등을 실현할수록 개인의 자유가 제약되는 것처럼 말입니다. 그렇기에 누군가는 자유주의자를 자처하며 다른 사람의 자유를 짓밟고, 누군가는 평등주의자를 자처하며 다른 사람을 억압하려는 상황이 일어날 수 있다는 것입니다. 이러한 통념 아래의 자유와 평등은 하나를 선택하면 하나를 포기하게 되는, 상호 배제적인 두 가치인 것처럼 보이기도 합니다.

발리바르는 이러한 통념이 잘못된 것이며, 자유와 평등은 서로가 서로의 조건이 될 때 최대한 실현된다고 주장합니다. 보통 자유는 법적이고 정치적인 차원으로, 평등은 경제적이면서 사회적인 차원으로 이해되곤 합니다. 이를테면 국가가 국민의 자유를 제약해서는 안 된다거나, 평등을 실현하기 위해서는 국가의 개입을 통한 분배가 필요하다는 관점입니다. 이처럼 자유는 개인에게 속한 것으로, 평등은 전적으로 집단적인 개념으로 여기는 것이 보편적인 인식이라는 것입니다. 하지만 발리바르는 자유와 평등은 동등한 것이며, 「선언」이 이를 보여주는 텍스트라고 말합니다.

이런 관념이란 무엇인가? 바로 두 개념의 동일화(두 번째 동일화로서 자유=평등 등식)에 다름 아니다. 문자 그대로 잘 읽어본다면, 사실 「선언」은 평등이 자유와 동일하다는 것, 평등이 자유와 동등하다는 것, 그리고 그 역도 성립한다(두 항은 도치될 수 있다)는 것을 말하고 있다. 하나가 다른 하나의

정확한 '척도'인 것이다.[149]

그는 자유와 평등에 대해 언급하고 있는 「선언」의 문장들에 '평등자유명제'라는 이름을 붙입니다. 자유와 평등이 본질적으로 구분되는 다른 두 개의 개념이 아니라는 점을 강조한 거죠. 자유와 평등은 하나가 다른 하나의 정확한 '척도'로 작용한다고 했습니다. 프랑스 혁명을 비롯한 역사 속에서 자유와 평등 양자는 함께 존재하거나 동시에 부재했음을 알 수 있습니다. 그렇기에 프랑스 혁명의 주체들은 자유의 부정으로 나타나는 절대주의에도 대항했지만, 평등의 부정으로 나타나는 특권에 대해서도 투쟁했던 것입니다. 자유가 없이는 평등도 없었고, 평등이 없이는 자유도 없었습니다.

구체제 하에서 제3신분은 정치적 자유를 가질 권리도 없었고, 공직에 나아가고 싶어도 신분의 벽을 넘지 못했습니다. 이처럼 불평등한 신분제 사회에서는 자유 또한 불평등하게 분배되었습니다. 상위 계층만 누리는 자유를 진정한 자유라고 할 수 있을까요? 다수를 배제하고 억압하면서 소수만 누릴 수 있는 자유는 특권이나 상대적 우월성을 과시하는 용도에 더 가깝습니다. 반대로 제3신분에게 허용된 자유는 지배층에 복종할 자유 정도밖에 남지 않았을 겁니다. 이 또한 진

---

149   위의 책, 20쪽.

정한 자유라고 부르기는 어렵습니다.

그렇다면 자유로운 사회를 구성하기 위한 방안은 무엇일까요? 그에 대한 답으로 '자유를 어떻게 배분할 것인가'에 대한 질문을 던져야 합니다. 누구라도 무제한의 자유를 가질 수는 없지요. 우리는 이러한 한계 내에서 자유라는 가치를 평등하게 배분하는 방법을 고안해야 합니다. 자유와 평등은 서로 분리될수록 실현이 어려워지기 때문입니다. 자유가 없는 평등은 완전할 수 없고, 평등이 없는 자유 또한 완전하다고 할 수 없겠죠. 이는 「선언」에서 언급하는 모든 권리가 평등이라는 원칙하에 조직화되어야 한다는 것을 보여줍니다. 평등은 자유의 결과이자 속성으로 나타나야 한다는 말입니다.

이를 위해 개인적 자유를 집단화하기 위한 평등의 정도 그리고 집단적 평등을 위한 개인의 자유의 정도를 물어야 한다고 발리바르는 말합니다. 쟁점은 자유를 평등하게 분배하는 방법 혹은 평등이라는 조건하에서의 자유의 크기입니다. 발리바르는 이에 대답하기 위해 양자가 서로의 척도이자 제한이 되는 조건하에서 최대치의 평등한 자유가 필요하다고 대답합니다.

최대치의 평등한 자유를 실현하기 위해 사회적 차별이 있을 수 있다고 제1조는 이야기합니다. 자유를 평등하게 분배한다는 말이 곧 모든 사람이 같은 크기만큼의 자유를 갖는 것을 의미하지 않는다는 것이죠. 모두 같은 크기의 자유를 가진다는 것은 평등을 기계적으로 적용한 것에 불과합니다. 이러한 점을 고려해 제1조에 단서를 달고 있습니다.

제1조의 두 번째 문장에 있는 '공공의 이익'과 '사회적 차별'이라는 표현에 주목해 봅시다. 우선 '공공의 이익'은 모두가 최대한으로 권리를 누릴 때 극대화될 것입니다. 그리고 이를 위해서는 누군가의 자유를 더 늘리거나 줄여야 할 필요가 생깁니다. 이를 '사회적 차별'이라는 말로 표현하고 있습니다. '사회적 차별'은 공공의 이익이 되는 경우 누군가의 평등과 자유의 크기를 조절하는 행위를 의미합니다. 이러한 행위는 차별 그 자체보다는 차별의 해소를 목표로 한다는 점이 중요합니다. 여기서는 '차별'이라는 단어에서 오는 오독을 줄이기 위해, 현대적 개념인 '적극적 우대조치affirmative action/positive discrimination'150로 바꿔 사용하겠습니다.

사회적인 문제 때문에 자유를 평등하게 누리지 못하는 경우를 생각해 봅시다. 휠체어를 이용하는 장애인의 이동 문제가 그렇습니다. 우리 사회에서 보편적으로 이용하는 교통수단으로는 버스와 지하철이 있습니다. 특히 버스는 대도시가 아니더라도 보편적인 대중교통으로 운영되고, 노선이 다양하고 복잡한 만큼 출발지와 목적지 간의 접근성을 높여주는

---

150 인종이나 경제적 신분 등 계급 간의 갈등을 해소하고 잘못을 시정하기 위해 특혜를 주는 형태의 사회 정책을 말한다. 단순히 차별을 철폐하고 공평한 대우를 하도록 하는 것이 아니라 적극적으로 가산점을 주는 형태로 이루어진다.(위키백과 '적극적 우대조치' 항목에서 정리.)

상용화된 대중교통수단입니다. 하지만 대부분 버스는 비장애인 중심으로 설계되어 있습니다. 보행이 가능한 사람만이 좁은 계단을 올라 탑승할 수 있습니다. 시외 이동을 담당하는 고속버스나 시외버스는 좌석이 빽빽이 들어차 있고 통로가 좁은 형태입니다. 이러한 조건에서는 휠체어를 탄 장애인이 버스를 이용할 수 없습니다.

시내버스를 예로 들어 보겠습니다. 문턱이 높은 버스는 휠체어를 탄 채로 승차할 수 없으므로 장애인의 이동권을 해친다고 볼 수 있습니다. 이 문제는 휠체어 이용자도 탑승할 수 있는 저상버스를 도입하면 해결할 수 있습니다. 저상버스는 대형 버스의 바닥 면을 저상으로 설계해 출입문에 계단을 없앤 형태의 버스입니다. 저상버스의 바닥 면이 버스 정류장 바닥의 턱 높이와 거의 일치합니다. 이때 휠체어 이용자는 문과 정류장 바닥 사이의 공간을 채워주는 최소한의 장치를 이용해 버스에 탑승할 수 있습니다. 저상버스는 휠체어 이용 장애인의 버스 이동에 대한 제약을 최소화하는 시스템인 거죠.

게다가 저상버스는 휠체어 이용자에게만 이익이 아닙니다. 무거운 짐을 들고 버스에 타는 사람이나 다리가 아픈 노인, 계단을 잘 오르지 못하는 어린이들에게도 도움이 됩니다. 결과적으로 모든 사람의 버스 이용이 더 편리해지기에 공공의 이익은 늘어납니다. 이는 평등하게 자유를 누릴 수 없는 사회적 약자의 부족한 자유를 증대시키고자 '적극적 우대조치'를 도입한 사례입니다. 여기서 평등한 자유라는 원칙은 사회 구성원에게 자유와 평등을 똑같은 크기로 배분하기 위함이 아니라, 공공의 이익을 증대시키는 방향으로 조절되어야 한다는 의미를 수반합니다.

제2조

모든 정치적 결합의 목적은 사람의 자연적이고 소멸될 수 없는 권리를 유지하는 데 있다. 그 권리는 자유, 소유권, 안전, 압제에 대한 저항이다.

제2조는 평등한 자유를 누릴 권리가 위협받을 수 있는 상황에 대응책을 마련하고 있습니다. 프랑스 혁명과 「선언」을 통해 제3신분은 스스로 자유롭고 평등한 시민의 자리를 부여했습니다. 그리고 이는 정치적인 결합과 저항 없이는 불가능한 일이었습니다. 시민 개개인이 기존의 질서를 바꿀 힘을 갖기는 정말 어렵습니다. 그러나 여러 사람의 정치적 결합으로 문제에 대항하려 한다면 그 결과가 달라질 수 있다는 것을 「선언」은 보여줍니다. 이처럼 자유로운 정치적 결합이 보장되는 사회에서는, 시민의 힘으로 사회의 불합리와 불평등을 바꿔 나갈 수 있습니다. 자유와 평등이 위협받는 상황이 발생하면 시민의 직접적인 정치 행동으로 문제를 풀어나갈 수 있는 열쇠가 두 번째 조항에 담겨 있습니다.

제4조

자유는 남을 해치지 않는 것이면 무엇이든지 할 수 있다는 데 있다. 따라서 각 개인의 자연권 행사에는 사회의 다른 구성원들에게 똑같은 권리를 누리도록 보장해주는 것 이외에는 아무 제한도 없다. 그 제한은 오직 법에 의해서만 규정될 수 있다.

제4조에서는 자유에 관한 원칙을 다시 한번 확인할 수 있습니다. 모든 시민은 최대한의 자유를 누릴 수 있습니다. 남을 해치지 않는 한에서 말입니다. 이는 남에게 해를 가하는 자유는 자유라는 권리의 이름으로 보호받을 수 없다는 뜻이기도 합니다. 이를테면 표현의 자유를 가장한 혐오 발언은 자유의 이름으로 보호받을 수 없겠지요. 여성이나 장애인, 외국인노동자와 같은 소수자 집단에 대한 혐오 발언은 그 자체로 차별을 강화하고 생산하는 기제로 작동합니다. 이러한 차별과 편견은 소수자 집단에 속한 구성원의 특성을 동질화한다는 점에서 부적절할 뿐만 아니라 이들 집단의 행동을 제약합니다. 그뿐만 아니라 이러한 편견은 소수자들이 불이익을 당하는 직·간접적인 원인이 되기도 합니다. 이들의 사회적 관계를 제약하는 요인으로도 작용합니다.

이 역시 자유를 실현하려 할 때도 평등을 고려하지 않으면 자유가 제대로 실현될 수 없다는 것을 보여줍니다. 그렇기에 자유는 개인에게 속한 것이라고만은 할 수 없죠. 자유의 기준이 공공성이 되어야 시민은 최대한의 자유를 보장받을 수 있습니다. 이러한 권리의 보장을 위해 법이 요구됩니다. 누군가의 자유가 침해당하지 않게 하는 수단이 필요한 것입니다.

> 제5조
>
> 법은 사회에 해로운 행위가 아니면 금지할 권리가 없다. 법으로 금지되어 있지 않은 모든 것은 방해받지 않으며, 또 아무도 법이 지시하지 않은 일을 하도록 강요될 수 없다.

제5조에서 법이 사람들의 특정한 행동, 사회에 해로운 행위를 금지할 수 있다고 말하는 이유도 위와 같은 맥락입니다. 어떤 상황에서는 개인의 자유가 제약될 수 있다는 것입니다. 이는 「선언」의 전체 맥락을 고려할 때 법의 통제성을 보여주려는 장치가 아닙니다. 오히려 자유를 위시한 행위가 평등을 해치는 일이 일어날 수 없도록 규제하기 위함입니다. 이런 행위는 공공성을 훼손하는 일이고, 진정한 자유와 어긋나는 일이기 때문에 금지 혹은 제한될 수 있다는 것입니다.

이와 동시에 법이 자유와 평등을 억압할 여지를 남겨두지 않으려는 의도 또한 엿보입니다. 법적으로 금지된 행동이 아닌 모든 행동은 자유를 보장한다는 의미입니다. 그리고 아무도 법이 지시하지 않는 행동을 하도록 강요받을 수 없습니다.

이런 점에서 법은 누구의 자유든 평등하게 보장하려는 의도에서 만들어져야 합니다. 법이 오히려 인권을 해하는 수단이 되거나 특정한 소수의 이익만을 대변해선 안 되기에 이러한 조항을 통해 선제적으로 제동을 걸었다고 할 수 있습니다.

제6조에서 법이 시민의 '일반의지의 표현'이라고 할 때, 법은 공공의 의지가 실현되게끔 하는 사회적 원칙이자 그 수단입니다. 법이라는 제도로 인권의 보장이 실현될 때 사람들은 수시로 법의 내용과 그 제도적 실현을 비교하며 다시금 공공의 합의가 무엇이었는지 확인할 수 있습니다. 그리고 그 원칙이 무너진 순간에 법적인 제한을 가할 수 있기 때문에 인권 보장의 원칙을 유지하는 수단이 될 수 있습니다.

정리하면 「선언」에서 제기되는 인권은 인간이라면 누구나 가지고 태어나는 정치적인 권리이자 공공성에 근거해 자유와 평등을 최대한 실현할 수 있는 권리입니다. 자유를 평등하게 분배해야 한다는 측면에서 자유와 평등은 함께 충족되어야 하고요. 이를 위해 각 조항은 자유와 평등의 기준으로 공공성을 제시합니다. 공공성 기준에 도달하지 못하면 법적인 제재를 가할 수 있다고도 명시합니다. 결국, 여기서 국가의 역할은 법을 통해 인권을 보장하고, 만약 인권이 침해되는 사태가 발생하면 이에 개입해 해결하는 역할을 도맡아야 한다는 것입니다. 바로 이것이 「선언」에서 말하는 평등한 자유를 실현하는 방법입니다.

6. 다시 쓰는 「선언」:
선언의 변주와 인권의 재구성

모든 시민의 평등한 자유를 선포한 「선언」의 가치는 제대로 실현되었을까요? '인간'이지만 '시민'이 될 수 없었던 사람들이 「선언」 이후에도 여전히 남아 있었습니다. 여성의 경우가 그러합니다. 실제로 혁명 이후에도 여성은 남성과 동등한 권리를 가지지 못했습니다. 혁명을 통해 제3신분 남성의 정치적 참여는 보장되었지만, 여성 참정권은 「선언」 이후 200년이 지난 뒤에야 실현되었습니다. 「선언」 이후 사회제도는 급변했지만, 여성은 여전히 남성의 부속품으로 취급될 뿐 하나의 독립된 인격으로 대우받지 못했습니다. 여성은 남성의 짝인 한에서만 인간일 수 있었습니다.

당시 프랑스의 극작가이던 올랭프 드 구주Olympe de Gouge는 이런 사태를 개탄하며 1791년 9월 14일 「여성과 여성 시민의 권리 선언」을 발표합니다. 구주의 선언은 남녀를 떠나 모든 이에게 동등한 권리가 주어져야 한다는 주장을 담고 있었습니다. 혁명과 「선언」 이후에도 성별은 여전히 차별의 근거가 되었기 때문입니다.

여성과 여성시민의 권리 선언

국민을 대표하는 어머니, 딸, 누이들은 국민의회의 일원이 되기를 요구한다. 여성의 권리에 대한 무지, 망각 또는 멸시가 공공의 불행과 정부 부패의 유일한 원인들이라고 간주하고서, 침해할 수 없고 성스러운 여성의 천부적 권리들을 엄숙한 선언서에 진술하기로 결의하였다. 그리하여 이 선언이 사회의 모든 구성원에게 항시 제시되어, 그들에게 끊임없이 권리와 의무를 상기하기를, 여성의 권한 행위들이, 그리고 남성의 권한 행위들이 매 순간 이 정치체제의 목표에 견주어 더욱 존중될 수 있기를, 단순명료한 원칙들에 입각한 여성 시민의 주장들이 언제나 헌법과 미풍양속의 유지에, 모두의 행복에 기여할 수 있기를 바란다.[151]

구주는 「선언」의 각 조항에 주어로 '모든 인간' 대신 '여성과 남성'을 넣어 여성이 남성과 동등한 인간으로 대우받지 못하는 현실을 드러내고, 여성 역시 혁명의 주체이자 자유롭고 평등한 주체라고 천명합니다.

제1조

모든 여성은 자유롭고 평등한 권리를 갖고 태어난다. 사회적

151 올랭프 드 구주, 「여성과 여성 시민의 권리 선언」, 브누아트 그루, 『올랭프 드 구주가 있었다』, 백선희 옮김, 마음산책, 2014, 145쪽.

차별은 오직 공익에 입각하는 경우에만 허용될 수 있다.

인간이라면 모두 평등한 자유를 누릴 권리가 있다는 생각은 혁명을 일으켰습니다. 그리고 혁명을 통해 '인간'의 권리는 확장되었습니다. 신분제로부터의 해방은 제3신분이 정치적 권리를 갖게 했지만, 그 권리는 남성에게만 한정된 것이었기에 여성의 해방은 일궈내지 못한 것입니다. 그렇기에 구주는 물을 수밖에 없었습니다. 여성은 왜 여전히 평등한 권리를 가지지 못하는지, 여성 역시 혁명 세력에 가담했음에도 혁명의 결과에서는 왜 여성이 배제되었는지 말입니다.

여성이여, 깨어나라. 이성의 경종이 온 세상에 울리고 있다. 그대의 권리들을 인지하라. 자연의 강력한 제국은 더 이상 편견과 맹신, 미신과 거짓에 에워싸여 있지 않다. 진실의 횃불이 어리석음과 침탈의 모든 구름을 몰아냈다. 노예였던 남성은 제 힘을 길렀고, 사슬을 끊는 데 그대의 힘에 도움을 청해야 했다. 자유로워진 남성은 이제 제 동반자에게 불공정해졌다. 오, 여성들이여! 여성들이여, 언제쯤이면 감은 눈을 뜨려는가? 그대들이 혁명에서 거둔 이득은 무엇인가?

혁명 이후 세상은 마치 합리적 이성의 시대가 도래한 것처럼 큰소리 쳐댔지만, 여성의 차별받는 지위가 그대로라면,

이성적인 사회도 해방된 사회도 아니라는 것이 구주의 주장이었습니다. 구주는「여성의 인권과 시민권 선언」을 출간하여 남성 우위의 사회를 향해 비판의 칼날을 세우고, 국민의회가 이 선언을 채택해 공포해야 한다고 압박했습니다.

그러나 그로부터 2년 뒤인 1793년 11월 3일, 올랭프 드 구주는 단두대의 이슬로 사라집니다. 당시 검사의 공소장에 따르면 그의 죄목은 연극 작품들에 실린 다른 형태의 정부를 제안하여 공공연하게 내전을 선동하고 시민이 서로 맞서 무장하도록 획책했다는 것입니다. 민중의 주권을 침해하고 공화국 정부를 배반했다는 것이 그의 표면적 죄목이었습니다. 하지만 그의 실질적 죄목은 여성임에도 불구하고 '정치를 논했다'라는 것이었죠.

구주는 이러한 상황도 자신의 힘으로 대응하며 죽음을 받아들이는 의연한 태도를 보였습니다. 단두대로 향하는 수레 위에서도, 처형대 위에 섰을 때도 그는 대중을 향해 무고함을 주장하는 정치적 연설을 했습니다. 그렇게 구주는 생을 마감했습니다. 그의 죽음을 통해 드러난 것은 정치적 권리가 없는 여성이 정치적인 이유로 처형당할 수 있다는 모순 그 자체였습니다.

이처럼「선언」이 제도화되는 과정에서 자유와 평등의 가치는 또 다른 배제를 낳는 방식으로 선별적으로 추구되었습니다.「선언」이후에도 여성은 남성보다 권리의 영역이 한정적이었던 겁니다. 여성뿐만 아니라 당시 인종 차별 문제나 빈곤의 문제 또한 여전히 남아있었습니다. 이러한 상황을 고려해볼 때, 「선언」이 처음 혁명을 통해 이루고자 했던 사회는 여전히 멀리 있는 것 같습니다. 그렇기에 「선언」은 지나간 시대의 낡은 유산에 지나지 않는 것 같기도 합니다. 이제 시작점에서 물었던 질문을 다시 던져볼까 합니다. 지금에 와서 「선언」을 읽는다는 것은 어떤 의미가 있을까요?

올랭프 드 구주의 선언은 「선언」에 뒤이은 새로운 선언을 통해, 누가 다시금 권리의 주체에서 배제되는지 폭로했습니다. 그리고 차별받는 자들이 자신의 힘으로 권리를 되찾는 싸움을 시작해야 한다고 주장합니다. 이러한 점에서 구주의 선언은 「선언」의 원칙을 거점 삼아 권리의 영역을 확장하는 계기를 마련했다고 평할 수 있습니다. 「선언」은 누가 정치적 권리를 가져야 하는지에 대한 답으로 특정한 신분이나 성별, 인종을 한정하지 않음으로써 권리의 자리에 보편성을 부여합니다. 그렇기에 권리의 자리에 어떤 누군가를 넣어도 그 문장이 성립할 수 있도록 권리의 투쟁은 언제나 갱신될 필요가 있는 것이죠. 권리의 자리에 보편성을 대입할 수 있는가? 누구나 권리의 주체가 될 수 있는가? 「선언」이라는 하나의 거점이 우리에게 늘 질문을 던지고 있는 셈입니다.

여성 외에도 흑인, 장애인, 성소수자와 같이 사회적으로 차별받았던 수많은 사람이 자신의 권리를 쟁취하기 위해 싸운 것은 바로 이러한 맥락에서입니다. 구주의 여성 인권 선언 이후에도 이어지는 선언들이 있었습니다. 이는 선언과 이후의 제도적 실천 사이의 간극을 극복하려는 것이었습니다. 또한, 권리에서 배제된 자리를 되찾기 위한 싸움으로서의 선언이었다는 점에서 무엇보다 자유와 평등을 실현하기 위한 움직임이었습니다. 이처럼 「선언」에서 이야기하는 권리의 자리에는 지속적인 긴장이 존재하고 있습니다. 새로운 권리에 대한 요구는 계속 솟아날 것이고 그를 권리에 포함시키기 위한 투쟁은 국가의 바깥에서 영속적일 것이기 때문입니다.

「선언」은 평등한 자유를 선포함으로써 인간과 시민을 동등한 위치에 올려놓았습니다. 이렇게 규정된 인간과 시민의 관계는 인간 권리의 조건을 이해한다는 측면에서 매우 중요합니다. 인간의 권리는 단지 인간으로 태어났기 때문에 자연스럽게 가질 수 있는 것이 아닙니다. 인간의 권리와 평등한 자유는 항상 권리를 새롭게 구성하는 운동하에서 확장되고 보편화될 수 있기 때문입니다.

권리는 구성하는 것입니다. 인간의 권리와 개인의 자유는 저절로 획득되는 것이 아니라 자유를 침해받는 불평등한 상황에서 피억압자가 스스로 싸워 쟁취하는 것입니다. 이런 맥락에서 구주의 싸움 역시 여성의 권리를 위한 싸움이었기에 「선언」이 제기하는 실천과 다르지 않다고 할 수 있습니다.

그렇기에 우리는 「선언」을 다시 읽을 필요가 있습니다. 선언은 지나간 과거의 문서가 아닙니다. 현재에도 인권과 그를 구성하기 위한 조건은 끊임없이 변화하고 있습니다. 제도가 실현하지 못하는 인권의 사각에서 시민이 되지 못한 사람들은 언제나 존재하기 때문입니다.

「선언」은 바로 이러한 상황에서 시민의 역할이 무엇인지 말하고 있습니다. 지금 누가 권리에서 배제되어 있으며, 권리를 쟁취하기 위해 어떠한 행동 혹은 정지적 결합이 필요한지 함께 고민해 보아야 한다고 말입니다. 「선언」은 평등한 자유의 권리를 시민의 목소리로 선언하고, 권리 획득을 위한 선언의 반복을 통해 지금 여기의 선언으로 존재할 수 있는 것입니다.

참고문헌

1장

레오 스트라우스,『자연권과 역사』, 홍원표 옮김, 인간사랑, 2001.

박상섭,『국가·주권』, 소화, 2008.

아리스토텔레스,『정치학』, 천병희 옮김, 도서출판숲, 2009.

에티엔 발리바르,『대중들의 공포』, 서관모·최원 옮김, 도서출판b, 2007.

칼 슈미트,『로마 가톨릭주의와 정치형태 홉스 국가론에서의 리바이어던』, 김효전 옮김, 교육과학사, 1992.

토마스 홉스,『리바이어던』, 진석용 옮김, 나남, 2008.

토마스 홉스,『시민론』, 이준호 역, 서광사, 2013.

한동일,『법으로 읽는 유럽사: 세계의 기원, 서양 법의 근저에는 무엇이 있는가』, 글항아리, 2018.

2장

B. 스피노자,『신학정치론』, 황태연 역, 비홍출판사, 2014.

B. 스피노자,『에티카』, 황태연 역, 비홍출판사, 2015.

B. 스피노자,『정치론』, 황태연 역, 비홍출판사, 2013.

G. Deleuze, *Spinoza: Practical Philosphy*. tr. R. Hurely, City Lights Books, 1988.

김은주, 「스피노자의 관점에서 본 폭력과 대중 정념의 문제」, 『동서사상』, Vol.15, 2013.

김은주, 「스피노자, 대중의 불관용과 관용의 정치」, 『哲學』, Vol.123, 2016.

스티븐 내들러, 『스피노자와 근대의 탄생. 지옥에서 꾸며진 책『신학정치론』』, 김호경 옮김, 글항아리, 2015.

에티엔 발리바르, 「『신학정치론』: 민주주의 선언」, 『스피노자와 정치』, 진태원 옮김, 이제이북스, 2005.

진태원, 「『신학정치론』에서 홉스 사회계약론의 수용과 변용 ─ 스피노자 정치학에서 사회계약론의 해체 I」, 2004.

3장

루이 알튀세르, 『마키아벨리의 고독』, 김민석 옮김, 중원문화, 2012.

에티엔 발리바르, 『대중들의 공포』, 서관모·최원 옮김, 도서출판b, 2007.

장 자크 루소, 『언어 기원에 관한 시론』, 주경복·고봉만 옮김, 책세상, 2002.

장 자크 루소, 『인간 불평등 기원론』, 주경복·고봉만 옮김, 책세상, 2018.

장 자크 루소, 『사회계약론』, 김영욱 옮김, 후마니타스, 2018.

장 자크 루소, 『사회계약론』, 이태일 옮김, 범우사, 2003.

질 들뢰즈, 「들뢰즈의 루소 강의」, 황재민 옮김, 웹진 수유너머(http://nomadist.tistory.com/).

카를 슈미트, 『독재론』, 김효전 옮김, 법원사, 1996.

4장

미셸 푸코, 콜린 고든 편, 홍성민 역, 『권력과 지식:미셸 푸코와의 대담』, 나남출판, 1995.

버나드 마넹, 곽준혁 역, 『선거는 민주적인가』, 후마니타스, 2004.

알렉시스 토크 빌, 임효선·박지동 역, 『미국의 민주주의 Ⅰ·Ⅱ』, 한길사, 1997.

존 스튜어트 밀, 서병훈 역, 『대의정부론』, 아카넷, 2012.

존 스튜어트 밀, 서병훈 역, 『공리주의』, 책세상, 2007.

진태원, 『을의 민주주의』, 그린비, 2017.

찰스 디킨즈, 이인규 역, 『올리버 트위스트』, 민음사, 2018.

5장

V.I.레닌, 『국가와 혁명』, 김영철 옮김, 논장, 1988.

에릭 홉스봄, 『혁명의 시대』, 정도영·차명수 옮김, 한길사, 1998.

에티엔 발리바르, 『역사유물론 연구』, 이해민 옮김, 푸른미디어, 1999.

카를 마르크스, 『자본』1권, 강신준 옮김, 길, 2008.

카를 마르크스, 『칼 맑스 프리드리히 엥겔스 저작 선집』1권, 박종철출판사, 1991.

카를 마르크스, 『칼 맑스 프리드리히 엥겔스 저작 선집』4권, 박종철출판사, 1995.

한형식, 『맑스주의 역사 강의』, 그린비, 2010.

6장

G. 에스핑앤더슨. 『복지자본주의의 세 가지 세계』. 박시종 옮김. 성균관대출판부. 2007

T.H. 마셜. 『시민권과 복지국가』. 김윤태 옮김. 이학사. 2013.

T.H. 마셜 & T.보토모어. 『시민권』. 조성은 옮김. 나눔의 집. 2014.

브라이언S.터너. 『시민권과 자본주의』. 서용석, 박철현 옮김. 일신사. 1997

이창곤. 『복지국가를 만든 사람들』. 인간과복지. 2014.

칼 폴라니. 『거대한 전환』. 홍기빈 옮김. 길. 2009.

7장

E.J.시에예스, 박인수 옮김, 『제3신분이란 무엇인가』, 책세상, 2003.

나종일 편역, 『자유와 평등의 인권선언 문서집』, 한울아카데미, 2012.

노명식, 『프랑스 혁명에서 파리 코뮌까지, 1789~1871』, 책과함께, 2011.

브누아트 그루, 『올랭프 드 구주가 있었다』, 백선희 옮김, 마음산책,
    2014.

에티엔 발리바르, 『'인권의 정치'와 성적 차이』, 윤소영 옮김, 공감, 2003.

이종은, 『평등, 자유, 권리』, 책세상, 2011.

고전, 국가를 상상하다
리바이어던에서 시민권까지

2018년 11월 17일 초판 1쇄 발행
2019년 5월 3일 초판 2쇄 발행

지은이   전주희 이종현 문화 정우준 박임당
편집   최인희 김삼권 조정민
디자인   이경란
인쇄   도담프린팅
종이   타라유통

펴낸곳   나름북스
펴낸이   임두혁
등록   2010.3.16. 제2014-000024호
주소   서울 마포구 월드컵로15길 67, 2층
전화   (02)6083-8395
팩스   (02)323-8395
이메일   narumbooks@gmail.com
홈페이지   www.narumbooks.com
페이스북   www.facebook.com/narumbooks7

ISBN 979-11-86036-45-7 (03340)
값 16,000원

이 도서의 국립중앙도서관 출판예정도서목록(CIP)은 서지정보유통지원시스템 홈페이지
(http://seoji.nl.go.kr)와 국가자료공동목록시스템(http://www.nl.go.kr/kolisnet)에서 이용하
실 수 있습니다. (CIP제어번호: CIP2018034918)

이 도서는 한국출판문화산업진흥원 2018년 우수출판콘텐츠 제작 지원 사업 선정작입니다.